高等职业教育创新型系列教材

商 品 学

（第4版）

主　编　申纲领
副主编　丁莉莉　王　金　宋　珂

北京理工大学出版社
BEIJING INSTITUTE OF TECHNOLOGY PRESS

内 容 简 介

本书以最新的、更加完善的商品及其使用价值理论体系为基础，以商品（产品、服务）质量与品种为中心，从技术、经济、管理、环境等多角度，力求理论性、科学性和实用性相结合，系统地阐述了商品的本质、商品学的产生与发展、商品学的研究对象与内容、商品的分类与标识代码及条码体系和商品目录、商品品种类别结构与发展规律、商品（产品、服务）的质量要求与质量影响要素、商品质量管理与 ISO 9000 族质量管理体系标准、商品标准与标准化、质量认证与质量监督、商品检验与商品分级、商品包装及其标识、商品储运的质量管理、商品（产品、服务）开发以及商品与环境等内容。全书内容充实、针对性强，突出应用性和实践性，资料新颖翔实，叙述深入浅出。本书力求理论性、科学性和实用性的有机结合，使读者阅读本书后，能够掌握商品质量的基本分析方法，"知道用在哪里，知道如何应用"。

本书既可作为高等院校经济管理类专业，特别是国际贸易、贸易经济、市场营销、物流管理、工商管理、企业管理、商品学等专业的教材，也可作为商检、海关、质检、工商、商业、外贸、物流等部门或企业管理人员学习或培训的参考书。

版权专有　侵权必究

图书在版编目（CIP）数据

商品学 / 申纲领主编 . -- 4 版 . -- 北京 : 北京理工大学出版社, 2021.7（2021.8 重印）
　ISBN 978-7-5682-9563-5

　Ⅰ.①商… Ⅱ.①申… Ⅲ.①商品学-高等学校-教材　Ⅳ.①F76

中国版本图书馆 CIP 数据核字（2021）第 029462 号

出版发行 /	北京理工大学出版社有限责任公司
社　　址 /	北京市海淀区中关村南大街 5 号
邮　　编 /	100081
电　　话 /	（010）68914775（总编室）
	（010）82562903（教材售后服务热线）
	（010）68944723（其他图书服务热线）
网　　址 /	http://www.bitpress.com.cn
经　　销 /	全国各地新华书店
印　　刷 /	涿州市新华印刷有限公司
开　　本 /	787 毫米×1092 毫米　1/16
印　　张 /	14
字　　数 /	326 千字
版　　次 /	2021 年 7 月第 4 版　2021 年 8 月第 2 次印刷
定　　价 /	39.80 元

责任编辑 / 徐春英
文案编辑 / 徐春英
责任校对 / 周瑞红
责任印制 / 施胜娟

图书出现印装质量问题，请拨打售后服务热线，本社负责调换

第4版前言

《商品学》是零距离上岗，高职高专创新型系列教材之一，在内容上以商品质量为中心，适度地论述了商品使用价值、商品质量等理论和应用技术问题，强化了各大类商品的组成、性能特点、鉴别评价、选购保养等实用性知识和技能。为了使本书更加适应高职高专教育，培养适应生产、建设、管理、服务第一线所需要的高等技术应用型专门人才的需要，强化学生综合职业能力的培养、基础理论知识的创新和整体素质的提高，本书的编写以"理论上简要些，实务上加强些，操作上具体些"为指导思想，体现高职特色。

本书从理论上和实践环节上进行了详细的阐述，使读者能准确了解商品学的知识。本书既注重了理论的系统性和规范性，又突出了实用性和灵活性，在内容上既体现商品的国际化，又体现了本土化，编者本着全面客观的原则，尽可能翔实客观地将商品学的不同观点展示出来，以便于教学和自学使用。本书不仅是高等院校工商原理专业的理想教材还是物流管理、经济管理、仓储管理、市场营销业专业理想教材。

本书的特点主要体现在以下三方面：

1. 本书根据高等职业教育人才培养目标，从职业岗位分析入手，以掌握实践技能为目的，以必需、够用、适用为原则，确定课程内容。

2. 突出案例和实训环节，可操作性强。在编写体例上突出了"互动性"和"应用性"，突出重点、难点，解析透彻，深入浅出，提高运用所学的知识分析问题、解决问题的能力。

3. 本书从实际出发，坚持理论联系实际，使教材具有鲜明的新颖性和实用性。

本书由许昌职业技术学院教授申纲领担任主编，编写了项目一、项目七、项目八、项目九；许昌职业技术学院教师丁莉莉担任副主编，编写了项目五、项目六；碧源建工有限公司工程师王金担任副主编，编写了项目二、项目十；河南省城乡规划设计研究总院股份有限公司工程师宋珂担任副主编，编写了项目三、项目四。申纲领进行统稿。

在编写过程中参阅了大量的文献，得到了有关单位、企业、院校领导、专家、老师和业界人士的大力支持和帮助，在此一并表示感谢！

"商品学"是一门涉及面广、实践性强的综合性课程，我们深感才疏学浅，难以全面把握，书中疏漏在所难免，敬请同行专家和广大读者批评指正。

编　者

目 录

项目一　商品与商品学 ··· 1
　1.1　商品的概念及构成 ·· 2
　1.2　商品学的研究对象与任务 ·· 3
　1.3　商品学的产生和发展 ··· 9

项目二　商品分类与商品包装 ··· 14
　2.1　商品分类的含义、标志和基本方法 ··· 15
　2.2　商品分类目录和编码 ··· 18
　2.3　商品包装的概念及其作用 ·· 21
　2.4　销售包装和运输包装 ··· 25

项目三　商品质量与商品标准 ··· 37
　3.1　商品质量的概念及构成 ·· 38
　3.2　商品质量的基本要求 ··· 39
　3.3　影响商品质量的主要因素 ·· 43
　3.4　商品标准的概念和分级 ··· 45

项目四　商品检验与评价 ·· 53
　4.1　商品检验的概念、分类和内容 ·· 54
　4.2　商品检验的方法 ·· 56
　4.3　商品质量评价与管理 ··· 60

项目五　商品的储存与养护 ··· 69
　5.1　商品储存管理 ·· 70
　5.2　商品在储存期间的质量变化 ··· 74
　5.3　商品的养护措施 ·· 79

项目六　食品商品 ····· 83
6.1　食品营养卫生 ····· 84
6.2　粮油商品 ····· 88
6.3　饮料和乳制品 ····· 97
6.4　茶叶和水果 ····· 109

项目七　服装商品 ····· 115
7.1　纺织品 ····· 115
7.2　服装材料 ····· 125
7.3　服装 ····· 128

项目八　日用商品 ····· 141
8.1　塑料制品 ····· 142
8.2　洗化用品 ····· 145
8.3　皮鞋 ····· 151
8.4　照相机 ····· 157

项目九　家用电器 ····· 169
9.1　家用电器的基础知识和分类 ····· 169
9.2　电子类家用电器 ····· 173
9.3　电器类家用电器 ····· 180

项目十　装潢装饰商品 ····· 193
10.1　石材和瓷砖 ····· 193
10.2　地毯和地板 ····· 199
10.3　涂料商品 ····· 204

参考文献 ····· 213

项目一

商品与商品学

知识目标

了解商品学的产生和发展概况，掌握商品学的研究方法。

技能目标

能够运用商品价值和使用价值理论，指导商务活动。

能力目标

能够进一步认识商品，能对日常商品进行分类，了解商品学的内容，明确商品学的研究任务。

课程导入案例

高压锅突然爆炸谁该赔偿

2016年3月，一户赵姓人家在为家中老人祝寿时，高压锅突然爆炸，儿媳妇被锅盖击中头部，抢救无效死亡。据负责高压锅质量检测的专家鉴定，高压锅爆炸的直接原因是高压锅的设计有问题，导致锅盖上的排气孔堵塞。由于高压锅的生产厂家距离遥远，赵家要求出售此高压锅的商场承担损害民事赔偿责任。但商场声称缺陷不是由自己造成的，而且商场在出售这种高压锅（尚处于试销期）的时候已与买方签订有一份合同，约定如果产品存在质量问题，商场负责退货，并双倍返还货款，因而商场只承担双倍返还货款的违约责任。

根据我国《产品质量法》第四十三条规定，因产品存在缺陷造成人身、他人财产损害的，受害人可以向产品的生产者要求赔偿，也可以向产品的销售者要求赔偿。属于产品生产者的责任，产品的销售者赔偿的，产品的销售者有权向产品的生产者追偿。属于产品销售者的责任，产品的生产者赔偿的，产品的生产者有权向产品的销售者追偿。

思考题：

为什么说产品质量是企业的生命？

（中国商品网 经作者整理）

1.1 商品的概念及构成

1.1.1 商品的概念

1.1.1.1 商品的定义

商品是用来交换的劳动产品,作为商品,首先必须是劳动产品,还必须要用于交换,同时对他人或社会有用。没有用就不会发生交换,有用才能发生交换。一切商品都具有使用价值和价值两种属性。商品的二重性是由劳动的二重性决定的,即具体劳动产生使用价值,抽象劳动产生价值。在商品经济高度发展的现代社会中,工农业用的生产资料和人们衣食住行用的生活资料,绝大多数需要通过交换而获得,它们大都是商品。

研究商品的使用价值不但要研究它的自然属性,更应该重视社会属性的研究,即把对商品属性的研究与人们需求及其变化的研究结合起来。

商品学应该研究市场流通的大众消费品,特别是纺织、服装、食品、电子电器、日用化学等轻工产品。因为这些商品与人们的生活息息相关,并在国民经济中占有重要的位置,它直接反映一个国家的经济和生活水平。

商品学研究的客体是商品,凡是商品必须是劳动产品,如果不是劳动产品就不能成为商品,劳动产品如不用于交换,也不能成为商品。商品学研究的任务是反馈商品信息,促进生产企业生产消费需要的商品,维护流通领域商品的使用价值,指导消费促进使用价值的实现,推动市场经济的发展。

1.1.1.2 商品学研究的目的

一是改善商品经营、完善商品结构、增加经济效益。
二是加强商品质量管理、提高企业信誉。
三是加强商品质量检验、防止伪劣商品进入流通领域。

1.1.1.3 商品的基本特征

(1) 商品是具有价值和使用价值的劳动产品。
(2) 商品是必须通过交换才能到达别人手中的劳动产品。
(3) 商品是供别人消费即社会消费的劳动产品。

1.1.2 商品的构成

消费者购买商品,本质是购买一种需要,这种需要不仅体现在商品消费时,还表现在商品购买和消费全过程。商品不仅是使用价值和价值的统一,还是有形体和无形服务的统一,商品能给人们带来的实际利益和心理利益,构成了商品整体。因此,商品的整体可以看成由核心部分、形式部分和延伸部分三部分组成。

1.1.2.1 核心部分

核心部分,即商品所具有的满足某种用途的功能,是消费者真正要购买的服务和利益。例如,消费者购买水果,是因为它能满足胃口,能给人体提供营养素;买洗衣机是为了洗衣服。核心部分表达的是商品的实质,是商品构成中最基本、最主要的部分。

1.1.2.2 形式部分

形式部分,即商品的具体形态,主要包括商品的成分、结构、外观、质量、商标、品牌、使用说明书、标志、包装等,是商品的外在形式,是商品使用价值形成的客观物质基础。

1.1.2.3 延伸部分

延伸部分,即人们在购买商品时所获得的附加利益的服务,如商品信息咨询、送货上门、免费安装调试、免费培训、提供信贷、售后保证与维修服务、退换退赔服务承诺等。善于开发和利用商品的延伸部分,不但有利于满足消费者的综合需要,使消费者购买到称心如意的商品,而且有利于同类商品生产经营企业在激烈的市场竞争中立于不败之地。

1.1.3 商品学与其他相关学科的关系

商品多样化、使用价值的物质性和社会性决定了商品学与多种自然科学和社会科学必然发生广泛的联系。

商品学与物理学、化学、生物学、生物化学、生理学、微生物学及其他一些基础学科有着密切的联系,这些学科的基础理论和基本方法是研究商品组成成分、理化性质、宏微观结构的工具。

商品学与材料科学、工艺学、农艺学、家畜饲养学、环境科学、气象学、昆虫学、生态学及其他一些技术学科也有着密切的联系,应用这些学科的知识,为阐述商品使用价值的形成和维护提供了重要资料。

商品学与食品营养学、食品卫生学、服装科学、人体工程学及与此有关的应用学科更有千丝万缕的联系,应用这些学科的成果对提高商品质量、扩大商品品种有着十分重要的作用。

商品学在研究商品使用价值的社会性因素时,必然与社会科学保持一定的交叉渗透关系,从政治经济学、企业管理学、市场学、销售学、统计学、社会学、心理学、美学、广告学、物价学、经济地理学、质量工程学、质量管理学等学科汲取和借鉴某些研究成果,形成商品学的学科体系,有利于商品学学科的研究和发展。

随着商品学学科的不断发展,商品学又在学科内部形成了不同的学科分类,如包装学、商品检验学、商品分类学、商品养护学、商品储运学、商品美学、食品商品学、家用电器商品学、日用品商品学、纺织品商品学、医药商品学等。

商品学的研究对象决定了其既不是纯粹的自然科学,也不是纯粹的社会科学。学科与学科之间相互联系是科学发展的必然结果。学科之间文理结合,内容方面彼此交叉渗透是当今科学发展的必然趋势。商品学与其他相关学科的关系不是简单的拼凑堆砌,而是采取为我所用的原则,在商品学的体系下形成有机的融合。反过来商品学的研究成果也必然被其他学科吸收利用,达到相辅相成、共荣共进的目的。

1.2 商品学的研究对象与任务

1.2.1 商品学的研究对象

商品学,顾名思义,是一门研究商品的科学。商品学的研究对象是商品的使用价值,而其研究的中心内容主要集中在商品的质量上。

商品学研究的客体是商品，商品具有两重性，即具有价值和使用价值。商品学的研究对象是商品的使用价值及其变化规律。

商品的使用价值通常理解为商品的效用，是由商品本身的自然属性决定的，即商品的使用价值的基础是商品的有用性，而这种有用性不仅来源于形成商品的自然的本质的物质基础，也受相关的社会属性如商品的结构、造型、美学特性、经济特性等影响。商品学研究商品的使用价值必须从这些物质基础及其相关的因素出发，研究商品的有关理论和技术。现实中，商品的质量是衡量商品使用价值的尺度，商品质量是商品使用价值的表征，因此，商品学在研究商品使用价值时总是紧密地围绕着商品的质量进行的。

在商品的经营活动中，对于商品而言经营者要解决的问题很多，其中商品数量的多与少、商品质量的好与坏以及商品价格的高与低是商品经营者最为关心的三个主要问题：

商品的数量多与少问题，包括品种结构是否合理、花色品种是否适销对路，是每一个经营企业都必须解决好的问题。商品的数量不足造成的脱销断档会影响销售和效益，而数量过大则产生积压。商品的品种结构也同样是当今商业企业十分关心的问题。

商品的质量问题也同样是各企业必须解决的问题，商品学研究商品的使用价值、研究商品的质量，其目的就是解决商品经营中的质量问题。

商品价格的高低受着众多因素的影响，市场竞争首先表现为价格的竞争，价格竞争是任何企业都很难逃避的。

上述问题的解决固然非常重要。在不同的社会经济条件下，同一种商品也会出现不同的使用价值。

例如，高档服装既可以用于一般的遮体御寒，又可以用于美化人体、弥补某些体型缺陷，还可以用来显示穿用者的身份和地位。绿色在中国象征着生命，而在西欧葬礼时用绿色树叶铺地，所以忌用绿色地毯。再如，对于贫穷型消费者，吃饱穿暖、坚固耐用的商品使用价值最大；而对于富裕型消费者，舒适、美观、体现个性风度的商品更具有使用价值。同一种商品在被同一个消费者消费时，也可以有多种使用价值。

商品的使用价值是随着科学技术的发展和人们经验的不断丰富而陆续被发现的。商品的使用价值是一个动态的、综合性的概念。准确而全面地理解商品的使用价值，运用商品的使用价值学说指导商品的生产、经营和消费，对发展我国社会主义市场经济具有重大的现实意义。

商品自然属性的相对稳定性和商品社会经济属性的相对变化性，决定了我们的商品生产经营者要不断地调整商品结构，一切从市场出发，从消费者需求出发，注意适销对路，使企业主观上求利润和客观上生产、经营着具有社会使用价值的商品有机地结合成一体。

1.2.2　商品学的研究内容

商品学的内容是由其研究对象决定的。我们知道，商品学研究的内容离不开商品质量和商品品种。

商品学是研究商品使用价值的科学，我们常用商品质量来表示商品的有用程度，反映商品满足人和社会需要的程度。由此可以推出，商品质量是商品使用价值的集中反映，商品使用价值的大小是用商品质量来衡量的，因此商品质量是商品学研究的中心内容。

分论商品学是运用商品学的理论和方法研究各类商品的个性问题。表现为分论商品学针对某一商品类别从商品使用价值、商品质量的构成及影响因素出发研究某类商品的相关问题，如纺织品商品学、日用工业品商品学、食品商品学等。概论商品学则不针对某一商品类别，研究商品的使用价值、商品质量的构成及影响因素，具体的内容为：商品分类与品种、商品质量，商品标准、商品检验、商品质量监督认证与管理、工业品成分与性质、食品成分与营养品包装、商品储存与安全运输、商品养护、商品与资源和环境等内容。

> **小思考**
>
> 自己编了一项草帽，自己用，请问，这项草帽是商品吗？

1.2.3 商品学的研究任务

商品学是以研究商品质量和商品品种为中心内容，政府和企业对商品从规划开发、生产、流通、消费到废弃全过程实行科学管理和决策服务的一门应用学科，目的是阐明商品质量形成、评价、维护、实现和再生的内外因素及规律，解决与商品质量密切相关的问题，使商品使用价值得以充分实现。商品学的任务如下。

1.2.3.1 防止商品使用价值的降低

通过确定适宜的商品包装、运输、保管的条件和方法，防止因商品质量发生不良变化而造成损失。

1.2.3.2 促进商品使用价值的实现

通过大力普及商品知识和消费知识，使消费者认识和了解商品，学会科学地选购和使用商品，掌握正确的消费方式和方法，由此促进商品使用价值的实现。

1.2.3.3 研究商品使用价值的再生

通过对商品废弃物与包装废弃物处置、回收和再生政策、法规、运行机制、低成本加工技术等问题的研究，推动资源节约、再生和生活废物减量，以及保护环境的绿色行动。

1.2.3.4 指导商品使用价值的形成

通过商品资源和市场的调查预测、商品的需求研究等手段，为有关部门实施商品结构调整、商品科学分类、商品的进出口管理与质量监督管理、商品的环境管理、制定商品标准及政策法规、商品发展规划提供决策的科学依据；为企业提供商品基本质量要求，指导商品质量改进和商品开发，提高经营管理素质，保证市场商品物美价廉，适销对路。

1.2.3.5 为评价商品的使用价值奠定基础

通过商品检验与鉴定手段，保证商品质量符合规定的标准或合同，维护正常的市场竞争秩序，保护买卖双方的合法权益，创造公平、平等的商品交换环境。

1.2.4 商品学的研究方法

1.2.4.1 质量技术指标法

这种方法有利于促进商品质量的提高，但确定各类商品的质量指标是一项复杂而巨大的工程。质量技术指标法是一种在科学实验的基础上，根据国内或国际生产力发展水平，确定质量技术指标，供生产者和消费者共同鉴定商品质量的方法。

1.2.4.2 社会调查法

社会调查法主要有现场调查法、调查表法、直接面谈法和定点统计法等。

商品的使用价值是一种社会性的使用价值，全面考察商品的使用价值需要进行各种社会调查，特别是在商品不断升级换代、新产品层出不穷的现代化社会，社会调查显得更加实际和重要，具有双向沟通的重要作用。

1.2.4.3 科学实验法

此法具有良好的控制和观察条件，所得出的结论正确可靠，是分析商品成分、鉴定商品质量、研制新产品的常见方法。这种方法需要一定的物质技术设备，投资较大。科学实验法是在实验室内运用一定测试仪器和设备，对商品的成分、构造、性能等进行理化分析鉴定的研究方法。

1.2.4.4 现场实验法

现场实验法是通过一些商品专家或有代表性的消费者群，凭人体感官的直觉，对商品质量做出评价的研究方法。这种方法的正确程度受参加实验者的技术水平和人为因素的影响，但简便易行。许多商品的质量评比，一些新产品的试穿、试戴、试用都采用这种方法。

1.2.4.5 对比分析法

对比分析法是将不同时期、不同地区、不同国家的商品资料收集积累，加以分析比较，从而找出提高商品质量、增加花色品种、拓展商品功能的新途径的方法。流通部门可以利用联系面广、信息来源多的特点，运用对比分析法正确识别商品，促进生产部门改进产品质量，实现商品的升级换代，更好地满足广大消费者的需要。

1.2.4.6 系统分析比较法

商品的研究还须考虑到商品与环境、商品与人、商品与国民经济的关系，是一个复杂的、系统的工程。单从一个方面或几个方面来研究，有时难免有偏差，只有把商品作为一个小系统，放在社会这个大系统中加以分析、研究和考察，才能得出一个全面、公正的结论。

阅读材料

防伪技术介绍

1. 防伪与防伪技术

防伪：防止以欺骗为目的，未经所有权人准许而进行仿制或复制的措施（GB/T 17004—1997）。

防伪，既是一个古老的话题，又是一个崭新的行业。

至少在3 000多年前的商代，我国就发明了行之有效的防伪技术，符、节、玺、印就是其典型代表。之后，在钱币、字画、工艺品等方面，人们的防伪意识日益增强，防伪的手段如印制棉花签、故意留白等也出现了许多。然而，防伪技术应用于工业产品，却不过二三百年的历史。我国在20世纪80年代才有了商品用全息防伪标志。

防伪技术，它是指"为了达到防伪的目的而采取的，在一定范围内能准确鉴别真伪并不易被仿制和复制的技术"（GB/T 17004—1997）。由此可见，防伪技术是用于识别真伪并防止仿冒行为的一种技术手段，即用于防止伪造或识别真伪的技术措施、产品和技术装备。

防伪技术的设置一般包括两方面：一是在产品内在结构上使用高新技术或专门设置增加仿造难度的技术点；二是在产品的包装上加贴防伪标志或增设防伪措施。

由于防伪市场的需求，防伪技术得以迅速发展，在我国已发展成为一个综合光学、生物学、物理学、电子学等多门学科技术的新兴边缘学科。目前，国际国内比较成熟的防伪技术有数十种之多，它们特点各异。

2. 可记忆型热敏防伪技术

这项技术是1998年推出的一项新型防伪技术。使用这种技术印刷的图案在未识别之前是无色的，当顾客用60度热源接触时，图案显示出来。当热源撤去时，图案不消退，这就是它的记忆性。当再次使用热源加热时，图案消失，此时具有高温退色性能。另外，在一定条件下具有无色还原性能等。

3. 镂空破坏型防伪技术

镂空破坏型防伪技术是针对目前一些标志在揭下后完整无损的问题开发而成的。镂空破坏型防伪标志在撕开之前，表面上与其他防伪标志无异样，在撕开时，标志的纸张出现变化，呈不可恢复状态。顾客在撕开标志时，标志表面出现透明的镂空字母，而在包装物表面留下完整的字母，使消费者马上可以识别所贴标志产品的真伪。

这种技术具有一次性破坏，不能重复利用，检测不需任何设备，防伪直观等优点。

4. 可逆热敏手感变色及高温变色防伪标志

可逆热敏手感变色及高温变色防伪标志是由特种油墨印刷而成的，由这种油墨印刷而成的标志有低温、高温和手感变色之分，并已形成了系列化产品。其变色机理为油墨在外界温度达到某一温度区间后，油墨内部的化学结构发生变化，从而使标志呈现出不同颜色。在用户购买商品时，当用手、额头触摸标志或轻轻地对着呼一口气，标志图案发生变化，从而使用户马上鉴别所购商品的真假。

5. 双层膜防伪标志

双层膜防伪标志属目前国内最新防伪技术，其主要特点是只可一次性使用，并且双层膜上均印刷图案。由于其制作要求高，工艺复杂，涉及化学、工艺、仪器、制造设备等诸多因素，因此技术含量高，防伪效果良好。使用方法是将标志贴于商品上，当顾客购买商品时，可以检测表面的图案或文字，揭下标志（第一层），第二层露出，此第二层由一薄膜构成，上面印刷有图案，第二层防伪膜是不能从商品上揭下来的。当揭下表层后，第一层和第二层将不能再粘在一起。这种防伪产品特别适用于大批量生产的企业。它具有用户识别方便、不可重复利用的特点；其另一特点是，此标志一旦贴在商品包装上，则防伪痕迹就永远留在包装物上，由于揭下表层后（两层分离），两层间将不能再黏接，因此包装物将不能重复利用，这就为企业杜绝假冒产品的侵袭起到了保障。这种防伪技术制作复杂，用户检测新颖方便，顾客看到的又是一种全新的防伪技术，对提高商品的档次亦能起到良好的作用。

6. 精密版纹防伪技术

（1）精密印刷防伪是目前钞票上普遍采用的防伪技术，主要因为其制版难度大，印刷要求高，不是一般印刷厂能制作出来的，因此具有良好的防伪效果。另外，其美观大方的细密条纹又易于为顾客所识别、鉴定，具有直观、方便的特性，它的使用同时又能给厂家的产品锦上添花，可以进一步提高产品的档次，使产品在防伪的基础上又有华美的装饰作用。

（2）微缩防伪技术是美元上采用的一种防伪技术，这一技术可以在放大镜下看出其组合的字母，是属于二线防伪技术，检测方便、图案隐蔽。工厂可以据此进行市场产品真伪的检测。微缩技术是一种钞票制版技术。制版的精密度更高，也更难。目前国内单位的票据还很少使用这一技术。微缩字母一般可以在 15 倍的放大镜下看出，如将微缩字母隐含在某一位置，保密效果会更佳。

（3）荧光防伪技术是目前在人民币、支票（红色油墨发红光）、票据上使用的一种防伪技术，其具有检测方便、隐蔽性好的特性。其检测工具紫外线验钞器可以对其进行方便的检测，而现在商场上每个收银台上均有验钞器。检测工具的普及为消费者的检测提供了方便。根据用户要求使用有色油墨加载荧光防伪（荧光的发色可以是不同的），也可以是无色荧光油墨印刷在防伪标志上（如 1980 年版的 50 元、100 元人民币的荧光防伪）。

上述三种防伪技术的综合应用大大提高了标志的防伪功能，这三种技术的统一结合既有高档的一面，又有隐蔽的一面；既有一线防伪技术（直观检测），又有二线防伪技术（使用仪器检测），是生产名优产品厂家的优选防伪技术。

7. 光敏防伪技术

这一技术是利用光的照射使防伪图案发生变化，使用户在不用任何检测工具的情况下，对贴防伪标志的产品进行真伪判断。

1.2.5 商品学的作用

通过商品学对象、内容和任务的研究，可以看出商品学既是联结生产技术与商业经济的桥梁，又是联结商品生产与商品销售的纽带。实践证明，商品学在多方面起到了其他学科不可替代的作用。

1.2.5.1 准确地了解消费需要，组织适销对路商品

不同商品，有不同用途；同一商品，也可有多种用途；相当多的商品受欢迎的程度会随时间或季节变化而发生变化。商品种类繁多，经营管理者只有熟悉商品属性，才能进行科学的预测和决策，按照市场的客观需求，购进适销对路的商品，更好地满足消费者的需要。

1.2.5.2 恰当地评价商品质量，保护消费者利益

商品学所研究的商品属性、商品标准和检验方法等理论知识，为商品质量评定奠定了基础，从而可以更好地贯彻产品质量法、标准化法、食品卫生法和合同法，恰当地评价商品质量。把好商品质量关，确保提供质价相称的商品，切实保护消费者的利益。

1.2.5.3 科学地进行包装和储运，使商品质量得到保护

商品在流通领域中，由于质量变化所造成的损失是不少的，但经营管理者缺乏商品理论知识也是一个不可忽视的原因。他们通过商品学学习，掌握商品属性及其相关理论，可依据商品质量变化的原因和特点，对商品进行科学的包装、储存和运输，从而使商品质量得到保护，减少或避免商品变质损失。

1.2.5.4 准确地反馈商品信息，促进商品生产发展

流通环节销售商品的显著特点是点多面广，直接接触广大消费者，对商品质量、花色、品种情况，以及需求走势等信息的了解最直接最全面。经营管理者懂得商品理论知识，则可准确地将消费者的意见反馈给生产部门，从而更好地促进商品生产的发展。

1.2.5.5　科学地进行商品分类，利于经营管理现代化

信息化是现代社会的客观趋势，也是对商品流通的必然要求。商品分类是商品经营管理信息化的基础，经营管理者通过对商品分类理论知识的学习，在对商品进行科学分类的基础上将商品信息更准确、更迅速地输入信息系统，有助于促进商品经营管理的现代化。

1.2.5.6　正确指导消费，充分发挥商品更大的作用

各种商品的使用或食用方法与商品体本身的属性密切相关。经营管理者通过对商品理论知识的探讨，系统地掌握商品的属性，科学地使用或食用各种商品，商品的使用价值才能得到充分的发挥，起到它应有的作用。

总之，商品经营与管理者天天从事商品购、销、运、存活动，每天都在跟商品打交道，时时刻刻也离不开商品理论知识。要想把企业的商品经营与管理搞好，光凭事业心和责任感是不够的，还必须掌握业务技术，即要学习商品学。因此可以说，商品学是商品经营与管理人才培养不可或缺的一门课程。

1.3　商品学的产生和发展

1.3.1　商品学的产生

商品学是伴随着商品生产的发展而产生和发展的。商品生产的发展，商人的出现是商品学产生和发展的前提。

商品学最早产生于德国。德国的约翰·贝克曼教授在其教学和科研的基础上，于1793—1800年出版了《商品学导论》。该书分为2册：第1册主要是介绍商品生产技术方法、工艺学等方面的知识；第2册主要介绍商品的产地、性能、用途、质量规格、分类、包装、鉴定、保管和主要市场等。

贝克曼还在该书中指出了商品学作为一门独立学科的任务：研究商品的分类体系；进行商品的鉴定和检验；说明商品的产地、性质、使用和保养以及最重要的市场；叙述商品的制造方法和生产工艺；阐明商品品种的价格和质量；介绍商品在经济活动中的作用和意义。该书创立了商品学的学科体系，明确了商品学的研究内容，贝克曼因此被誉为商品学的创始人。他所创立的商品学体系被称为"贝克曼商品学"或"叙述论的商品学"。目前，人们认为商品学产生于18世纪末，就是以该书的出版时间为依据的。

18世纪初德国的工业发展迅速，将进口的原材料加工成产品出口，从而扩大了原材料与工业品的贸易。这种贸易扩大要求商人必须具有相关的较为系统的商品知识，否则难以胜任商品贸易的需要，这样就对商业教育提出了系统讲授商品知识的要求。18世纪后期，在商人和学者的共同努力下，德国的大学和商业院校开始了商品学课程的讲授，并开始了商品学的研究工作。商品学这个词就来自德文"Warenkunde"，译成英文为"Commodity Science and Technology"。

1.3.2　商品学的发展

18世纪以来商品学相继传入意大利、俄国、日本、中国以及西欧和东欧的一些国家，使商品学得到迅速发展，商品学教育和研究也不断深入、广泛。1902年，我国商业教育中

开始把商品学作为一门必修课。

商品学由德国传入各国后,在其发展过程中产生了两个研究方向:一个是从自然科学和技术科学角度研究商品的使用价值,研究的中心内容是商品质量,称为技术论商品学;另一个是从社会科学、经济学角度,特别是从市场营销和消费需求方面研究与商品适销品种和经营质量相关的问题,称为经济论商品学。

现代商品学围绕商品—人—环境系统,从技术、经济、社会、环境等多方面,运用自然科学、技术科学与社会科学相关的原理和方法,综合研究商品与市场需求,商品与资源合理利用,商品与环境保护,商品开发与高新技术,商品质量控制、质量保证、质量评价及质量监督,商品分类与品种,商品标准与法规,商品包装与商标、标志,商品形象与广告,商品文化与美学,商品消费与消费者保护等技术与经济问题。

1.3.3 我国现代商品学的发展

我国的商品学在新中国成立前极为落后,今天的商品学是新中国成立后从苏联引进的,因此我国的商品学受苏联的商品学体系影响很大。目前,商品学出现了一些不同的研究方向和流派。我国的商品学属于自然科学与技术学派的商品学。

国际商品学会的总部设在奥地利的维也纳。现欧洲的多数国家有商品学的教学和研究,亚洲的中国(含香港、台湾地区)、日本和韩国等国家和地区以及美洲的加拿大均开展了商品学的研究和教学。

1.3.3.1 商品学研究对象方面的发展

随着社会经济的发展和科技进步,人们生活水平的不断提高,消费者要求商品在满足物质享受的同时,还能满足一定程度精神享受的愿望越来越强烈。在理性消费时代,消费者重视商品的品质、性能及价格,购买商品时以好、坏为标准;在感性消费时代,消费者重视商品品牌、设计及象征性,以喜欢、不喜欢为判断标准;在感动消费时代,消费者重视商品的满足感及喜悦,以满意、不满意为判断标准。这也使商品学界进一步认识到,准确而全面地理解商品的使用价值,不仅是商品学发展的需要,也是社会主义市场经济发展的需要。

中国人民大学的诸鸿、张大力和张万福教授,天津商学院的邓耕生教授等,针对这一社会现象,首先提出了,研究商品的使用价值不仅要研究商品的实用价值,还要研究商品的审美价值;不仅要研究商品本身自然属性与商品使用价值的关系,还要研究不同社会经济条件对商品使用价值的影响。

例如,我国食品由单纯地要求营养卫生、色香味形,变为既要讲究营养卫生、色香味形,又要追求强身健体和饮食文化;服装衣料由厚实,转变为轻薄挺括和重视款式品牌;日用工业品更是崇尚艺术设计,讲究实用性与艺术性的完美结合。商品"商"和"品"的两重性日益受到人们的重视,近些年来出版的商品学教材,均较深入地反映了这些思想。

1.3.3.2 商品学研究内容方面的发展

商品学研究的中心内容是商品质量,把商品学从研究商品质量的形成、检验和维护,发展到研究商品质量的形成、评价、管理、维护、实现和再生的全过程,引入了全面质量管理工作的思想和方法。

人们购买商品本质上是购买一种需求，质量的本质是满足消费者需要的程度，商品满足消费者需求的程度越高，商品质量就越好。因此，在评价商品质量时，既要注意商品质量符合标准的情况，又要考虑商品质量满足人和社会需求的程度；既要注意满足消费者对商品质量的基本要求，又要考虑消费者对商品质量的特殊要求；既要用一般方法来评价商品质量，又要把商品质量放在社会大系统中，作为一个系统工程来研究。近些年来出现的宽电压家用电器、健康空调、节能电冰箱等商品，就是这一思想的基本体现。

2004年8月在中国召开的第十四届国际商品学学术研讨会上，把"商品·贸易·环境"作为会议主题，也说明这一思想已引起国际共鸣。

商品质量是一个动态的概念，国际上质量观念的创新大体经历了三个阶段：第一阶段是符合型质量阶段，即符合标准；第二阶段是适应型质量阶段；第三阶段是满意型质量阶段。反映在国际标准上，商品质量的相应定义是：ISO 8402—1986对质量的定义为"产品或者服务满足规定和潜在需要的特征和特性的总和"；1994年版ISO 9000定义是"反映实体满足的明确和隐含需要能力的特性总和"；2000年版ISO 9000定义是"达到持续的顾客满意"，提出了满意型质量概念，而且应该是让顾客持续满意。

在商品质量的具体评价上，检查商品是否符合标准，以评价商品质量技术指标的高低；考察商品的造型、花色、款式和包装是否具有时代感，以评价商品满足消费者审美需要的质量；考察商品使用是否简便易学，说明书是否清楚易懂，以评价商品使用方便性质量；检查商品证件标志的齐全完整性，以评价商品质量的真实可靠性；考察商品的售后服务性，以评价商品质量的附加质量；考察商品品牌的知名度，以评价商品质量的美誉度和消费者的认可性；考察商品与人、商品与社会和商品与环境的关系，把商品质量放在社会这个大系统中加以评价，以评价商品质量的全面性。

在研究影响商品质量的主要因素上，从着重研究商品生产、流通过程对商品质量的影响，发展到研究消费习惯、消费心理和使用过程对商品质量的影响。研究表明，各种商品都有自己的特性，若在消费过程中，安装不妥、使用不当、保管不善、环境不好、养护不及时等，也会直接影响到商品质量，有的商品若不注意使用条件，甚至会带来灾难。

商品学不仅研究商品本体和商品包装的信息开发和信息传达，1999年中国商品学年会还把商品信息与网络、商品技术创新与商品研究成果产业化等作为一个新的研究方向。2002年和2006年中国商品学年会在这方面又有了新的进展。

1.3.3.3 商品学研究在其他方面的发展

在商品概念上，从商品是用来交换的劳动产品的一般概念，深化到商品包括核心商品、有形商品和附加商品三个层次的整体概念；对商品的寿命认识上，从商品自然寿命发展到商品自然寿命和社会寿命相结合；在商品编码上，引入了商品条形码等新内容；在商品质量鉴定上，从商品质量检验扩展到商品防伪、商品质量监督、商品质量认证和商品质量保证体系等内容；从研究商品商标的设计和作用，发展到充分注意商品开发和商品品牌效应；从商品包装的自然保护和社会认识两功能，材料、容器、装潢和技术方法商品包装四要素，发展到商品包装保护性和保存性、社会适应性、安全性和生态无害性的商品包装评价四要素，绿色包装备受关注；中国人民大学万融教授，在商品品种、织物风格的研究上取得了重大进展，确立了织物风格主观评价的理论；中国人民大学商品检测中心在商品质量的检验上，引入了模糊数学和系统论等，取得了一定成果；商品学在其他专业应用上，从企业管理扩展到市场营销、电子商务和物流管理等；中国人民大学商品学系和安徽财经大学陶琼教授等，曾把培养商品学专业复合型人才作为自己的一个研究课题，并获科研成果一等奖。商品学学科的教研人员在与中外一些科研机构和部门的合作研究中，取得了音乐喷泉、绿色包装、食品风味评价、绿色商品认证等重大科研成果。

项目小结

商品是用来交换的劳动产品，具有使用价值和价值两个基本属性，以物质形态或其他形态存在于社会，由核心部分、形式部分和延伸部分构成商品整体。

商品学是研究商品使用价值及其变化规律的科学。商品的使用价值是指商品对消费者的有用性或效用，商品的使用价值是由商品体的属性所决定的，是满足他人和社会的使用价值，并随着科学技术的发展和人们经验的不断丰富而陆续被发现的。因此，商品的使用价值是一个动态的、综合性的概念。

商品学研究的中心内容是商品质量，研究的具体内容是与商品质量密切相关的问题，研究的整体内容还包括商品与人、商品与时代、商品与环境等方面的问题。

商品学的研究任务是指导商品使用价值的形成、评价、维护、实现和再生，满足人们物质文明和精神文明的需要，不断提高企业的效益。

商品学的研究方法有科学实验法、现场实验法、技术指标法、社会调查法、对比分析法和系统分析比较法等。

商品学的产生是商品生产经营发展到一定阶段的产物，商品学的发展随着社会经济的发展而发展，商品学的研究将不断深入，为社会经济的进一步发展作出自己的贡献。

复习思考题

一、选择题

1. 商品是用来交换的劳动产品，具有使用价值和（　　）两个基本属性。
   A. 价值　　　　　B. 商品　　　　　C. 产品　　　　　D. 价格
2. 商品学最早产生在（　　）。
   A. 中国　　　　　B. 美国　　　　　C. 法国　　　　　D. 德国
3. 商品学研究的中心内容是（　　）。
   A. 商品种类　　　B. 商品质量　　　C. 商品价格　　　D. 商品品种
4. 核心部分、形式部分和（　　）构成商品整体。
   A. 中心部分　　　　　　　　　　　B. 实质部分
   C. 延伸部分　　　　　　　　　　　D. 价格部分

二、简答题

1. 商品的基本特征有哪些？
2. 商品学的研究任务有哪些？
3. 国际上质量观念的创新大体经历了哪三个阶段？
4. 商品学的研究方法有哪些？

三、实训题

1. 技能题

试举三种常见的商品，说明它的价值和使用价值。

2. 案例分析

关于法国"人头马"白兰地的质量

法国"人头马"白兰地以其醇厚和浓郁的香味和金黄的色泽闻名于世。其厂家雷米马丹公司总裁说:"人头马的成功,在于它始终如一的质量保障,而这又与它遵守传统密不可分。"

"人头马"遵守传统首先是它的原料必须是产自科城地区的优质葡萄。依据规定,"人头马"中的上品,全部只准从靠近科城的一万公顷的葡萄区里选用原料。

"人头马"公司切实保证了产品的质量,成为与轩尼斯、金马和马爹利齐名的四大白兰地品牌之一。

问题:
商品的原料与商品的质量有哪些关系?

项目二

商品分类与商品包装

知识目标

了解商品的标志、包装材料和商品包装的作用，认识商品分类体系。

技能目标

掌握商品包装的概念、销售包装的要求与设计、商品分类和商品编码的方法。

能力目标

能够运用所学知识进行常见商品的经营分类，对商品销售包装进行初步的评价。

课程导入案例

食品袋质量不合格造成蛋糕变质谁之过

因甲公司生产的真空食品袋质量不合格，造成乙公司生产的200箱蛋糕变质，损失14 000元。该批食品由丙、丁两家商场出售，在出售的过程中丙商场利用消费者的消费心理，在提高产品价格一倍的基础上采取了有奖销售活动，食品很快就全部卖完；丁商场也售出了一半，但是，购买者回到家后发现该食品已变质，遂要求赔偿。

（中国商品网　经作者整理）

思考题：

谁该为此承担责任？

2.1 商品分类的含义、标志和基本方法

2.1.1 商品分类的概念、意义和基本原则

1. 商品分类的概念

为了适应生产、流通、消费和科研的需要，根据商品的特征，有目的地、科学地、系统地将商品划分为不同的类别。商品可以划分为不同的大类、中类、小类、品种乃至规格、品级、花色等细目。

根据一定的目的，选择恰当的标志，将任何一个商品集合总体逐次进行划分的过程，即商品分类。分类具有普遍性，凡有物、有人、有一定管理职能的地方都存在分类。分类是认识事物、区分事物的重要方法。分类的结果给人们带来效率，使日常事务大大简化。

商品的大类一般根据商品生产和流通领域的行业来划分，既要同生产行业对口，又要与流通组织相适应。商品品类或种类等是指若干具有共同性质和特征的商品的总称，它们各自包括若干商品品种。商品品种是按商品特性、成分等方面特征进一步划分得到的商品类组。品种的名称即具体商品名称。

商品、材料、物质、现象等概念都是概括一定范围的集合总体。任何集合总体都可以根据一定的标志逐次归纳为若干范围较小的单元（局部集合体），直至划分为最小的单元。上述商品的局部集合体，可以继续划分至最小的单元——商品细目。细目是对品种的详尽区分，包括商品的规格、花色、型号、质量等级等。细目能更具体地反映商品的特征。

2. 商品分类的意义

（1）商品科学分类有助于国民经济各部门的各项管理的实施。
（2）商品分类有助于商业经营管理。
（3）商品分类有利于实现商品现代化管理。
（4）商品分类有利于了解商品特性。
（5）商品分类有利于商品学的教学工作和开展商品研究工作。

3. 商品分类的基本原则

（1）必须明确要分类的商品所包括的范围。
（2）商品分类要从有利于商品生产、销售、经营习惯出发，最大限度地方便消费者的需要，并保持商品在分类上的科学性。
（3）以商品的基本特征为基础，选择适当的分类依据，从本质上显示出各类商品之间的明显区别，保证分类清楚。
（4）商品分类后的每一种品种，只能出现在一个类别里，或每个下级单位只能出现在一个上级单位里。
（5）在某一商品类别中，不能同时采用两种或多种分类标准进行分类。商品分类要以系统工程的原理为根据，分类体现出目的性、层次性，使分类结构合理。

2.1.2 商品分类的标志

2.1.2.1 选择商品分类标志的基本原则

对商品进行分类，可供选择的标志很多，在选择时应遵循以下原则。

1. 目的性

对商品进行分类时必须明确商品分类的目的，不同的分类体系有各自特定的分类目的，分类标志的选择必须保证在此基础上建立起的分类体系能满足分类的目的和要求。

2. 逻辑性

逻辑性是商品分类的又一原则，在目的性原则得到强调的同时，还要兼顾到分类标志的选择必须保证使商品分类体系中的下一层级分类标志成为上一层级分类标志的合乎逻辑的继续和具体的自然延伸，从而使体系中不同商品类目间或并列、互相隶属的逻辑关系明晰了然。

3. 简便性

分类标志的选择，必须保证建立起的商品分类体系在实际运用中便于操作，易于使用，有利于采用数字编码和运用电子计算机进行处理。

4. 包容性

分类标志的选择必须保证在此基础上建立的分类体系能够包容拟分类的全部商品，并为不断纳入的新商品留有余地。

5. 区分性

分类标志本身含义明确，必须保证能从本质上把不同类别的商品明显区分开来。

6. 唯一性

分类标志的选择必须保证每个商品只能在体系内的一个类别中出现，不得在不同类别中反复出现；体系内的同一层级范围只能采用同一种分类标志，不得同时采用多种分类标志。

2.1.2.2 常用商品分类标志

商品分类标志实质是商品本身固有的某种属性。在一个分类体系中，常采用多种分类标志，往往在每一个层次用一个适宜的分类标志。目前还未发现一种能贯穿商品分类体系始终，对所有商品类目直到品种和细目都适用的分类标志。商品分类实践中，常见的分类标志有以下四种。

1. 以商品的用途作为分类标志

商品用途是体现商品使用价值的重要标志，以商品用途作为分类标志，不仅适合于对商品大类的划分，还适合于对商品类别、品种的进一步划分。这便于分析和比较同一用途商品的质量和性能，从而有利于生产部门改进和提高商品质量，开发商品新品种，生产适销对路的商品，也便于商业部门经营管理和消费者按需要选择商品。但对于多用途的商品，不宜采用此分类标志。

例如，商品按用途可分为生活资料和生产资料，生活资料按用途的不同可分为食品、衣着类用品、日用品等；日用品按用途又可分为器皿类、玩具类、洗涤用品类、化妆品类等；化妆品按用途还可继续划分为护肤用品、美容美发用品等。

2. 以原材料作为商品分类标志

商品的原材料是决定商品质量、使用性能、特征的重要因素之一。特别是对于那些原材料替代种类多,且原材料对性能影响较大的商品比较适用。但对那些由两种以上原材料所构成的商品,采用此标志进行分类会产生一定困难。

例如,纺织品按原料不同可分为棉织品、毛织品、麻织品、丝织品、化学纤维织品等;鞋类商品可分为布鞋、皮鞋、塑料鞋、人造皮革鞋等。以原材料作为商品分类标志,不但使商品分类清楚,而且能从本质上反映出每类商品的性能、特点、使用及保管要求。

3. 以商品的加工方法作为分类标志

这种分类标志对那些可以选用多种加工方法,且质量特征受加工工艺影响较大的商品最为适用。很多不同的商品,往往是用同一种原材料制造的,就是因为选用了不同的加工方法,最后便形成质量特征截然不同的商品种类。由此可见,生产加工方法也是商品分类的重要标志。例如,按加工方法上的区别,茶叶有全发酵茶、半发酵茶和不发酵茶;酒则有配制酒、蒸馏酒和发酵原酒。那些加工方法虽不同,但对质量特征不会产生实质性影响的商品,则不宜采用此种标志来分类。

4. 以商品的主要成分或特殊成分作为分类标志

商品的很多性能取决于它的化学成分。很多情况下,商品的主要成分是决定其性能、质量、用途或储运条件的重要因素。对这些商品进行分类时,应以主要成分做分类标志。例如,化肥可分为氮肥、磷肥、钾肥等。

有些商品的主要化学成分虽然相同,但是所含的特殊成分不同,可形成质量、性质和用途完全不同的商品,对这类商品分类时,可以其中的特殊成分做分类标志。例如,玻璃的主要成分是二氧化硅,但根据其中一些特殊成分,可将玻璃分类为钠玻璃、钾玻璃、铅玻璃、硼硅玻璃等。

采用这种标志分类,便于研究商品的特性、包装、储运、使用方法、养护等问题,因此在生产管理、经营管理和教学科研中广泛应用。但对化学成分构成复杂,或容易发生变化,或区别不明显、成分不清楚的商品,不适宜采用这种分类标志。

还有一些商品本身的属性、特征也在一些特殊场合下作为分类标志。例如,工业制成品以花色、规格、型号做分类标志;农产品中的种植业产品以收获季节或产地做分类标志;畜产品中的肉类可以采用部位作为分类标志;蜂蜜以花粉源作为分类标志等。

 小思考

按照商品的分类方法,大豆属于粮食还是属于油料?

2.1.3 商品分类的基本方法

2.1.3.1 线分类法及线分类体系

线分类法是商品分类中常采用的方法。按线分类法所建立起的体系即线分类体系。

线分类体系的主要优点是:层次性好,能较好地反映类目之间的逻辑关系;符合传统应用习惯,既适合于手工处理,又便于计算机处理。但线分类体系也存在着分类结构弹性差的缺点。

线分类法也称层级分类法,它是将拟分类的商品集合总体,按选定的属性或特征作为划分基准或分类标志,逐次地分成相应的若干个层级类目,并编制成一个有层级的、逐级展开的分类体系。线分类体系的一般表现形式是大类、中类、小类等级别不同的类目逐级展开。

这个体系中，各层级所选用的标志可以不同，各个类目之间构成并列或隶属关系。

2.1.3.2 面分类法及面分类体系

按面分类法所建立起来的分类体系即面分类体系。

面分类法又称平行分类法，它是把拟分类的商品集合总体，根据其本身固有的属性或特征，分成相互之间没有隶属关系的面，每个面都包含一组类目。将每个面中的一种类目与另一个面中的一种类目组合在一起，即组成一个复合类目。

面分类法所建立起的分类体系结构弹性好，可以较大量地扩充新类目，不必预先确定好最后的分组，适用于计算机管理。它的缺点是组配结构太复杂，不便于手工处理，其容量也不能充分利用。由表2-1提供的类目进行组配，就可发现其中会出现没有意义的商品复合类目。

服装的分类就是按面分类法组配的。把服装用的面料、式样和款式分为三个互相之间没有隶属关系的"面"，每个"面"又分成若干个类目。如表2-1所示，标出不同范畴的独立类目，使用时将有关类目组配起来，便成为一个复合类目，如纯毛男式中山装、中长纤维女式西装等。

表2-1 面分类体系应用示例

面 料	式 样	款 式
纯 棉	男 式	中山装
纯 毛	女 式	西 装
涤 棉		猎 装
毛 涤		夹 克
中长纤维		连衣裙

目前，在实际运用中，一般把面分类法作为线分类法的补充。

我国在编制《全国工农业产品（商品、物资）分类与代码》国家标准时，采用的是线分类法和面分类法相结合、以线分类法为主的综合分类法。

2.2 商品分类目录和编码

2.2.1 商品编码

商品编码是指用一组有序的代表符号来标志分类体系中不同类目商品的过程。编码中所使用的标志性的代表符号即称商品代码。

2.2.1.1 商品编码的作用

商品编码可使名目繁多的商品便于记忆，有利于商品分类体系的通用化、标准化，为建立统一的商品产、供、销和储运的信息系统，以及运用计算机网络进行商流物流的现代化科学管理创造了条件。

2.2.1.2 商品代码的种类

商品代码按其所用符号的不同分为数字代码、字母代码、字母—数字混合代码。目前使用最普遍的是数字代码。

2.2.1.3　数字代码的含义及编码方法

数字代码是用一组阿拉伯数字表示的商品代码。数字代码结构简单，使用方便、易于推广，便于计算机处理。运用数字代码进行商品编码，常使用以下三种方法。

1. 层次编码

层次编码是按商品类目在分类体系中的层级顺序，依次赋予对应的数字代码。在此且以 GB 7635—1987《全国工农业产品（商品、物资）分类代码》为例，分析、认识层次编码。其整个代码共八位数，分四个层次，每两位数为一层，从左往右分别代表分类体系中的大类、中类、小类、细类。

2. 混合编码

混合编码是层次编码和平行编码的合成。在实践中，编码方法和分类方法一样，通常不单独使用，而是混合使用的。GB 7635—1987《全国工农业产品（商品、物资）分类代码》实际采用的就是混合编码。在同一级别中，按平行编码法给出代码；将不同级别中的代码按对应商品类目间固有的逻辑关系组配，就有了八位数的代码。

3. 平行编码

平行编码也用于线分类体系中。线分类体系中同一层级的不同类目之间是并列平行的关系。对于这种同一分类体系中同层级的类目，可以以平行编码的方法按顺序给出数字代码。

平行编码多用于面分类体系中，具体方法是给每一个分类面确定一定数量的码位，代码标志各组数字之间是并列平行关系。

2.2.1.4　商品条码的概念及分类

1. 商品条码的概念

商品条码是由条形符号构成的图形表示分类对象的代码。是由一组规则排列的"条""空"符号及其对应的数字代码组成的商品标志，是用光电扫描阅读设备识读并实现数据计算机处理的特殊代码。

然而，商品条码不能简单地归类于商品代码。因为，它既不能以上述普通编码方法获得，所蕴含的商品信息也与上述普通代码大相径庭，这一点必须说明。

2. 商品条码的分类

商品条码分为厂家条码和商店条码。

厂家条码是商品分类的一种表现方式，指生产厂家在生产过程中直接印在商品包装上的条码，它们不包括价格信息。常用的厂家条码主要有国际通用商品条码（EAN）和北美通用产品条码（UPC）两种。北美通用产品条码 UPC（Universal Product Code，UPC），它源于美国，是在美国和加拿大推广使用的通用产品代码。

欧洲物品编码系统 EAN（European Article Numbering System，EAN），该条码是欧洲物品编码协会在吸取 UPC 经验的基础上开发出的与 UPC 兼容的条码系统。为了在世界范围内推行条码系统，协调条码在各国的应用，1981 年欧洲物品编码协会更名为国际物品编码协会。现在该协会的会员已超过 50 多个国家和地区。EAN 码已在世界各国普及，国际通用。我国于 1988 年 12 月成立中国特别编码中心，1991 年 4 月被国际物品编码协会接纳为会员，同年 5 月，我国颁布了推荐性国家标准《通用商品条码》。

商店条码是在自动扫描商店中，为便于 POS 系统对商品的自动扫描结算，商店对没有商品条码或商品条码不能识读的商品，自行编码和印制条码，并只限在自己店内部使用。通常将这类条码称为商店条码，又叫店内码，可分为以下两类。

一类是用于变量消费单元的店内码，例如，鲜肉、水果、蔬菜、熟食品等商品是按基本计量单位计价，以随机数量销售的，其编码的任务不宜由厂家承担，只能由零售商完成。零售商进货后，要根据顾客需要包装商品，用专有设备对商品称重并自动编码和制成店内码，然后将其粘贴或悬挂到商品外包装上。

另一类是用于定量消费单元的店内码。这类商品是按商品件数计价销售的，应由生产厂家编印条码，但因厂家生产的商品未申请使用条码或其印刷的条码不能被识读，为便于扫描结算，商店必须制作使用店内码。

小思考

在商场销售商品的包装上使用的条形码属于哪一种条形码？

2.2.2 商品目录

2.2.2.1 商品目录的概念

商品目录是以特定方式系统记载相关商品集合总体类目、品种等方面信息的文件资料。从其内容结构分析，商品目录一般是商品名称、商品代码、商品分类体系三方面信息的有机结合；从其表现形式分析，商品目录是在商品分类和编码基础上，用表格、文字、数码等全面记录和反映相关商品集合总体综合信息的文件。按其适用范围，商品目录可分为国际商品分类目录、国家商品分类目录、行业（部门）商品分类目录、企业商品分类目录；按其业务性质，商品目录可分为外贸商品目录、海关统计商品目录、内贸商品目录和企业商品目录等。

2.2.2.2 常见商品分类目录简介

1. 我国国家标准商品分类目录

为了适应现代化经济管理的需要，许多工业发达国家如美、英、法、德、日等都制定和实施了商品分类国家标准。我国于1987年发布和实施商品分类国家标准GB 7635—1987《全国工农业产品（商品、物资）分类与代码》。该标准目录按照商品的基本属性分类，并适当兼顾部门管理的需要，把我国生产的所有商品划分为99个大类（其中有12大类留空，供增补用），1 000多个中类、7 000多个小类，总计360 000多个品种。考虑了各部门扩展和细分的需要，该分类体系采用八位数字编码、四层代码结构，每层均以两位阿拉伯数字表示，各层代码一般从"01"开始，按顺序排列，最多编至"99"。为便于检索，该分类体系在大类前设置了以英文字母表示顺序的"门类"。

2. 国内贸易商品分类目录

为便于商业部门组织和进行商品购、销、运、存以及商业计划、统计、会计等业务活动，需要对国内贸易商品进行科学分类，并根据不同要求和业务特点的需要编制商品目录。例如，为了满足商品销售需要的商品经营目录；满足储运部门需要的储运商品目录；为各级领导、商业部门了解情况和制定政策，编制和检查计划，促进生产安排市场和指导业务提供资料的商品统计目录等。其中，各级商业部门填报的商品统计目录，主要依据商品用途，将商业部门经营的商品分为 23 大类，100 多个主要品种，如表 2-2 所示。

国内贸易商品分类，应在商品分类国家标准的基础上进行编制，其分类原则不得违背国家标准中商品类组的划分，其类组代码和行业代码也必须与国家标准相一致。但商业部门可根据自己的业务特点，适应本单位工作的需要，对国家标准中商品类组进行延拓和细分。

常见的商品分类目录还有国际贸易标准分类目录，对外贸易出口业务商品目录，我国海关进口税则和统计商品目录等。

表 2-2　商业部门统计商品目录分类

序号	名称	序号	名称
1	肉食禽蛋类	12	干鲜果类
2	耕畜类	13	纺织品类
3	其他类	14	棉花类
4	糖业、糕点类	15	蚕丝类
5	卷烟类	16	针棉织品类
6	酒类	17	百货类
7	鲜菜类	18	文化用品类
8	干菜及调味品类	19	五金类
9	盐类	20	交电类
10	茶叶类	21	家用电器类
11	水产类	22	化工类

2.3　商品包装的概念及其作用

2.3.1　商品包装的概念

国家标准《包装通用术语》（GB 4122—1983）中，对包装所下的定义是："为了在流通过程中保护商品、方便储运、促进销售，按一定的技术方法而采用的容器、材料及辅助物等的总体名称"，以及"为了达到上述目的而采用容器、材料及辅助料和辅助物的过程中施加的一定技术方法等的操作活动"。

这一定义表明，现代商品包装具有的特征为：包装首先是一类特殊商品，它本身是具有价值和使用价值的物质实体；包装还是促使被包装商品实现其价值和使用价值的手段；包装同时是按一定技术要求操作的生产活动，是商品生产的重要组成部分。

从广义上讲，一切进入流通领域的拥有商业价值的事物的外部形式都是包装。一般来说，商品包装应该包括商标或品牌、形状、颜色、图案和材料。

包装材料、包装方法、包装结构造型和表面装潢构成包装实体的四大要素。此四大要素的完美结合，构成了成功的商品包装，实现了商品包装的自然保护和社会认识两大基本功能。

商品包装是依据一定的商品属性、数量、形态以及储运条件和销售需要，采用特定包装材料和技术方法，按设计要求创造出来的造型和装饰相结合的实体。从实体构成来看，任何一个商品包装都是采用一定的包装材料,通过一定的技术方法制造的,都具有各自的结构、造型和外观装潢。

2.3.2 商品包装的作用

商品包装的作用主要有以下五个方面。

2.3.2.1 保护商品

商品从生产领域到流通领域再到消费领域,需经多次、多种方式,不同时间和空间条件下的装卸、搬运、堆码、储存等。科学合理的包装能使商品抵抗各种外界因素的破坏,也可以把与内因有关的质量变化控制在合理、允许的范围之内,从而保证商品质量、数量的完好。

2.3.2.2 便于流通

合理的商品包装,材料选用得当,容器的形状、尺寸恰当,标志明了清晰。这些将有利于商品的安全装卸、合理运输和最大限度地利用仓储空间,同时也便于企业对转移过程中的商品进行识别、验收、计量和清点。

2.3.2.3 促进销售

装潢设计恰到好处的包装,是无声的推销员。它既能通过保持和维护商品质量提高商品的市场竞争力,又能以装潢中匠心独具的艺术性元素去吸引顾客,图文并茂地说明内容去指导消费。

2.3.2.4 方便消费

成功的商品包装,不但依据商品的性质特征而设计、形成,而且能以消费者为中心而设计、形成。成功的商品包装,尤其是直接出售给消费者的销售包装,可通过充分研究消费者需求,以人为本,在包装造型的别致、商品数量的适中、使用方法的便利以及完成包装使命之后的可持续使用或绿色环保易于处理等方面做文章,最大限度地方便消费者。

2.3.2.5 提高商品价值及使用价值

发挥上述四个方面作用的合理的商品包装,必然会促进商品使用价值的实现,也必然会促使商品价值的提高。另外,商品包装本身也是具有价值和使用价值的特殊商品。

2.3.3 商品包装合理化

商品包装合理化是其作用能否正常发挥的前提条件。我国商品包装的发展阶段可分为单纯考虑保护商品的大包装阶段、强调美化商品的小包装阶段、小包装发展为无声推销员三个阶段。

合理的商品包装是随商品流通环境的变化、包装技术的进步而不断改进和发展的。合理的商品包装既要符合国情,又要满足消费者需要并取得最佳的经济效益和社会效益。市场经济形势下,商品已从卖方市场转为买方市场。如果使商品包装停留在第一阶段,那是包装不足,对商品生产者、经营者、消费者都不利,现在已很少有人犯这样的错误。然而,在现阶段,在国内市场上,使用材料、容器、技术等不合理的包装不当和追求奢华浮躁,甚至挂羊头卖狗肉,愚弄和欺诈消费者的过分包装与虚假包装等现象比比皆是。合理的商品包装,应符合以下要求。

2.3.3.1 商品包装要适量、适度

对于销售包装而言,包装费用应与内装商品相吻合,包装容器大小应与内装商品相宜。预留空间过大、包装费用占商品总价值比例过高,都是有损消费者利益,误导消费者的过分包装。

2.3.3.2 商品包装应标准化、通用化、系列化

商品包装必须推行标准化,即对商品包装的包装容(重)量、包装材料、结构造型、规格尺寸、印刷标志、名词术语、封装方法等加以统一规定,逐步形成系列化和通用化,以有利于包装容器的生产、提高包装生产效率、简化包装容器的规格、节约原材料、降低成本、易于识别和计量,有利于保证包装质量和商品安全。

2.3.3.3 商品包装要做到绿色、环保

对商品包装的绿色、环保要求要从两个方面认识:首先,材料、容器、技术本身对商品、对消费者而言,是安全的和卫生的。其次,包装的技法、材料、容器等对环境而言,是安全的和绿色的,在选材料和制作上,遵循可持续发展原则,节能、低耗、高功能、防污染,可以持续性回收利用,或废弃之后能安全降解。

2.3.3.4 商品包装应适应商品特性

商品包装必须根据商品的特性、分别采用相应的材料与技术,使包装完全符合商品理化性质的要求。

2.3.3.5 商品包装应适应运输条件

整个包装应适应流通领域中的储存运输条件和强度要求。要确保商品在流通过程中的安全,商品包装应具有一定的强度、坚实、牢固、耐用。对于不同运输方式和运输工具,还应有选择地利用相应的包装容器和技术处理。整个包装应适应流通领域中的储存运输条件和强度要求。

阅读材料

如何加强奶制品包装

奶制品营养丰富,又易被人体消化吸收,是一种非常理想的食品。随着人们生活水平的提高和对奶制品认识的加深,奶制品的消费量日渐增加,已成为人们饮食中的一种日常食品。特别是近些年来,随着科技的发展,奶制品的种类逐渐增多,保存期更长,携带或饮用更加方便,深受大众的喜爱。

奶制品的种类很多,形状不同,组成成分不同,所以包装要求也就不同。奶制品包装的目的就是根据不同种类奶制品的要求选择合适的包装材料,延长奶制品的保藏期,保证奶制品的质量,同时又利于储运,利于销售。

(1)原料乳。在几十年前,由于生活水平和技术条件的限制,原料乳的消费在奶制品中占有很大的份额。原料乳的包装操作简单,把刚挤出的奶经过过滤和消毒后,装入玻璃瓶内,上面用金属盖旋紧密封或用塑料瓶盛装,也有部分产品用聚乙烯塑料薄膜袋包装。由于原料乳的保存非常困难,极易变质,因此流通和销售时间最多不超过一天,多以市场零售或家庭预订形式出售。

(2)消毒奶。经过验收后的原料乳必须要净化,目的是除去乳中的机械杂质并减少微

生物的数量，可进行过滤净化或离心净化等处理。净化后的原料乳要进行加热杀菌，有三种形式：低温长时间杀菌、高温短时杀菌和超高温瞬时杀菌。现在多数厂家采用板式换热器超高温瞬时杀菌法对原料乳进行杀菌，杀菌后的鲜奶中几乎没有微生物存活。

消毒奶的包装很关键，是影响其保质期长短的一个最重要的方面。随着时代的发展，消毒奶的包装也经历了几个不同的阶段，由最初的玻璃瓶和单层聚乙烯塑料薄膜袋包装发展到用三层复合包装薄膜或纸盒罐装的消毒牛奶。

单层的聚乙烯塑料薄膜透气性很大，用它包装的牛奶在10℃以下储存也只能存放1~2天，在较高的温度下只能放置几个小时；用两层聚乙烯材料复合的容器（其中一层加入黑颜料形成蔽光层）来包装牛奶，在10℃以下能放置3~4天，但也不能常温储存。

低压聚乙烯吹塑中空容器包装液体牛奶，具有方便、质量轻、成本低、本身耐冲击性好、防碎、防漏、盖子可重复开闭、瓶子本身可回收利用等优点，因而发展很快。

除聚乙烯外，用聚苯乙烯制作的牛奶包装容器最近也有发展。一种新的牛奶包装由三层聚苯乙烯组成，中间层为泡沫聚苯乙烯，两面覆有同类不发泡聚苯乙烯。因为中间层泡沫聚苯乙烯充满了空气，所以这种包装结构具有优良的隔热性能，此外，中间层还能增加了材料的强度和刚性，而且最大限度地节约了原料。由于聚苯乙烯的表面洁白而平滑，所以可以进行精致图案的套色印刷。

国外用于包装消毒牛奶的容器主要是三层复合纸盒（聚乙烯、纸、聚乙烯）和低压聚乙烯吹塑中空容器，前者用于半磅的小包装，后者主要用于大包装。目前，我国已采用"屋形"纸质包装盒来包装消毒奶，保鲜期可达10天。

上述包装方法各有特色，但是通常只适用于10℃以下的低温保存，而且牛奶的生产具有较明显的地区性和季节性，夏天牧区产奶高潮期，大量的鲜奶无法包装外运，也不可能有那么多冷库来储存，除了一部分制成奶粉以外，有相当大的部分因变质而废弃造成资源浪费，因此探索牛奶的常温保存方法是十分必要的。

要解决牛奶的常温保存问题，除了选用阻透性好、隔光性能强的包装材料外，关键是要减少或避免牛奶在包装时的二次污染。无菌灌装技术的出现解决了这个问题。牛奶经过超高温瞬时灭菌机杀菌消毒后，直接通过管道进行无菌灌装机灌装，整个过程都是在密封状态下进行的。无菌灌装的消毒牛奶用多层复合材料制成的包装袋（盒）包装，这种复合材料的构成是PE/AL/PE/纸/PE、ET/AL/PE/纸/PE。用这种包装材料和自动灌装机配套使用，在灌装流水线上完成，能够减少污染的机会。因此，无菌灌装的消毒奶在常温下可以储存半年到1年。

2.3.4 商品包装的分类

商品包装种类繁多。分类目的不同，选用标志不同，得出的分类结果就有区别。在此，选用以下三个不同标志，对商品包装进行分类。

2.3.4.1 按包装在流通中的作用分类

商品包装可分为运输包装和销售包装。这也是比较常见的包装分类法。

1. 运输包装

运输包装是用于安全运输、保护商品的较大单元的包装形式，又称外包装或大包装，如纸箱、木箱、桶，甚至包括集装箱、集装袋等。运输包装一般体积较大，外形尺寸标准化程度高，坚固耐用，表面印有明显识别标志，方便运输、装卸和储存，最主要的功能是保护商品。

2. 销售包装

销售包装是指以商品零售单元为包装个体的包装形式。销售包装的一般特点是包装件小、美观、新颖、卫生、安全、易于使用、便于携带等。销售包装一般随商品出售给消费者，除保护商品的基本功能外，宣传、美化、促销的功能也得到强化。既有单个商品式的，又有若干单个商品再组合式的。单个商品式的称为小包装，若干单个商品包装组合后再包装式的称为中包装。用来组合的商品可以是同种类的，也可以是不同种类的，但在用途上是互补的。

2.3.4.2 按包装材料分类

以材料作为分类标志，商品包装一般可分为纸质、木材、金属、塑料、玻璃和陶瓷、纤维织品、复合材料等包装。

2.3.4.3 按包装技术方法分类

以技术方法作为分类标志，商品包装一般可分为缓冲包装、防潮包装、防锈包装、收缩包装、充气包装、灭菌包装、贴体包装、组合包装和集合包装等。

2.4 销售包装和运输包装

2.4.1 商品销售包装

2.4.1.1 销售包装的功能

销售包装是直接接触商品并随商品进入零售网点，和消费者或用户直接见面的包装。商品市场的激烈竞争和多层次的消费需求，不断向销售包装发出改进与创新的要求和信息。这些信息不仅仅是针对销售包装的，其实也是泛指整个包装工业的；没有各个包装专业的同步发展与提高，销售包装就会处于"无米之炊"的境地。

商品运输包装和销售包装各有分工和侧重。除了满足保护商品这一基本功能之外，其他如促进销售、便于消费、提高商品价值、促进使用价值的实现等作用，在销售包装中应得到最充分的显示和最丰富的演绎。

2.4.1.2 商品销售包装的装潢

商品销售包装装潢可简称包装装潢，指对商品销售包装的装饰和美化。包装装潢的基本构成元素有选材与造型，图案的设计，色彩、文字的应用以及其他具有标志意义的图文符号。

1. 包装装潢设计要求

（1）装潢设计要突出内装商品，主题鲜明。图案应简洁醒目，色彩应明快悦目，文字说明应流畅、明确、易懂，选材应得当，造型应美观、实用。包装装潢应以内装商品为中心、为主体，以洗练、准确地传递与商品质量特征、作用功能、使用保管方法等有关的信息为首要目的。

（2）装潢设计要注意对不同文化背景的研究。包装装潢设计中的图案和色彩的应用，一定要注意遵从不同地区、不同民族、不同国家的风俗习惯、道德规范等文化背景，投其所好，避其禁忌。

（3）装潢设计要注意美化与实用相结合。无论怎样去美化、装饰，始终不应忘了装潢设计要方便消费，要有利于促销等实用性目的。

（4）装潢设计要注意各部分的协调一致。成功的销售包装装潢，应是材、形、文、图、色等方面的完美统一，在整体上形成抵挡不住的艺术冲击力和无法拒绝的情感亲和力，使消费者在其感染之下，接受内装商品。

（5）装潢设计要风格独特，不落俗套。在商标、图案的设计、色彩的应用及整体造型等方面力求新颖、奇特、美观，以具独特个性见长。

（6）装潢设计要寓意美好，且含蓄深远。整体设计效果，除必要的明示之外，应能巧妙运用图、文、形、彩的结合给消费者以种种暗示，引发联想，诱导消费。

2. 包装装潢的造型

这里的造型是指销售包装的外形设计。设计时是要兼顾三个方面的内容：一是造型应当与内装商品的形态、尺寸等相吻合；二是要满足消费者在识别、消费、审美方面的需求；三是要方便经营和销售。包装装潢造型设计的直接结果是形成各种各样美观又实用的包装用容器。

销售包装容器按使用功能可分为便于陈列展销式、便于消费者识别商品式和便于消费者携带和使用式等。

（1）便于陈列展销的包装，包括挂式造型包装、展开式造型包装和堆叠式造型包装。

①挂式造型包装是适应自选销售的方式发展起来的，能充分利用货架的空间陈列展销商品。目前在服装行业被广泛应用。

②展开式造型包装，又可细分为不同种类。其中有一种摇盖盒式，造型很别致，盒盖打开后，按设计好的折线翻转，并把盒舌插入盒内，则盒盖内图案清晰可见，形成一个小型宣传广告牌，具有良好的陈列和装饰效果。

③堆叠式造型包装是便于商品在货架上堆叠陈列节省货位的包装，不同包装之间的上下有相互咬合的装置，可以堆叠陈列。

（2）便于消费者识别商品的包装，主要是透明包装、开窗包装和惯用造型包装。

①透明包装有全透明和部分透明之分；

②开窗包装所开天窗也有大小之分，它们均能使消费者直接看清包装容器内的商品；

③惯用造型包装是指这种商品的销售包装的造型已约定俗成，成了标明内装商品种类的标志，消费者一见到这种造型，就知道是何种商品，如牙膏用软管包装、鱼类罐头用椭圆形金属盒装等。

（3）便于消费者携带和使用的包装。这类包装造型的容器现在越来越多，越来越合理。主要有便携式、易开式和喷雾式等。

此外，还有配套包装、礼品包装、复用包装等多种使用功能的包装形式。

3. 包装装潢的组成

图案、文字、色彩及各种标志性的图文符号构成了包装装潢的主体。

（1）图案。包装装潢图案可采用照片、漫画、装饰纹样、浮雕等形式表现。装潢图案能使人产生触景生情的种种联想，达到充分表现商品特征的目的。图案表现方法有三种：写实、抽象和象征表现法。

（2）文字。文字是包装装潢画面设计的重要组成部分，它是采用视觉方式最直观地传递商品信息的方法。

包装装潢上的文字分主体文字和说明文字两种，主体文字用以表示商品品牌、品名的标题字，是装潢画面的主体部分。主体文字设计应从各个方面考虑，如文字、字体的选择、画面面积、位置、色彩、明暗程度等，在画面中占有优势地位，表现出突出的视觉效果。说明文字是用来说明商品的规格、品种、成分、产地、用途、使用方法等，它的作用是宣传商品、指导消费。说明文字不需要任何艺术加工，要求字体端正、规范，易于阅读识别，各种单位、术语要符合有关法规。

（3）各种标志性的图文符号。商品销售包装作为一种载体，承载着对内装商品身份、身价、质量等有说明作用的各种图文符号。这些图文符号是在总体设计时应纳入装潢总画面之中的不可或缺的重要内容。它们主要是商标、商品条码、商品质量标志（合格标志、认证标志、商检标志）、各种识别标志和使用指导操作标志等。

（4）色彩。色彩是装潢画面中最富吸引力、诱惑力的无声语言，也是最富表现力、影响力的艺术表现方法，直接影响包装装潢的整体效果。最新研究表明，消费者对物体的感觉首先是色，其后才是形。在最初接触商品的20秒内，人的色感占80％，形感为20％；20秒至3分钟内，色感为60％，形感为40％；5分钟内色感与形感各占50％。由此可见，色彩在包装装潢中的重要性居首位。

2.4.2 商品运输包装

运输包装，是为了尽可能降低运输流通过程对产品造成的损坏，保障产品的安全，方便储运装卸，加速交接点验。人们将包装中以运输储运为主要目的的包装称为运输包装。

2.4.2.1 商品运输包装的材料与容器

1. 纸类材料及其容器

纸质包装材料的优点是：具有适宜的强度、耐冲击性和耐摩擦性；密封性好，容易做到清洁卫生；具有优良的成型性和折叠性，便于采用各种加工方法，适应于机械化、自动化的包装生产；与其他材料相比，具有最好的可印刷性，便于介绍商品；价格较低，重量轻，可降低包装和运输成本；用后易于处理，对环境无害。纸质包装材料的缺点是气密性、防潮性、透明性差，不耐水等。目前多通过制作纸塑复合材料等来弥补其不足，扩大其应用范围。

纸质材料是支柱性的传统包装材料，分纸和纸板两种，用于运输包装的主要是纸板。

用纸质材料制成的运输包装容器常见的有纸箱、纸盒、纸桶和纸袋。用量最多的是瓦楞纸箱。目前在运输包装中，瓦楞纸箱正在取代传统木箱，广泛用于包装日用百货、家用电器、服装鞋帽、水果蔬菜等。瓦楞纸箱正在向规格标准化、功能专业化、减轻重量、提高抗压强度等方向发展。除瓦楞纸箱外，纸浆模制包装物、牛皮纸包装袋也是商品运输中经常使用的容器。

2. 金属材料及其容器

金属运输包装容器有铁桶、铝桶、铁塑桶、铁罐、钢瓶、集装箱等，主要用于运装各种防泄漏、遮光、防潮、防水、密封性要求高的液态、气态或粉末状商品。

金属材料种类很多，包装用金属材料主要是钢材、铝材及其他合金材料，包装用钢材包括薄钢板、镀锌低碳薄铁板、镀锡低碳薄钢板（马口铁）；包装用铝材料有纯铝板、合金铝板和铝箔。金属包装材料的优点是：具有良好的机械强度，牢固结实，耐冲撞，不破碎，能有效地保护内装商品；密封性能优良，阻隔性好，不透气，防潮、耐光；具有良好的延展性，易于加工成型；表面易于涂饰、装饰；易于回收再利用，不污染环境。

作为包装材料，金属材料的不足之处是化学稳定性差、易锈蚀、腐蚀等。

3. 塑料

塑料是 20 世纪蓬勃发展起来的新兴包装材料，它可以用于各种形式、各种品种、不同程度地替代迄今为止发现及常规使用的任意一种包装材料及容器。

各种各样的塑料包装材料综合的优点是：物理机械性能优良，具有一定的强度和弹性，耐折叠、耐摩擦、耐冲击、抗震动、抗压、防潮、防水、气密性好；化学稳定性好，耐酸碱、耐油脂、耐化学药剂、耐腐蚀、耐光照等；比重小，是玻璃的 1/2，钢铁的 1/5，属于轻质包装材料；加工成型工艺简单；适合采用各种包装新技术，如真空、充气、拉伸、收缩、贴体等；具优良的透明性、表面光泽好、印刷性能好；可与纸、金属等传统包装材料制成复合材料拓展应用范围。

塑料也有目前难以克服或不易克服的缺点，如机械强度比不过钢铁，化学稳定性比不过玻璃，易老化，不少塑料有异味，有毒副作用，包装废弃物不易甚至不能自然降解等。但塑料发展前景广阔，现代科学技术既然已赋予了塑料许多的优点，也一定会逐渐改进和克服妨碍塑料在更广阔范围使用得不多的缺点。

4. 陶瓷、玻璃及其容器

玻璃最突出的优点是：化学稳定性好，透明性好，无毒、无味、卫生、安全；密封性良好，不透气、不透湿；易于加工成型，原料来源丰富，制作成本低；易回收，能重复使用，利于环保。玻璃难以克服的缺点是耐冲击强度低、热稳定性不好、笨重，这些都给运输、装卸、储藏商品带来困难，所以很少以玻璃制成运输包装容器。

陶瓷与玻璃有许多共同之处，而且成本更低廉，具有很好的遮光性。陶瓷常被制成缸、罐、坛等运输包装容器广泛用于包装运输各种化工产品、特色传统食品等。

5. 其他包装材料及其容器

其他包装材料及其容器有木材，纺织品，草、竹、柳、藤等天然、野生包装材料。

（1）木材。木材具有特殊的耐压、耐冲击和耐气候能力，并有良好的加工性能，是商品运输包装的重要材料，常用来制成木箱或木桶。木箱按结构和用途不同，分为适于装笨重机械设备的框架型、装易碎商品的花格型和适于装轻质品、易碎品的胶合板箱。木桶形状有圆桶形和腰鼓形，多用于盛装一些专用性商品。木材虽适于做多种商品的包装材料，但因环境保护方面的原因，不宜多用，应以塑料等新型包装材料取而代之。

（2）纺织品。纺织品由天然纤维类与化学纤维类及少量矿物纤维、金属纤维制成品。通常制成袋装运输容器。共同的特点是质轻透气，有一定牢度。各种编织袋广泛用于盛装粉末状、颗粒状商品，像食糖、食盐、食粮、化肥等。就发展趋势来看，各种塑料编织袋正在大范围取代天然纤维编织袋。

（3）草、竹、柳、藤等天然、野生包装材料。它们共同的特点是：成本低廉，绿色安全，通风透气，耐用。一般用这些材料制成各种筐、篓、袋，用于运装蔬菜、水果、鲜蛋、鲜鱼及其他生鲜类商品。

上述种种运输包装材料，当然也是制作商品销售包装的材料。

> **阅读材料**
>
> **乳粉的包装**
>
> 乳粉制品的种类很多，因原料组成、加工方法和辅料及添加剂的种类不同而有所差异，主要有全脂乳粉、脱脂乳粉、乳清粉、调制乳酪、特殊调制乳粉。随着科学技术的进步，不断出现各种类型的乳粉，如速溶乳粉、奶油粉、冰激凌粉、酪乳粉、干酪粉、无脂脱盐乳清粉、有脂脱盐乳清粉和麦精乳等。
>
> 虽然乳粉制品的种类繁多，但它们共同的特点是原料乳都要通过干燥最终制成粉状的产品。乳粉制品有缩小产品体积、减轻质量、保存营养成分、耐保存、使用方便等特点。
>
> 奶制品富含蛋白质、脂肪等各种营养物质，如全脂乳粉的乳脂肪含量可达26%左右，所以易受日光、氯气等作用而变化。此外，由于乳粉颗粒的多孔性，其表面积很大，吸潮性强，一旦受潮就会结块引起细菌的繁殖，当与其他物品混库存放时，如果包装的气密性不好，则很容易吸收其他物品的异味而影响本身的气味。在紫外线的照射下，奶粉等制品还会发生分解，所以对乳粉制品的称量、包装操作和包装容器的种类都必须充分注意，主要是防止受潮、氧化、阻止细菌的繁殖、避免紫外线的照射。乳粉厂的包装室应采取空气调湿降温措施，室温一般控制在18℃~20℃，空气相对湿度为75%以下为宜。需要长期保藏的乳粉制品应采取真空包装或充氮包装。全脂乳粉最好采用500克铁罐充氮密封包装，保藏期可达3~5年。
>
> （1）金属罐包装奶粉类的包装一般都采用真空充氮包装，充氮包装是使用半自动或全自动的真空充氮封罐机，在称量装填之后抽成真空以排除乳粉及罐内的空气，然后立即充以纯度为99%以上的氮气再进行密封。这是目前全脂乳粉密封包装最好的方法之一。实验表明，充氮包装的全脂乳粉在24℃下保存时，储藏9个月后，其风味基本不变；而不充氮包装的全脂乳粉，储藏4个月后，其风味就会发生变化，质量明显下降。
>
> （2）塑料袋包装采用500克单层聚乙烯薄膜袋包装要比瓶装成本低，劳动强度低，而且有一定的防潮作用，但对乳品的保藏性有一定的影响，隔热性能差，奶粉容易变质，只能满足短期储藏的需要，而且塑料薄膜脆而易折，容易造成破损。采用由一层聚乙烯薄膜夹一层铝箔的双层夹层纸或用三层复合薄膜袋包装，用高频电热焊接封口，基本上可以避免光线、水分和气体的渗入。复合薄膜包装材料正广泛地应用于乳粉包装，虽然目前成本较高，却是很有发展前途的包装材料之一。
>
> （3）大包装产品一般供应特殊用户，如出口或食品工厂用于制作糖果、面包、冰激凌等工业原料。罐装产品有12.5千克的圆罐和方罐。袋装时可用聚乙烯薄膜作为内袋，外面用三层牛皮纸套袋，分为12.5千克和25千克两种。
>
> **思考题：**
> 乳粉制品的特性对包装材料有何要求？

2.4.2.2 集合包装

集合包装通常把若干商品包装件或散装商品通过一定技法和特制盛装器具组合成较大搬运单位，进行整体装卸、运输。采用集合包装便于机械化操作，可降低劳动强度，提高装卸效率；可促进商品包装标准化，提高商品运装安全系数。集合包装常用的器具既是商品运输的工具，又是商品包装的容器。按所用器具的不同，可把集合包装分为托盘式、集装袋式和集装箱式三种。

集合包装是介于商品运输技法与商品包装技法之间，兼有二者作用、功能的特殊运输包装方式。

1. 托盘

托盘在国内又叫集装板或垫板，可用木材、塑料、钢材及玻璃等材料制成。常见的有平托盘、箱式托盘、立柱式托盘等。无论何种材料或样式的托盘，其底部都设有便于铲车的铲叉插入的装置。托盘的使用不但大大提高了商品运装效率，而且可被设计成货架的形式，节省货架。货物分层陈列于内有隔层的箱式托盘内，外围用套桶屏蔽包装。托盘运至超市后，去掉套桶，就可展示和出售商品。托盘也可设计成折叠式或拼装式，即用即装，反复使用。

2. 集装袋

集装袋不仅能装一般包装件，也可以盛装颗粒状、粉状、液态货物。集装袋有可多次重复使用型的，也有一次应用型的。

集装袋主要有圆桶形和方形两种，以圆桶形居多。各种集装袋还进行了不同材料的涂层处理，使之具有防水性。

集装袋的四周有提吊带，有抽口式活口。这种袋子能把小型包装件和包装箱放在里面，由一定的运输工具运装，其载装量在 1~5 吨不等。最早的集装袋用棉、麻等天然纤维织造的帆布制成。随着新型合成材料的问世，现在多以更轻便、结实耐用的合成纤维织物制成。

3. 集装箱

集装箱按材料可分为铝合金集装箱、钢制集装箱和玻璃制集装箱。按结构可分为柱式（箱体侧壁与四角设有加固、支撑之用的立柱）、折叠式和薄壳式。按使用目的可分为干货类集装箱、保湿类集装箱、框架类集装箱和散货类集装箱。其中框架类不设侧壁，便于装汽车、大牲畜等不便也不需密闭的商品；散货类集装箱可分为箱式、罐式以及软罐式。

随着相关科学技术的应用，集装箱的功能日趋先进、复杂。能进行气调的、温调的、适于航空运输的集装箱已纷纷问世。大型、多功能的集装箱，可以充当移动的仓库和流动的商店。

2.4.2.3 商品运输包装标志

运输包装标志是用简单文字或图形在运输包装外面印刷的特定记号和说明条款，是商品运输、装卸和储存过程中不可缺少的辅助措施。运输包装标志可分为收发货标志、包装储运图示标志、危险货物标志以及国际海运标志等。

1. 收发货标志（识别标志）

商品运输收发货标志是指在商品外包装上的商品分类图示标志、文字说明、排列格式和其他标志的总称，也叫识别标志。国家标准 GB 6388—1986 对运输包装收发货标志的具体内容做了详细规定，如表 2-3 所示。

商品分类图形标志（代号 FL）是按照国家统计目录分类，规定用几何图形加简单文字构成的特定符号，如图 2-1 所示。同时按商品类别规定用单色印刷。

表 2-3 运输包装收发货标志内容

序号	代号	项目 中文	项目 英文	含义
1	FL	商品分类图示标志	CLASSIFICATION MARKS	表明商品类别的特定符号
2	GH	供货号	CONTRACT NO	供应该批货物的供货清单号码（出口商品用合同号码）
3	HH	货号	ART NO	商品顺序编号，以便出入库、收发货登记和核定商品价格
4	PG	品名规格	SPECIFICATIONS	商品名称或代号，标明单一商品的规格、型号、尺寸、花色等
5	SL	数量	QUANTITY	包装容器内含商品的数量
6	ZL	质量（毛重）（净重）	GROSS WT/ NET WT	包装件的重量（kg）包括毛重量和净重
7	CQ	生产日期	DATE OF	产品生产的年、月、日
8	CC	生产工厂	MANUFACTURER	生产该产品的工厂名称
9	TJ	体积	VOLUME	包装件的外尺寸：长（m）×宽（m）×高（m）=体积（m³）
10	XQ	有效期限	TERM OF VALIDITY	商品有效期至×年×月
11	SH	收货地点和单位	PLACE OF DESTINATION AND CONSIGNEE	货物到达站、港和某单位（人）收（可用贴签和涂写）
12	FH	发货单位	CONSIGNOR	发货单位（人）
13	YH	运输号码	SHIPPING NO	运输单号码
14	JS	发运件数	SHIPPING PIECES	发运的件数

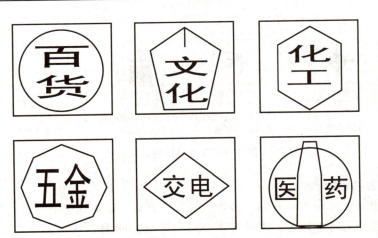

图 2-1 商品分类图形标志

图 2-1　商品分类图形标志（续）

2. 包装储运图示标志（指示标志）

包装储运图示标志是依据商品特性，以文字、图形构成的特殊标志符号，其作用在于警示人们在储运过程中规范操作、避免差错、保护商品，也叫指示标志。按国家标准 GB 191—1985 规定，包装储运标志有 10 种，如图 2-2 所示。

（1）小心轻放标志　　（2）禁用手钩标志　　（3）向上标志
（白纸印黑色）　　　（白纸印黑色）　　　（白纸印黑色）

（4）怕热标志　　　（5）由此吊标志　　　（6）怕湿标志
（白纸印黑色）　　　（白纸印黑色）　　　（白纸印黑色）

（7）重心点标志　（8）禁止翻滚标志　（9）堆码极限标志　（10）温度极限标志
（白纸印黑色）　（白纸印黑色）　　（白纸印黑色）　　（白纸印黑色）

图 2-2　包装储运图示标志

3. 危险货物包装标志

危险货物包装标志是为对易燃、易爆、易腐、有毒、放射性等危险性商品起警示作用而在运输包装上加印的特殊标记，也以文字与图形构成，如图 2-3 所示。国家标准 GB 190—1990《危险货物包装标志》，对危险货物包装标志的图形、适用范围、颜色、尺寸、使用方法均有明确规定。

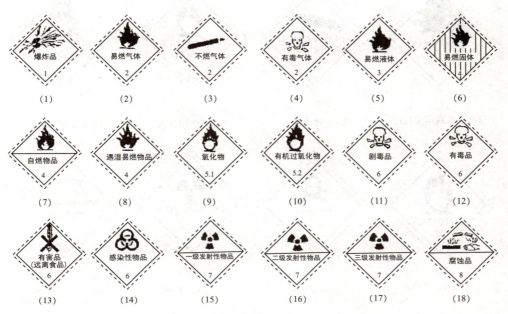

图 2-3　危险货物包装标志

4. 国际海运标志

联合国海运协商组织对国际海运货物规定了"国际海运指示标志"和"国际海运危险品标志"两种，如图 2-4 和图 2-5 所示。我国出口商品同时使用上述两套标志。

在商品运输包装上除上述标志外，有时也印有其他标志，如质量认证标志、商检标志、商品条码等。

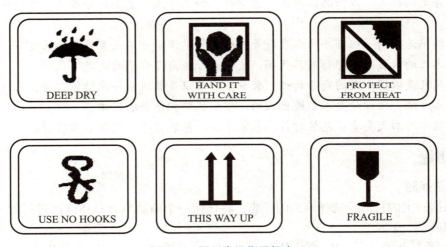

图 2-4　国际海运指示标志

图 2-5　国际海运危险品标志

项目小结

本章主要介绍了商品的分类、商品分类的标志、商品编码、商品包装等。

根据一定的目的，选择恰当的标志，将任何一个商品集合总体逐次进行划分的过程，即商品分类。

商品分类的标志：以商品的用途、原材料、加工方法、主要成分或特殊成分作为商品分类的标志。

商品编码是指用一组有序的代表符号来标志分类体系中不同类目商品的过程。编码中所使用的标志性的代表符号即称商品代码。使用最普遍商品代码的是数字代码。

商品包装是依据一定的商品属性、数量、形态以及储运条件和销售需要，采用特定包装材料和技术方法，按设计要求创造出来的造型和装饰相结合的实体。

包装实体的四大要素：包装材料、包装方法、包装结构造型和表面装潢。

复习思考题

一、选择题

1. 根据一定的目的，选择恰当的标志，将任何一个商品集合总体逐次进行划分的过程，即（　　）。

　　A. 商品分类　　　　B. 商品名称　　　　C. 商品质量　　　　D. 商品集合

2. 集装袋主要有圆桶形和方形两种，以（　　）居多。

　　A. 方形　　　　　　B. 立体形　　　　　C. 三角形　　　　　D. 圆桶形

3. 商品包装可分为运输包装和（　　）。

A. 保护包装　　　B. 储存包装　　　C. 销售包装　　　D. 装卸包装
4. 纸质材料是支柱性的传统包装材料，分纸和纸板两种，用于运输包装的主要是（　　）。
A. 纸　　　　　　B. 纸板　　　　　C. 纸张　　　　　D. 制品

二、简答题
1. 商品包装的合理化有哪些？
2. 销售包装装潢设计的要求有哪些？
3. 商品运输包装的材料与容器有哪些？
4. 商品包装的作用主要有哪几个方面？

三、实训题
1. 技能题

高档白酒和低档白酒在包装上有哪些不同？

2. 案例分析

案例 1

树立"顾客永远是第一"的经营理念

在美国，一位顾客在沃尔玛店买了一个食物搅拌机，不久出了故障。他拿着机器和收银小票来到另一家沃尔玛店，几乎没费什么周折，营业员就给他换了一台新搅拌机，还解释说搅拌机又降价了，退给他 5 美元。这是展现沃尔玛"顾客永远是第一"经营理念的一个实例。

作为全球最大的零售商，沃尔玛创始人山姆·沃顿在其整个职业生涯中，一直遵循着一个非常简单的既定原则：顾客第一和保证顾客满意。世界著名连锁企业都有一套成熟理念来统领运营规范，这一理念贯穿在商品采购、价格定位、营销方式的全过程中。

沃尔玛提出"顾客是合作伙伴"；日本大荣公司的企业格言是"顾客至上"，理念是"不断追求物美价廉的目标，使社会更富足"。

这些理念的核心是注重"以人为本"的服务方式，突出了"方便"二字，站在消费者采购代理的立场上，苛刻地挑选供应商，顽强地与其讨价还价。以顾客的观点看待商品陈列、商品选择、各项服务等。不少外资企业的店内专门设立顾客投诉台，随时记录和解决投诉。所有这些做法的最终目的都是为顾客节省购物成本，为顾客提供最大限度的方便。

美国一研究公司调查发现，在购物遇到问题的消费者中，有 60% 的人不向商家投诉，但他们会将其经历告诉另外 9~10 人。如果能让顾客在店里遇到问题就投诉，并很快得到解决，这些顾客就会成为商店的回头客，也会成为商店活的广告。

思考题：
（1）当顾客到商店退货时，商店应该如何做？
（2）当顾客提出不合理的要求时，商店应该如何做？

案例 2

"状元红"瓶酒二进大上海

"状元红"酒是历史名酒，从明末清初至今，享誉已有 300 多年了，其生产厂家是河南上蔡酒厂。这种酒不但颜色红润晶莹、醇香可口，而且是调血补气的好酒。自从上蔡酒厂在1980年获得状元红的河南省优质产品证书后，畅销我国北部。于是，上蔡酒厂决定向上海推销状元红名酒，首批状元红酒运至上海试销，结果大失所望，很少有人买。

"古老名酒"的牌子，又按古配方生产，为什么在上海遭受冷遇？在北方供不应求的畅销货，为什么进军上海后全军覆没？上蔡酒厂进行了市场调查，发现有以下几个原因，造成"状元红"不走红。首先，目标市场不明，不知道哪些消费者会购买酒，消费者喜欢什么样的酒。因而，误认为凭状元红的名声，到上海还不是旗开得胜？其实错了，因为状元红在北方享有盛名，在上海知名度很低，消费者一看颜色，误以为是单纯的药酒，年轻人就不来购买，老年、中年人也不图"状元"的名声，因而状元红没有顾客需求。其次，商标与装潢陈旧。"状元红"初进上海时，由于上海瓶酒市场琳琅满目，该产品在陈列架上其貌不扬，包装陈旧，因而引不起购买者的强烈购买欲。还有销售渠道单一，只在上海特约经销单位销售，宣传面过窄，不易产生强烈效果。

后经调查发现，上海市场瓶酒的消费者主要是青年，用于送礼、自备"装饰"为多。于是，上蔡酒厂将状元红的消费者针对年轻人细分市场，并在礼酒、装饰酒上做文章。既然是年轻人送礼、装饰用则包装要新，决定争取三新（产品新、样式新、商标新）。因而将原来一斤装的改成一斤装与一斤半装两个瓶装式样，在瓶子外边装一个精致盒子，外有呢绒丝网套，美观、便利，零售还附有说明书，说明历史名酒及功能，加强顾客的信任感及其促销作用。对于销售渠道，也一改过去的单一渠道，在上海南京路各食品店全面投放，再加上报纸广播的广告宣传，消息一传出，即引来争相购买的顾客。"状元红"酒二进上海，第一批近5 000瓶"状元红"在几小时内扫空，南京路各零售店的粗略统计，"状元红"酒的销售量占总瓶酒销售量的11%！

思考题：
1. "状元红"酒二进上海市场，成功的主要因素有哪些？
2. 商品的包装对商品的营销有哪些作用？

（资料来源：中经网）

项目三

商品质量与商品标准

知识目标

了解商品质量的构成和商品标准的分类。

技能目标

掌握商品质量的概念和基本要求,商品标准的分级和内容。

能力目标

熟悉影响商品质量的主要因素,能够运用所学知识进一步认知商品质量,具有初步的商品质量评价知识。

课程导入案例

商场售出的换季商品存在质量问题可否退换

张女士在某百货商店购买一件纯羊毛大衣,售价1 280元,商店标明"换季商品,概不退换",穿了三天后衣服起满毛球,于是到市质量监督局检验,鉴定结果证明羊毛大衣所用原料为100%腈纶,张女士到购买衣服的百货店要求退货并赔偿因此而造成的损失,商店营业员回答说:当时标明"换季商品,概不退换",再说店内该柜是出租给个体户的,现在他已破产,租借柜台的费用尚未付清,人也找不到,你只好自认倒霉。

(中国商品网 经作者整理)

思考题:

商店是否应对销售的商品质量承担责任?应如何承担责任?

3.1 商品质量的概念及构成

商品质量

3.1.1 商品质量的概念

商品学研究的中心内容是商品质量，商品质量是企业和消费者关注的热点，也是商品进入市场的通行证，而商品标准则是商品质量的基本依据。

商品质量既是一个经济问题，又是一个社会政治问题，提高和保证商品质量是满足人们生活水平日益提高和社会不断发展的需要。

商品质量指商品所具有的固有的特性能够满足消费者需求的程度，可以通俗地理解为商品能适合一定用途，满足一定需求的各种特性的综合。

狭义的商品质量，实际上是商品的内在质量，是由商品的自然属性（商品体本身）决定的，也称自然质量。广义的商品质量则从商品能否满足消费者需求出发的角度来看商品的适用性，是衡量商品使用价值的各种属性的综合，包括了自然属性、经济属性以及其他社会属性。

商品质量是一个动态的概念，其表现在具有时间性、空间性和消费对象性上。不同时代、不同地区、不同的消费对象，对同一商品有不同的质量要求，并随着科技进步、生活水平提高和社会的发展而不断变化。

例如，我国消费者对商品的要求，以前注重实用价值，而现在对商品既要求实用价值又要求审美价值。人们在消费商品时，在满足物质享受的同时，要求能获得一定程度的精神享受的愿望越来越强烈。

商品质量是指商品满足规定或潜在要求（或需要）的特征和特性的总和。这里的规定是指国家或国际有关法规、质量标准或买卖双方的合同要求等方面的人为界定；潜在要求（或需要）是指人和社会对商品的适用性、安全性、卫生性、可靠性、耐久性、美观性、经济性、信息性等方面的人为期望；特征是指用来区分同类商品不同品种的特别显著的标志；特性是指不同类别商品所特有的性质，即品质特性。

商品质量是商品具备适用功能，满足规定和消费者需求程度的一个综合性的概念。例如，一台电视机不仅要求图像清晰、色彩逼真、伴音优美动听、安全可靠、有一定的使用寿命，还要求外形美观、操作方便、经济实惠、信誉好、牌子响、销售环境和售后服务良好等。

3.1.2 商品质量的构成

3.1.2.1 从形成环节看

在形成环节上，商品质量由设计质量、制造质量和市场质量构成。

设计质量指在生产过程以前，设计部门对商品品种、规格、造型、花色、质地、装潢、包装等方面进行设计的过程中形成的质量因素。设计质量是商品质量形成的前提条件，是商品质量形成的起点。

制造质量指在生产过程中所形成的符合设计要求的质量因素。制造质量是商品质量形成的主要方面，它对商品质量的各种性质起着决定性作用。

市场质量指在整个流通过程中，对已在生产环节形成的质量的维护保证与附加的质量因素。市场质量是商品质量实现的保证。

3.1.2.2 从表现形式看

在表现形式上，商品质量由外观质量、内在质量和附加质量构成。

商品的外观质量主要指商品的外部形态以及通过感觉器官能直接感受到的特性，如商品的式样、造型、结构、色泽、气味、食味、声响、规格（尺寸、大小、轻重）等。商品外观质量往往可以反映商品的内在质量，并通过附加质量得到更充分的实现。商品的内在质量指通过仪器、实验手段能反映出来的商品特性或性质，如商品的物理性质、化学性质、机械性质以及生物学性质等。

商品的附加质量主要指商品信誉、经济性、销售服务等。

3.1.2.3 从有机组成看

在有机组成上，商品质量由自然质量、社会质量和经济质量构成。

自然质量是商品自然属性给商品带来的质量因素；社会质量是商品社会属性所要求的质量因素；经济质量是商品消费时投入方面所要考虑的因素。

自然质量是构成商品质量的基础，社会质量是商品质量满足社会需要的具体体现，经济质量则反映了人们对商品质量经济方面的要求。

3.2 商品质量的基本要求

商品质量的基本要求是根据其用途、使用方法以及消费者的期望和社会需求来确定的。

商品的种类很多，各有不同的用途，其质量的基本点也各不相同。一般可根据商品的用途，按吃、穿、用分为食品、纺织品和日用品三大类，再分别提出质量方面的基本要求。

3.2.1 食品商品质量的基本要求

对食品商品质量的基本要求是具有营养价值，卫生无害性和色、香、味、形俱佳，食品是人类生活的必需品，是人体发育、健康和工作的物质基础。

3.2.1.1 具有营养价值

食品的营养价值主要表现在：供给人体热量，形成细胞组织，调节人体各种生理代谢。因此，食品的营养价值包括食品的营养成分、可消化率和发热量三项指标。

1. 食品的营养成分

食品的营养成分主要有糖类、蛋白质、脂肪、矿物质、维生素和水分等，是食品营养价值的物质基础。不同食品，营养成分不同，其营养功能也不一样。各种主食品如粮食、食用油脂，是人体热量的主要来源；而蔬菜、水果、肉类、鱼类、蛋类、乳类及加工制品等副食品，则对人体发育、调节代谢起主要作用。

2. 可消化率

可消化率是指食品在食用后，人体能消化和吸收的程度。

食品中所含的营养素，除了水、无机盐、某些维生素和单糖等能够直接被人体吸收外，蛋白质、脂肪、多糖类等必须在消化道内进行分解，将结构复杂的大分子物质变成结构简单的小分子物质，才能被人体吸收利用。

植物性食品中的粗纤维、不溶性果胶、木质素等物质，是人体不能消化也不能吸收的物质，但它们对肠壁有刺激作用，有利于食物的消化吸收。从可吸收利用程度来说，动物性食品的营养价值高于植物性食品，动物蛋白质人体消化吸收可高达90%以上，而植物蛋白质（大豆蛋白除外）人体消化吸收只有67%左右。

3. 发热量

发热量是指食品营养成分经人体消化吸收后，在人体内能够产生的热量。人体需要从多种食品中获取各种营养成分，以维护健康；人体还应吸收所需热量，以维持正常体重。

例如，三大营养素每克的发热量分别是：碳水化合物16千焦耳，蛋白质16千~18千焦耳，脂肪38千焦耳。一般来说，能量不足，体重减少，严重时会贫血；能量过剩时，体重增加。

3.2.1.2 色、香、味、形俱佳

食品的色、香、味、形是指食品的颜色、香气、滋味、外观形状，它是评定食品新鲜程度、加工精度、品质特点以及质量变化状况等的重要外观指标。这个指标是人们可以从直观上判断的感官指标，是选择食品时首先接触的重要问题。色、香、味、形俱佳的食品，能促进人们的食欲，有助于提高食品的可消化率。

例如，食品具有悦目的颜色、诱人的香气、可口的滋味、赏心的形状，不但能满足人们的味觉享受，而且能同时作用于人的视觉、嗅觉，乃至人的听觉，给人以美的联想，启迪人们的美感，从而产生良好的心理效应。

3.2.1.3 食品的卫生无害性

食品必须符合有关的卫生规定和标准，若超过规定的卫生要求，其他质量要求也随之失去了意义。食品卫生关系到人们的身体健康和生命安全，甚至还会影响到子孙后代，食品的卫生无害性是指食品中不应含有或不超过允许限量的有害物质和微生物等，这是食品最基本的质量要求。食品有害物的来源，通常有食品自身产生的毒素、物质对食品的污染，加工中混入的毒素，保管不善产生的毒素，环境或化学药品造成的污染等。

>
>
> 食品生产的质量与销售的价格有哪些关系？

3.2.2 纺织品商品质量的基本要求

狭义上说纺织品就是指梭织布和针织布两大系列。广义上说纺织品从纺纱—织布—制成品的生产过程中的各种原材料的制成品。

纺织品的主要用途是制作服饰，满足人们穿戴的需求，因此，对纺织品质量的基本要求是服用性、耐用性、卫生安全性及审美性等。

纺织品是人们日常穿着的生活必需品，并对生活起着美化装饰作用。对纺织品的质量要求也是根据其用途来确定的。

3.2.2.1 服用性

服用性指纺织品适合穿着的各种性能，如纺织品的起毛性、起球性、缩水性、刚挺度、悬垂性和舒适性等。纺织品应不易起毛、起球，缩水率小，不然会造成织品变形和影响外观，同时要求纺织品具有较好的刚挺度、悬垂性和舒适性。

刚挺度指纺织品抵抗变形的能力，它能影响纺织品的手感风格和服装的挺括性；悬垂性指从中心提起纺织品后，纺织品本身自然悬垂，产生匀称美观折裥的特性，悬垂性好的纺织品制成的服装很贴体，并能产生美观悦目的线条；舒适性指人体着装后，纺织品具有满足人体要求并排除任何不舒适因素的性能。

纺织品的舒适性表现在触觉舒适性、运动舒适性和热湿舒适性三方面。

触觉舒适性主要反映在纺织品和皮肤接触时的粗糙感、瘙痒感、温暖感或阴凉感等触觉感受上；运动舒适性指由于人体运动的多方面、多角度和大弯曲性，要求纺织品有一定的延伸性，能自由地依顺人体活动。

热湿舒适性指由于人体自身调节热平衡的能力有限，故需要通过穿着适当的服装来进行调节，使衣服内层空间形成舒适的小气候：服装的热舒适性是由服装面料的保温性、透气性、透湿性以及服装的式样与组合等因素决定的，而湿舒适性则是由服装面料的吸湿性、透气性等因素决定的。

3.2.2.2 耐用性

耐用性指纺织品在穿用和洗涤过程中的抗外界各种破坏因素作用的能力，直接影响到纺织品的使用寿命。耐用性包括断裂强度、断裂伸长率、撕裂强度、耐磨强度、耐疲劳强度、耐日光性、耐热性、染色牢度和耐霉蛀性等。

3.2.2.3 审美性

审美性要求纺织品和服装能满足消费者审美需要，达到精神与物质的统一、技术与艺术的结合。随着时代的发展，审美性已成为消费者购买衣着商品的首选特性。审美性是一种整体美，主要包括内在美和外在美。内在美指纺织品蕴含的文化内涵；外在美指纺织品呈现的外观、风格、色泽、装饰、图案等所体现的技术艺术性，其中外观包括平整、光滑、纹路以及无疵点等。

3.2.2.4 卫生安全性

纺织品的卫生安全性指纺织品保证人体健康和人身安全而应具备的性质，主要包括纺织品的卫生无害性、抗静电性等。

卫生无害性不仅要求纺织纤维对人体无害，还要求纺织品在加工和染色过程中使用的染料、防缩剂、防皱剂、柔软剂、增白剂等化学物质对人体无害。

如果以上这些化学物质残留在织品表面，就可能造成对皮肤的刺激。吸湿性差的涤纶、腈纶、丙纶等合成纤维容易形成静电。降低静电的方法，一是在纺织品中混入导电纤维，二是将静电剂加入合成纤维内部或固着在纤维表面。

3.2.3 日用商品质量的基本要求

日用商品种类繁多，用途极其广泛，不但能满足人们某种使用上的需要，而且还起着美化生活的作用，对日用商品质量的基本要求是适用性、卫生安全性、坚固耐用性、结构合理与外观完好和舒适美观性。

3.2.3.1　适用性

适用性指满足这种商品重要用途而必须具备的性能，它是构成这种商品使用价值的基本条件和评定其质量的重要方面。例如，钟表要求走时准确；保温瓶必须保温；电视机要求图像清晰、伴音优美动听。

3.2.3.2　结构合理与外观完好

结构造型主要指商品的形状、大小、部件装配等。例如，结构造型不科学合理，直接影响着日用品的适用性和坚固耐用性。商品的外观疵点不仅严重破坏了商品外观，还直接影响着商品的适用性和坚固耐用性。有些商品的外观疵点还反映了商品的变质情况。

3.2.3.3　舒适美观性

商品的外观艺术性是通过商品的造型、款式、装饰、色泽、花纹、图案来体现的，它是日用商品美观性的基本要求。商品美观性方面的指标已成为人们评价质量的一个重要组成部分。例如，有些灯具，就其照明和美观来说，后者几乎成了这种商品的主要质量要求。实际工作中也往往由于商品的造型、式样不够新颖，外观不够美观，花纹图案不恰当，即使它们的适用性和耐用性都很好，也会造成滞销和积压。商品的舒适性指商品造型、选材等满足人体运动生理学的要求，有益于人们的活动和健康。例如，运动鞋类根据运动项目要求和人体运动生理学原理，就有跑鞋、球鞋、登山鞋等。

3.2.3.4　卫生安全性

卫生安全性指商品在使用时，有关保护人身安全和人体健康所需要的各种性质。例如，盛放食物的器皿、化妆品、玩具等商品应具有无毒性和无刺激性；电器商品应具有防人身触电、防引起火灾、防损害人身的安全措施。从现代观念来考虑，卫生安全性还包括不污染环境的低公害性。

低公害性又称环境价值，是指商品在流通、消费、废弃和回收等环节，应不造成允许限度以上的环境恶化和污染。不符合低公害要求的商品，无论使用价值多大，也要限制使用，有的将逐步退出市场。在社会环境保护方面，各种有害人们身心健康的商品应限制使用，如管制刀具等。例如，近些年的无氟冰箱、无磷洗衣粉、可降解塑料、低噪声家用电器等商品备受欢迎，就是商品环境效应的一个缩影。

3.2.3.5　坚固耐用性

坚固耐用性指商品在使用时抵抗各种外界因素对其破坏的能力和对其适用性的影响，它反映了日用商品的耐用程度。例如，皮革、橡胶常用强度和耐磨性来评定其坚固耐用性，电器商品往往用使用寿命、可靠性、可修复性来反映其坚固耐用性。要求商品坚固耐用是消费者的普遍愿望，但对某些商品和不同的消费水平有一定的弹性，只要达到物尽其用即可。

商品质量除上述基本要求外，还包括商品经济质量的基本要求，主要有商品成本、使用费用和商品寿命等。对消费者来说，商品成本包括商品价格、运输、安装、配套等费用；使用费用包括水、电、气、煤、油的能耗，维修养护费用，学习操作费用，商品使用后放置与安装占用的地面和空间位置等；商品寿命包括商品的自然寿命和社会寿命，一般来说，商品寿命短则意味着商品经济质量低。

商品质量的各项基本要求,并不是独立静止的、绝对的,特别是对某种商品提出具体质量要求时,不仅要根据不同的用途进行具体分析,还必须与社会生产力的发展、国民经济水平以及人们消费习惯相适应。

3.3 影响商品质量的主要因素

要保证和提高商品质量,重要的是找出影响商品质量的各种因素。

商品质量受多方面制约,既有生产环节的影响,又有流通环节和消费环节的影响。从生产环节看,有的商品来源于制造业,有的商品则来源于种植业和养殖业。

3.3.1 生产过程

对于工业品商品来说,其生产过程中的市场调研、开发设计、原材料、生产工艺、成品检验与包装等环节都会影响其质量。

来自农业、林业、牧业、渔业等产业的天然商品,其质量主要取决于品种选择、栽培和饲养方法、生长的自然环境和收获季节及方法等因素。

3.3.1.1 市场调研

市场调研是商品开发设计的基础。在开发设计之前,首先要充分研究商品消费需求,因为满足消费需求是商品质量的出发点和归宿;其次要研究影响商品消费需要的因素,使商品开发设计具有前瞻性;最后必须收集、分析与比较国内外、同行业不同生产者的商品质量信息,总结以往成功和失败的经验,通过市场预测以确定何种质量等级、品种规格、数量、价格的商品才能适应目标市场需要。

3.3.1.2 开发设计

开发设计是形成商品质量的前提,开发设计包括使用原材料配方、商品的结构原理、性能、外观结构及包装装潢设计等。如果开发设计质量不好,就会给商品质量留下许多后遗症;设计出了差错,制造工艺再高超,生产操作再精细,也生产不出合格的商品来。

3.3.1.3 原材料

在研究商品质量时,应该了解这种商品所选用原料的成分、结构和性质对制品的影响,才能进一步分析商品质量的各种特点,寻求提高商品质量的途径。在分析原材料质量对商品质量影响的同时,还要考虑合理利用原材料的问题,但绝不能把节约原材料同保证和提高商品质量对立起来,只有在保证和提高商品质量的基础上,节约原材料才有意义。

原材料是构成商品的物质基础,主要表现在对商品成分、结构、性质方面所形成的影响。例如,用含蛋白质较多的大麦酿造啤酒,可使啤酒的稳定性降低;生产玻璃采用的硅砂中含铁量较高,就会影响玻璃制品的色泽和透明度;用不同长度的棉纤维纺出的纱线,其外观和强度都有明显的区别。

> **小思考**
>
> 原材料的质量与生产出的商品质量有哪些关系?

3.3.1.4 生产工艺

在很多情况下,虽然原材料相同,若采用不同的生产工艺,不仅商品数量可能出现差异,商品质量也会不同。例如,猪皮革孔粗大,若加以表面美化处理,就可能改进猪皮革制品的外观质量;酿酒时,同样的五谷杂粮,酿造方法不同,可以得到清香型、浓香型、酱香型等风味各异的白酒。

科学的发展和技术革新可以使商品质量发生质的飞跃,这种变化很多是通过生产工艺的改进来实现的。例如,平板玻璃的生产,新式的浮法工艺是将玻璃熔体在金属液体上成型,其平整、光洁程度是老式垂直引上法工艺所无法比拟的。

3.3.1.5 成品包装与检验

商品包装是构成商品质量的重要因素,良好合理的包装不但有利于流通过程中对商品的储存养护、保护商品的质量,而且有利于商品的销售与使用,提高竞争能力,增加商品的价值。

成品检验是根据商品标准和其他技术文件的规定,判断成品及其包装质量是否合格的工作。

对大批量的商品来说,通常重要的质量特征、安全及外观项目要全部检验,其他项目可采用分批抽样或连续抽样的检验方法。对不合格返修的商品仍需重新检验。

3.3.2 流通过程

3.3.2.1 商品运输

商品运输对商品的影响,与路程的远近,运输时间的长短,运输路线、方式、工具等有关。因此,要以最少的环节、走最近的路程,用最短的时间选择恰当的运输方式。合理地使用运输工具,安全地将商品运到目的地,是防止运输对商品质量造成不良影响的有效措施。

3.3.2.2 销售服务

商品良好的售前、售中、售后服务质量已逐渐被消费者视为商品质量的重要组成部分。商品销售服务中的技术咨询是指导消费者对复杂、耐用性新商品进行正确安装、使用和维护的有效措施。

3.3.2.3 商品储存与养护

商品本身的性质是商品质量发生变化的内因,商品在储存期间的质量变化与商品的特性、仓库内外环境条件、储存场所的适宜性、养护技术与措施、储存期的长短等因素有关。

仓储环境是商品储存期间发生质量变化的外因,通过一系列保养和维护仓储商品质量的技术与措施,有效地控制适宜储存商品的环境因素,可以减少或减缓外界因素对仓储商品质量的不良影响。某些食品经过适宜的储藏还能改善其品质。

3.3.3 消费过程

3.3.3.1 消费心理与消费习惯

创造完美的商品形式,是为了满足人们的审美需要。人们的审美观有共同的一面,也有差异的一面,不同时代、民族、宗教、区域、阶层、环境、职业、年龄、性别的人,审美观是有差异的。

爱美之心，人皆有之，商品外观对商品质量的影响越来越重要。因此，不同消费者对美的商品的认同和追求是不一样的。消费习惯对人们对某一商品质量的认可也有一定的影响。例如，我国素有南甜、北咸、东酸、西辣的饮食习惯。

3.3.3.2　商品使用

各种商品都有自己的特性，若在消费过程中安装不妥、使用不当、保管不善、环境不好、养护不及时等，也会直接影响到商品质量。商品的使用价值最终要在使用消费中才能得到实现。

有的商品若不注意使用条件，甚至会带来灾难，例如，燃气热水器，若使用不善，会造成人身伤亡事故；农药敌百虫可以用于多种农作物防治病虫害，但如果用于高粱防虫，反而会造成药害。所以，对有些商品应认真细致地编制使用和养护说明书，并采取多种形式向消费者宣传、传授商品使用和养护知识，以保证商品的使用质量。随着环境保护重要性的日益凸显，使用后对环境造成污染的商品，将会逐渐退出市场。

3.4　商品标准的概念和分级

商品检验的主要依据是商品标准，商品标准是标准体系中的一个重要组成部分，是社会化工业大生产的一个必然产物。

3.4.1　商品标准的含义与构成

3.4.1.1　商品标准的含义

标准是对重复性事物和概念所做的统一规定。它以科学、技术和实践经验的综合成果为基础，经有关方面协商一致，由主管机构批准，以特定的形式发布，作为共同遵守的准则和依据。

商品标准化是指在商品生产和流通加工的各个环节中制定、发布以及实施商品标准的活动。推行商品标准化的最终目的是达到统一，从而获得最佳市场秩序和社会效益。商品标准化的内容包括：名词术语统一化，商品质量标准化，商品零部件通用化，商品品种规格系列化，商品质量管理与质量保证标准化，商品检验与评价方法标准化，商品分类编码标准化，商品包装、储运、养护标准化等。

标准按其性质可以分为技术标准、生产组织标准和经济管理标准三大类。

商品标准是技术标准的一个组成部分，也叫产品标准。商品标准是对商品质量和与商品质量有关的各方面所做的技术规定。

商品标准是商品生产、检验、验收、监督、使用、维护和贸易洽谈的技术准则，也是发生商品质量争议时仲裁的技术依据。商品标准对商品的结构、化学组成、规格、等级、质量要求、试验方法、验收规则、标志、包装、运输、储存、使用以及生产技术等方面均有统一的规定。

3.4.1.2　商品标准的分类

1. 商品标准按其存在形式，分为文件标准和实物标准两类

实物标准是用实物作为标准样品，对某些难以文字准确表达的色、香、味、形、手感、质地等质量要求,由标准化机构或指定部门用实物做成与文件标准规定的质量标准完全或部分相同的标准样品,按一定的程序发布,作为文件标准的补充。

文件标准是用特定格式的文件,通过文字、表格、图样等形式,表达全部或部分商品质量有关方面技术内容的统一规定。目前,绝大多数商品标准是文件标准。

2. 商品标准按其约束性,有强制性标准和推荐性标准两类

强制性标准是指标准制定之后,在需要使用此类标准的部分必须贯彻执行。《标准化法》规定,保障人身健康,人身、财产安全的标准以及法律和行政法规强制执行的标准,均属于强制性标准。

推荐性标准是除强制性标准以外的其他标准,企业自愿采用,国家采取优惠措施,鼓励企业采用推荐性标准。

3.4.1.3 商品标准的构成

构成商品标准的全部要素可分为概述要素、标准要素和补充要素三类。概述要素包括识别标准、介绍标准内容、说明标准背景、标准的制定以及与其他标准的关系等内容;标准要素规定了标准的要求和必须遵守的条文;补充要素提供有助于理解标准或使用标准的补充信息。商品标准要素的编排如表 3-1 所示,一个标准不需要包括表中所有的要素,但可以包括表中所示之外的其他要素。

表 3-1 商品标准要素的编排

要素的类型		要素	
概述要素		封面 目次 前言	引言 首页
标准要素	一般要素	标准名称 范围 引用标准	
	技术要素	定义 符号和缩略语 要求 抽样	试验方法 分类与命名 标志、标签、包装 标准的附录
补充要素		提示的附录 脚注、采用说明的注释	

3.4.1.4 商品标准的内容

1. 封面

封面的主要内容有标准名称、标准的级别与代号、批准机构、发布与实施时间等。

2. 前言

前言由专用部分和附加说明两部分组成。专用部分内容主要有:指明采用国际标准的程度,该标准废除或代替其他文件的全部或其中一部分的说明;实施标准过渡期的要求,哪些附录是标准的附录，哪些是提示附录等；附加说明，包括本标准的提出部门、归口单位、主要起草人、首次发布、历次修订和复审确定的年、月，委托负责解释的单位等。

3. 范围

明确规定标准的主题及其所包括的方面，指明该标准或其他部分的使用限制，包括本标准适用何种原料、何种工艺生产、做何用途的何种商品等内容。

4. 名词术语与符号代号

有关该商品的名词术语和符号代号，凡在国家基础标准中未做统一规定的，都应在标准中做出规定。

5. 标志、标签和包装

为了使商品在出厂到交付使用的整个过程中，质量不致受损，标准中必须对商品的标志、标签、包装制定合理的统一规定，内容包括：制造商或销售商的商标、牌号或型号；搬运说明、危险警告、制造日期等；规定包装材料、包装技术与方式，每件包装中商品的数量、质量和体积。

6. 技术要求

在规定技术要求时，必须同时规定产品的工作条件，在某些标准中还需要规定该商品必须附有注意事项、用户须知或安装指南等。这是为了保证商品的使用要求而必须具备的产品技术性能方面的规定，是指导生产、使用以及对商品质量检验的主要依据。

技术要求的主要内容有：理化性能、质量等级、使用特性、稳定性、耗能指标、感官指标、材料要求、工艺要求及有关卫生、安全和环境保护等方面的要求。引入标准的技术要求应是决定商品质量和使用特性的关键性指标，并应该是可以测定和鉴定的。

7. 试验方法

试验方法的内容包括：试验项目、适用范围、试验原理与方法、仪器用具、试剂样品制备、操作程序、结果计算、平行试验允许误差、分析评价和试验报告等。

案例 与标准亲密接触的一天

据《中国质量报》报道：一双高跟鞋破坏了张曼大清早的好心情。鞋是在网上订购的，不仅做工精细，样式也非常时尚大方，唯一的缺憾是——明明是自己常穿的鞋号，穿着却明显偏小，非常难受，不用说，张曼无福消受这双尺码不标准的鞋子。想要退货，售货方居然以"质量毫无问题"而拒绝退换。

而在张曼看来，尺码大小就是衡量鞋子质量的一个指标。目前，国内市场销售的鞋不仅鞋号纷杂，同一号码的鞋大小也没有完全统一。事实上，在 GB/T 3293—1998《鞋号》中，早就明确规定了鞋号标志方法和鞋号测量值的表示方法，同时还论述了以世界鞋号命名的鞋号制的基本特点。遗憾的是，这项与国际标准接轨的国家鞋号标准公布实施多年，认真执行的企业却不多。

下午，张曼在超市又遇到了新问题，同样的食用油，不同的包装，哪一瓶更好呢？销售人员推荐了执行新标准的食用油并介绍说，新标准要求食用油包装上必须同时标明生产工艺、产品等级、原料是否属转基因等，面面俱到。

平平常常的一天里，张曼和标准有了多次的"亲密接触"。而生活中，类似于张曼的遭遇时有发生。新衣服新鞋子合适吗？餐桌上的饭菜健康吗？床上的纺织品是否睡得安心？家里的空气是否清新？车里的汽油用得放心吗？……衣、食、住、行，各行各业产品质量的话题和标准有着千丝万缕的联系。

到底有多少项标准正在影响我们的生活呢？恐怕数量之多，难以计数。但可以肯定的是，随着消费者质量意识的提升，标准也在不断完善、改进，并忠实地为产品质量"保驾护航"。

问题：根据以上案例试论述标准在日常生活中的作用，并查阅以上案例中提到的相关标准。

提示：

1998年12月1日，我国首部《鞋号》标准正式实施。标准规定了鞋号标志方法，并论述了以世界鞋号命名的鞋号制的基本特点。标准适用于所有类型的鞋。

2004年10月1日，《花生油》和《大豆油》新标准正式实施，花生油和大豆油外包装须标明生产工艺是"压榨"还是"浸出"；品质须分四个等级标示，即一级、二级、三级和四级（相当于原来的色拉油、高级烹调油、一级油、二级油），四级为最低等级，禁止只标注"烹调油""色拉油"；大豆是转基因的也必须说明。

3.4.2 商品标准的分级

根据《标准化法》，我国标准划分为国家标准、行业标准、地方标准和企业标准四级。从世界范围来说，标准通常被分为国际标准、区域标准、国家标准、行业或专业团体标准以及公司（企业）标准五级。

3.4.2.1 国内标准的分级

1. 国家标准

国家标准是对需要在全国范围内统一的技术要求所制定的标准。

国家标准分为强制性国家标准和推荐性国家标准。强制性国家标准代号由"国标"二字的汉语拼音第一个字母组成，为"GB"；推荐性国家标准代号为"GB/T"。国家标准号由国家标准代号、发布顺序号和年号的后两位数字构成。强制性国家标准表示形式为：GB（强制国标代号）×××××（标准顺序号）××××（标准发布年号）。推荐性国家标准的形式为：GB/T×××××—××××。

国家标准对全国经济、技术发展具有重大意义，凡是与人民生活密切、量大面广、跨部门生产的重要工农业产品，全国通用零部件及产品，与国防建设有关的重要产品和对合理利用国家资源关系重大的产品都应制定国家标准。

2. 行业标准

行业标准是对没有国家标准而又需在全国某个行业范围内统一的技术要求所制定的标准。

行业标准不得与有关国家标准相抵触，在相应的国家标准实施后，即行废止。有关行业标准之间应保持协调、统一，不得重复。

行业标准号由行业代号、标准顺序及年号组成，各行业标准代号如表3-2所示。强制性行业标准的形式为：—（强制性行标代号）××××（标准顺序号）××××（标准发布年号）。推荐性行业标准的形式为：—/T××××—××××。

表 3-2　我国行业标准代号

行业标准名称	标准代号	行业标准名称	标准代号	行业标准名称	标准代号
农业	NY	机械	JB	文化	WH
水产	SC	汽车	QC	体育	TY
水利	SL	民用航空	MH	商业	SB
林业	LY	兵工民品	WJ	物资管理	WB
轻工	QB	船舶	CB	环境保护	HJ
纺织	FZ	航空	HB	稀土	XB
医药	YY	航天	QJ	城镇建设	CJ
民政	MZ	核工业	EJ	建筑工业	JG
教育	JY	铁路运输	TB	新闻出版	CY
烟草	YC	交通	JT	煤炭	MT
黑色冶金	YB	劳动和劳动安全	LD	卫生	WS
有色冶金	YS	电子	SJ	公共安全	GA
天然石油气	SY	通信	YD	包装	BB
化工	HG	广播影视	GY	地震	DB
石油化工	SH	电力	DL	旅游	LB
建材	JC	金融	JR	气象	QX
地质矿产	DZ	海洋	HY	外经贸	WM
土地管理	TD	档案	DA	海关	HS
测绘	CH	商检	SN	邮政	YZ

 小思考

行业标准的适用范围是什么？

3. 地方标准

对没有国家标准而又需要在省、自治区、直辖市范围内统一的工业产品的安全、卫生要求，可以制定地方标准。地方标准在相应的国家或行业标准实施后，自行废止。

强制性地方标准代号由汉语拼音字母"DB"加上省、自治区、直辖市行政区代码前两位数加斜线组成。

全国各省、自治区、直辖市代码如表 3-3 所示。强制性地方标准形式为：DB ××/（强制性地方标准代号）×××（标准顺序号）××××（年号）。推荐性地方标准代号为：DB××/T×××—××××。

表 3-3　全国各省、自治区、直辖市地方标准代码

名　称	代　码	名　称	代　码
北京市	110000	湖南省	430000
天津市	120000	广东省	440000
河北省	130000	广西壮族自治区	450000
山西省	140000	海南省	460000
内蒙古自治区	150000	重庆市	500000
辽宁省	210000	四川省	510000
吉林省	220000	贵州省	520000
黑龙江省	230000	云南省	530000
上海市	310000	西藏自治区	540000
江苏省	320000	陕西省	610000
浙江省	330000	甘肃省	620000
安徽省	340000	青海省	630000
福建省	350000	宁夏回族自治区	640000
江西省	360000	新疆维吾尔自治区	650000
山东省	370000	台湾省	710000
河南省	410000	香港特别行政区	810000
湖北省	420000	澳门特别行政区	820000

4. 企业标准

企业生产的产品没有国家标准、行业标准和地方标准的，应当制定相应的企业标准，作为组织生产的依据。已有国家标准、行业标准或地方标准的，国家鼓励企业制定严于国家标准、行业标准或者地方标准的企业标准，在企业内部适用。随着经济的全球化，企业标准将越来越受重视。企业标准代号的编号方法为：

企业代号可用汉语拼音或阿拉伯数字或两者兼用组成。例如，Q/WBN21—2002 为安徽芜湖百年将相和食品有限公司的企业标准。

3.4.2.2　国际标准与区域标准

1. 国际标准

国际标准是指由国际标准化组织（ISO）和国际电工委员会（IEC）制定的标准，以及经国际标准化组织认可并收集到《国际标准题录索引》中加以公布的其他国际组织所制定的标准。它们已为大多数国家承认和不同程度地采用。

国际标准化组织认可的国际组织有：国际计量局（BIPM）、国际合成纤维标准化局（BISF）、食品法典委员会（CAC）、关税合作理事会（CCC）、国际电气设备合格认证委员会（CEE）、国际照明委员会（CIE）、国际无线电咨询委员会（CCIR）、国际原子能机构（IAEA/AIEA）、国际劳工组织（ILO）、国际海事组织（IMO）、国际兽疫防治局（OIE）、国际法制计量组织（OIML）、国际葡萄酒局（IWO）、联合国教科文组织（UNESCO）、世界卫生组织（WHO）、世界知识产权组织（WIPO）、联合国粮农组织（UNFAO）、国际羊毛局

（IWS）等。

国际标准采用标准代号、标准序号及发布年号来表示。

ISO ×××××—××××

IEC ×××××—××××

在 ISO/IEC 中定义的标准可以是强制性的，也可以是自愿的。在 WTO/TBT 中标准定义为自愿性文件，技术法规为强制性文件。

2. 区域标准

区域标准是由世界某一区域性标准化组织制定的标准。区域标准的目的在于促进区域性标准化组织成员进行贸易，便于该地区的技术合作和技术交流，协调该地区与国际标准化组织的关系。国际上较为重要的区域标准有：欧洲标准化委员会（CEN）制定的欧洲标准（EN）、欧洲电工标准化委员会（CENELEC）制定的标准、亚洲标准咨询委员会（ASAC）制定的标准、泛美技术标准委员会（COPANT）制定的标准、非洲地区标准化组织（ARSO）制定的标准等。

3.4.2.3 我国采标情况

国际标准是世界各国均可采用的共享技术。通过采用国际标准，对于促进本国的技术进步，提高商品质量，开发新商品和发展出口贸易都有十分重要的作用。还可以获得世界生产技术、商品质量水平的重要情报，而且可以为消除贸易技术壁垒、促进外贸事业的发展提供必要的条件。因此，我国把积极采用国际标准作为重要的技术经济政策和技术引进的重要组成部分。

在采用国际标准的我国标准中，采用程度分为等同、等效和参照三种：等同采用指技术内容完全相同，不做或稍做编辑性修改；等效采用指技术内容有小的差异，编写上不完全相同；参照采用指技术内容根据我国实际做了某些变动，但性能和质量水平与被采用的国际标准相当，在通用互换、安全、卫生等方面与国际标准协调一致。

采用国际标准的程度仅表示我国标准与国际标准之间的异同情况，而不表示技术水平的高低。值得指出的是，目前国际上只承认等同、等效采用，对非等效采用则要做出说明。所以，在采标时应尽可能选用等同或等效这两种形式，直接采用国际标准，以避免造成技术壁垒。

项目小结

商品质量指商品满足规定或潜在要求（或需求）的特征和特性的总和，是商品具备适用功能，满足规定和消费者需求程度的一个动态的、综合性概念。商品质量在表现形式上，由外观、内在和附加质量构成；在形成环节上，由设计、制造和市场质量构成；在有机组成上，由自然、社会和经济质量构成。商品质量的基本要求是根据其用途、使用方法及消费者的期望和社会需求来确定的。

在实际工作中，影响商品质量的因素有生产过程的市场调研、开发设计、原材料、生产工艺、成品检验与包装等；流通过程的商品运输、商品储存与养护、销售服务等；消费过程的消费心理与消费习惯、商品使用等。

商品检验的主要依据是商品标准，商品标准是对商品质量和与质量有关的各方面所做的技术规定。商品标准按其适用领域和有效范围不同，通常被分为国际标准、区域标准、国家标准，行业或专业团体标准和公司（企业）标准五级。商品标准的内容有封面、前言、范围、试验方法、标志、标签、包装等。

复习思考题

一、选择题
1. 商品满足规定或潜在要求（或需要）的特征和特性的总和叫（　　）。
   A. 商品质量　　　B. 商品价格　　　C. 商品档次　　　D. 商品功能
2. 对没有国家标准而又需在全国某个行业范围内统一的技术要求所制定的标准叫（　　）。
   A. 国家标准　　　B. 地方标准　　　C. 行业标准　　　D. 企业标准
3. 构成商品标准的全部要素可分为概述要素、标准要素和（　　）三类。
   A. 质量要素　　　B. 补充要素　　　C. 价格要素　　　D. 品质要素
4. 对重复性事物和概念所做的统一规定叫（　　）。
   A. 规则　　　　　B. 办法　　　　　C. 规定　　　　　D. 标准

二、简答题
1. 纺织品商品质量的基本要求有哪些？
2. 国内标准的分级分为几级？
3. 国际标准化组织认可的国际组织有哪些？
4. 商品的外观质量主要指的是什么？

三、实训题
1. 技能题
到商店考察商品，了解影响服装质量的因素有哪些？
2. 案例分析
河南省禹州市生产的瓷器闻名全国，该市瓷器生产企业生产的同一种瓷器，有的一件可以卖几十元，而有的一件则可以卖几千元。

问题：产品的生产质量是如何影响产品价格的？

项目四

商品检验与评价

知识目标
了解商品检验的内容和形式，流通领域的商品质量管理。

技能目标
掌握商品检验的方法、商品质量评价和监督管理的内容。

能力目标
能够运用所学知识和方法对常见商品进行初步的检验、评价与管理。

课程导入案例

电梯的质量不合格

据悉，2018年6月5日，深圳市某公司向皇岗检验检疫局申报一批自日本进口的电梯11台，总价值140万美元。该局于6月16日派员进行检验，该批货物包括GPM—Ⅲ客用升降梯6台、GPS—Ⅲ客用消防梯3台、YS—MA液压升降梯2台，从日本横滨港海运至深圳蛇口，再运至工地。检验中，检验检疫人员发现该批货物存在如下质量问题：主机曳引轮、限速器等关键件生锈，主机包装箱内有积水；包装简陋，控制柜内干燥剂饱和并有水流出；导轨变形、锈蚀；部分设备如限速器、缓冲器等无制造编号；随机未附技术资料，如安装、使用、维护说明书等。后经检验检疫局人员对机内积水进行抽样送检确认，积水样品"含有氯化钠"。经双方多次交涉和谈判，日方公司终于承认电梯出厂时未按标准提供包装，对货物保护不够，导致该批电梯在运输过程中出现受潮、生锈等情况。为避免造成工程延期，7月8日，皇岗检验检疫局经请示上级主管部门后同意实施应急方案，对部分配件生锈且不影响电梯整体运行质量的电梯进行现场防锈处理后安装，供载人、载货急用，防锈由日方公司负责，并在安装运行后，延长上述两台电梯的质量保证期2年。同时对其余9台电梯出具了《进口设备不准安装使用通知书》和《检验证书》，作为中方向日方提出索赔、退换货的依据。

其后货主等相关方又以检验检疫局的《检验证书》和《不准安装使用通知书》为依据与供货方开展了多轮谈判。9月23日买卖双方达成电梯换货补充协议书。主要内容包括：9台电梯全部退回日本更换，涉及货值110万美元。

这一案例说明，商品没有经过严格的质量检验和包装，很难保证商品的质量。

商品质量是否符合规定的标准，只有经过检验才能确定，而商品质量能否保证满足消费者需求，则必须进行全面的商品质量评价，开展商品质量管理和监督活动。

4.1 商品检验的概念、分类和内容

商品检验

4.1.1 商品检验的概念

狭义的商品检验即指商品质量检验。商品检验仍然是商品质量保证工作的一项重要内容。

商品检验在质量管理的早期发展阶段发挥了保证商品质量的把关作用。在全面质量管理不断发展、完善的今天，由于预防、控制并非总是有效的，因此商品检验也是必不可少的环节。

商品质量检验是商品检验的中心内容，商品检验是指商品的产方、买方或者第三方在一定条件下，借助某种手段和方法，按照合同、标准或国际、国家的有关法律、法规、惯例，对商品的质量、规格、数量以及包装等方面进行检查，并做出合格与否或通过验收与否的判定，或为维护买卖双方合法权益，避免或解决各种风险损失和责任划分的争议，便于商品交接结算而出具各种有关证书的业务活动。

4.1.2 商品检验的分类

4.1.2.1 依商品检验目的分

商品检验依据目的的不同，可分为生产检验（第一方检验）、验收检验（第二方检验）和第三方检验三种。

生产检验是商品生产者为了维护企业信誉，保证商品质量对原材料、半成品和成品进行检验的活动。生产检验合格的商品往往用"检验合格证"加以标识。

验收检验是指商品的买方为了维护自身及顾客的利益，保证所购商品的质量满足合同的规定或标准的要求所进行的检验活动。

第三方检验是指处于买卖利益之外的第三方，以公正、权威的非当事人身份根据有关法律、法规、合同或标准所进行的商品检验，其目的在于维护各方面的合法权益和国家利益，协调矛盾，使商品的交易活动能够顺利而有序地进行。

4.1.2.2 依检验有无破坏性分

商品检验按有无破坏性可分为破坏性检验和非破坏性检验。破坏性检验是指为了取得必

要的质量信息，经测定、实验后的商品遭受破坏的检验；非破坏性检验是指经测定、实验后的商品仍能够正常使用的检验，也称无损检验。

4.1.2.3　依检验的相对数量分

商品检验按检验商品的相对数量可以分为全数检验和抽样检验。全数检验是对被检批商品逐个（逐件）地进行检验，也称为百分之百检验。这种检验可以提供较多而准确的信息，但是这种方法只适用于商品批量小、商品特性少、非破坏性的商品检验。实际工作中全数检验常用于贵重、质量不够稳定商品的质量检验。抽样检验是商品检验中的常见方式。

4.1.3　商品检验的内容

4.1.3.1　商品质量检验

商品质量检验就是判别、确定该商品的质量是否符合合同中规定的商品质量条件和标准。

商品质量检验包括成分、规格、等级、性能和外观质量等，是根据合同和有关检验标准规定或申请人的要求对商品的使用价值所表现出来的各种特性，运用人的感官或化学、物理等各种手段进行测试、鉴别。

4.1.3.2　商品重量和数量的检验

商品重量和数量的多少，与其质量的优劣一样，直接关系到买卖双方的经济利益，因此要求检验机构做出检验和鉴定。

商品的重量和数量是贸易双方成交商品的基本计量和计价单位。重量检验就是根据合同规定，采用不同的计量方式，对不同的商品计量出它们准确的重量。数量检验是按照发票、装箱单或尺码明细单等规定，对整批商品进行逐一清点，证明其实际装货和数量。

4.1.3.3　安全、卫生检验

商品安全检验主要是指电子电器类商品的漏电检验、绝缘性能检验和 X 光辐射等。商品的卫生检验是指商品中的有毒有害物质及微生物的检验，如食品添加剂中砷、铅、镉的检验，茶叶中的农药残留量检验等。

对于进出口商品的检验内容除上述内容外，还包括海损鉴定、集装箱检验、进出口商品的残损检验、出口商品的装运技术条件检验、货载衡量、产地证明、价值证明以及其他业务的检验。我国加入 WTO 后，可直接参与 WTO 成员国制定新的技术法规、标准和合格评定程序征求意见的全过程，这使我国的商品检验工作面临新的机遇，也带来了更大的挑战。

4.1.3.4　商品包装检验

商品包装检验是根据贸易公司或契约规定，对商品的包装标志、包装材料、种类、包装方法等进行检验，查看商品包装是否完好、牢固等，商品包装检验就是对商品的销售包装和运输包装进行检验。

4.2　商品检验的方法

4.2.1　商品抽样

4.2.1.1　抽样的概念

抽样是根据商品标准或合同所确定的方案，从商品被检批中抽取一定数量有代表性、用于检验的单位商品的过程，又称拣样或取样。

进行商品检验时，必须遵守为保证检验结果准确性的各种规定，其中正确的商品抽样方法是保证获得准确检验结果的重要因素。抽样应依据抽样对象的形态、性状，合理选用抽样工具与样品容器。抽样的同时应做好抽样记录。抽取的样品应妥善保存，保持样品原有的品质特点。抽样后应及时鉴定。通常以一个订货合同为一批，如果同批质量差异较大或定货量很大或连续交货，也可分为若干批。

被检验商品中所含的商品总数，叫作批量；由被检验商品中抽取用于检验的单位商品（样品）的全体，称为样本；样本中所含的单位商品的数量称为样本大小。

4.2.1.2　抽样的方法

常用的抽样方法有百分比抽样、简单随机抽样和分层随机抽样三种。

1. 百分比抽样

从受检的批量商品中，按检验标准或合同规定的数量百分比从中抽取样品，称百分比抽样。

此法抽样简便易行，易于操作，对受检批量大的商品较为适用。采用百分比抽样判断为合格的大批量商品质量，比抽样判断为合格的小批量商品质量的平均质量合格率与不合格率要准确得多。因此，检验小批量商品，一般不采用百分比抽样法。

2. 简单随机抽样

这种方法的特点是可避免检验员的主观意识的影响，对发现这类商品的共同缺陷较为有效，批量不大的商品可采用此法。但当被检批商品批量较大时，操作起来就较复杂，因此大批量商品适宜采用分层随机抽样。

此法通常是利用随机数表或抽签进行抽样。例如，抽取前将被检验的样品逐一编号，编号次序与方法不受任何限制，然后用笔尖在随机数表中任意指定一点，从指定数开始，依次选取与样品相等的号码个数，按选取的号码抽取样品。

3. 分层随机抽样

这种方法的特点是比较科学，能克服简单随机抽样法可能错过的集中性缺陷，尤其适用于批量较大且质量也可能波动较大的商品批。分层随机抽样的样本有很好的代表性，是目前使用最广、最多的一种抽样方法。

4.2.2　商品检验的方法

商品质量检验的方法很多，根据其检验所用的器具、原理和条件，通常分为感官检验法和理化检验法两类，如图4-1所示。这两种检验方法在实际工作中，是按照商品的不同质量特性进行选择和相互配合使用的。

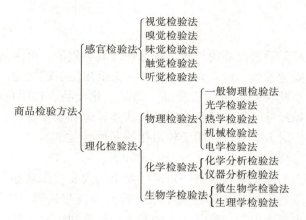

图 4-1　商品检验方法示意

4.2.2.1　感官检验法

感官检验法指利用人的感觉器官作为检验器具，对商品的色、香、味、手感、音色等感官质量特性，在一定条件下进行判定或评价的检验方法。

感官检验是目前商品流通领域中应用较为广泛的一种检验方法。感官检验法的范围是商品的外形结构、外观疵点、色泽、硬度、弹性、气味、声音、干鲜程度以及包装物等。

感官检验法的优点是适用于目前还不能用仪器定量评价其感官指标的商品和不具备昂贵、复杂仪器检验的企业、部门和消费者。不需要仪器、简便易行、快速灵活、成本较低，但感官检验法受检验人的生理条件、工作经验，以及外界环境的影响，难免带有主观性，而且检验结果在多数情况下只能用比较性的用词、专业术语和记分法来表示，更无法分析商品的内在质量，但它仍具有不可替代性。按照人的感觉器官不同，感官检验法可分为视觉检验法、触觉检验法、听觉检验法、嗅觉检验法和味觉检验法等。

1. 视觉检验法

视觉检验必须在标准照明条件下和适宜的环境中进行，并且应对检验人员进行必要的挑选和专门的训练。

视觉检验是用视觉来检查商品的外形、结构、颜色、光泽以及表面状态、疵点等质量特性。检验中，外界条件如光线的强弱、照射方向、背景对比以及检验人员的生理、心理和专业能力，都会影响视觉检验效果。

2. 触觉检验法

触觉检验法是利用人的触觉器官触摸、按压或拉伸商品，根据商品的光滑细致程度、干湿、软硬、有无弹性、拉力大小等情况来评价商品质量的方法。

进行触觉检验时，应注意环境条件的稳定和保持手指皮肤处于正常状态，并加强对检验人员的专门培训。

3. 听觉检验法

听觉检验法是凭借人的听觉器官，根据商品发出的声音来检查商品质量的方法，如：检查玻璃制品、瓷器、金属制品有无裂纹或内在的缺陷；评价以声音作为质量指标的乐器、家用电器等商品；评定食品成熟度、新鲜度、冷冻程度等。

听觉检验法和其他感官检验法一样，需要适宜的环境条件，即力求安静，避免外界因素对听觉灵敏度的影响。听觉检验至今尚无法用仪器来替代，其主要原因之一就是人的耳朵灵敏度高且范围广。

4. 嗅觉检验法

嗅觉检验是通过嗅觉检查商品的气味，进而评价商品质量。由商品发散于空气中的物质微粒作用于鼻腔上部嗅觉细胞，产生兴奋，再传入大脑皮层引起嗅觉。嗅觉与其他感觉特别是味觉有联系。嗅觉检验目前广泛用于食品、药品、化妆品、日用化学制品等商品质量检验，并且对于鉴别纺织纤维、塑料等燃烧后的气味差异也有重要意义。

嗅觉虽然重要，但对人类来说已属于较退化的一种感觉机能。

5. 味觉检验法

味觉检验是利用人的味觉来检查有一定滋味要求的商品（如食品、药品等）。

味觉是溶解于水或唾液中的化学物质作用于舌面和口腔黏膜上的味觉细胞（味蕾）产生的兴奋并传入大脑皮层而引起的感觉。人的基本味觉有甜、酸、苦、咸四种，其余都是混合味觉。味觉常同其他感觉，特别是与嗅觉、肤觉相联系。如辣味觉就是热觉、痛觉和基本味觉的混合。

视觉也对味觉检验有影响。为了顺利地进行味觉检验，一方面要求检验人员必须具有辨别基本味觉特征的能力，并且被检样品的温度要与对照样品温度一致；另一方面要采用正确的检验方法，遵循一定的规程，如：检验时不能吞咽物质，应使其在口中慢慢移动，每次检验前后必须用水漱口等。

4.2.2.2 理化检验法

理化检验法主要用于商品成分、结构、物理性质、化学性质、安全性、卫生性以及对环境的污染和破坏性等方面的检验。

在商品生产和流通中，理化检验法应用越来越广泛。理化检验法是在实验室的一定环境下，利用各种仪器器具和试剂作为手段，运用物理、化学及生物学的方法来测试商品质量的方法。

理化检验法的特点是能客观、准确地反映商品质量情况，而且能得到具体数据，深入阐明商品的化学组成、结构和性质，也能探明某些商品的内部疵点，对商品质量鉴定具有较强的科学性，较感官检验更为客观和精确，但对检验设备和检验条件要求严格，同时还要求检验员具有扎实的基础理论知识及熟练的操作实验技术。现代检测技术在检验仪器使用上与计算机联用，实现自动控制和数据处理，使理化检验走向快速、少损或无损以及自动化。

理化检验根据其原理可分为物理检验法、化学检验法和生物检验法。

1. 物理检验法

这是根据物理学原理，应用物理仪器测定商品物理性质的一种检验方法。常见的方法如下：

（1）一般物理检验法，即通过各种量具、量仪、天平及专门仪器来测定商品的长度、细度、面积、体积、厚度、比重、黏度、渗水性、透气性等一般物理特性的方法，如棉纤维长度和细度的测定。

（2）机械检验法。机械检验法是利用各种力学仪器测定商品机械性能的一种检验方法。机械检验法所用的仪器很多，常见的有万能试验机、拉力试验机、冲击试验机、扭转试验机、硬度试验机等。例如，皮革的耐磨强度就用耐磨强度试验机测定，试验机上有成垂直相接的黏附皮革式样的直转盘和黏附金刚砂布的平转盘，测定时以 30 转/分的速度转动转盘，使皮革试样与平转盘上的金刚砂布相摩擦。皮革耐磨强度以磨损1克重的试样所用的转数来表示。很多工业品、商品的质量指标，如抗拉力强度、抗压强度、硬度、弹性、塑性、脆性等，都采用这种检验方法。

（3）电学检验法。电学检验法是利用电学仪器测定商品电学特性的一种检验方法。通过商品的某些电学特性的测定，如电阻、电容等的测定，往往还可以间接测定商品的其他特性，如吸湿性等。电学检验法可节省大量的材料，能迅速得出较准确的结果或数据，使用简便。

（4）光学检验法。光学检验法是通过各种光学仪器来检验商品品质的一种方法。这种方法不仅可以用来检验商品的物理性质，还可用来检验某些商品的成分和化学性质，常见的仪器有显微镜、折光仪、旋光仪、比色计等。例如，利用折光仪测定油脂的折光率，可判断油脂的新陈、掺假或变质；利用旋光仪测定糖的比旋光度，可确定糖中蔗糖的含量；利用比色计测定某些商品的颜色，确定其品质或等级。

（5）热学检验法，指利用热学仪器测定商品的热学特性的一种检验方法。这种方法可用来检验商品的熔点、凝固点、沸点、耐热性、耐寒性等。玻璃和搪瓷制品、金属制品、化妆品、化工商品、塑料制品、橡胶制品以及皮革制品等，它们的热学性质都与商品的质量有关。例如，将玻璃杯置于0℃~5℃水中5分钟，取出后即投入沸水中，不炸裂者为合格。

2. 化学检验法

化学检验法是利用化学试剂和各种仪器对商品的化学成分及其含量进行测定，进而判断商品品质是否合格的检验方法。根据其具体操作方法，可分为化学分析检验法和仪器分析检验法两种。

（1）化学分析检验法是根据已知的、能定量完成的化学反应进行分析的一种检验方法。依其所有的测定方法的不同，又分为容量分析法和重量分析法。

容量分析法是用一种已知准确浓度的标准溶液与被测试样发生作用，最后用滴定终点测出某一组合的含量，如酸碱滴定法。重量分析法是根据一定量的试样，利用相应的化学反应，使被测成分析出或转化为难溶的沉淀，再通过过滤、洗涤、干燥、灼烧等，使其沉淀与其他成分分离，然后称取沉淀物的重量，由此计算出被测定成分的含量，如灼烧法测定原料中灰分等。

（2）仪器分析检验法是采用光、电等方面比较特殊或复杂的仪器，通过测量商品的物理性质或物理化学性质来确定商品的化学成分的种类、含量和化学结构以判断商品质量的检验方法。它包括光学分析法和电学分析法。

光学分析法是通过被测成分吸收或发射电磁辐射的特性差异来进行化学鉴定的。电学分析法是利用被测物的化学组成与电物理量（电极电位、电流等）之间的定量关系来确定被测物的组成和含量，具体有极谱法、电位滴定法、电解分析法等。仪器分析检验法适用于微量成分含量分析。仪器分析检验法因具有测定的灵敏度高、选择性好、操作简便、分析速度快的特点而应用广泛。

3. 生物检验法

生物检验法是食品类、药类和日常工业品商品质量检验常用的方法之一，包括生理学检验法和微生物学检验法两种。

（1）生理学检验法是用来检验食品的可消化率、发热量及营养素对机体的作用以及食品和其他商品中某些成分的毒性等的一种检验方法。检验多用鼠、兔等动物进行试验，通过动物发育、体重的改变来检查食品的营养价值；通过观察动物健康状况变化、动物解剖结果测定有害物质的毒性。只有经过无毒害试验后，视情况需要并经有关部门批准后，才能在人体上进行试验。

（2）微生物学检验法，是利用显微镜观察法、培养法、分离法和形态观察法等，对商品中有害微生物存在与否及其存在的数量进行检验，并判断其是否超过允许限度的一种检验方法。这些有害微生物包括大肠杆菌、沙门氏菌、霉腐微生物、致病性微生物等。它们直接危害人体健康，危害商品的安全储存。微生物学检验法是判断商品卫生质量的重要手段。

小思考

物理和化学检验法各有哪些优缺点？

4.3 商品质量评价与管理

4.3.1 商品分级

4.3.1.1 商品分级的概念

商品种类不同，分级标准也不一样。根据商品标准规定的质量指标，按一定的标志将同类商品分为若干个等级的工作，称为商品分级。优等品的质量标准必须达到国际先进水平，且实物质量水平与国外同类商品相比达到5年内的先进水平；一等品的质量标准必须达到国际一般水平，且实物质量水平达到国际同类产品的一般水平；按我国现行标准组织生产，标准为国内一般水平，实物质量达到相应标准要求的为合格。优等品、一等品的产销率要求在90%以上，销售量在同类商品中占有一定比例。

如茶叶按色、香、味、外形等感官指标分级，糖、食盐按其化学成分含量分级，鸡蛋按10个重量分级。日用工业品的分级，一是根据商品外观疵点多少和这些疵点对质量的影响程度；二是根据商品理化性质与标准差的程度。

商品分级常用等级的顺序表示，通常用几等、几级或甲、乙、丙来表示。等级顺序的高低具体地表示了商品质量的优次。对各种商品每一等级的具体要求以及确定商品分级的方法，通常在标准中都有规定，凡不符合最低一级要求的商品称为等外品。许多商品还同时以特殊的标记来表明自身的质量等级。例如，瓷器就是以底部的印记来表示等级的，图形印记"〇"为一等品，印记"□"为二等品，印记"△"为三等品，不合格底部则印有"次品"字样。又如，布匹上字的颜色表示不同等级，红色字为一等品，绿色字为二等品，蓝色字为三等品，黑色字为等外品。

4.3.1.2 商品分级的方法

商品分级的方法，常用的有记分法和限定法两种。

1. 记分法

常用的有百分记分法和限度记分法两种。

（1）百分记分法。这种方法在食品和部分日用工业品中采用得较多。百分记分法将商品的各项质量指标规定为一定的分数，各质量指标分数之和为 100 分，其中重要指标所占的分数高，次要指标所占的分数低。如果商品质量符合标准规定的要求，其总分就能达到 100 分；若其中某些指标达不到标准要求，其总分相应降低，等级也相应降低。

（2）限度记分法。限度记分法是以商品的每种疵点规定为一定的分数，由疵点总分来确定商品的等级。疵点越多，总分越高，商品等级就越低。这种方法一般在日用工业品和纺织品进行分等分级时采用。限度记分法在标准分数上规定的不是最低值，而是最高值。如棉色织布的外观质量，标准中将布面各种疵点分为七项，按疵点对布面影响程度确定各项疵点的分数，分数总和不大于 10 分为一等品，超过 40 分为等外品。

2. 限定法

限定法指在标准中规定商品每个等级限定疵点的种类数量、不能有哪些疵点，以及决定商品成为废品的疵点限度。限定法大多用于工业品分级。如全胶鞋 13 个外观指标中，就有鞋面起皱或麻点一级品稍有、二级品有；鞋面砂眼一级品不准有，二级品中砂眼直径不超过 1.5 毫米、深不超过鞋面厚度等规定。

4.3.2 商品质量标志

4.3.2.1 商品质量标志的含义

商品质量标志是按一定法定程序颁发给生产企业，以证明其商品达到一定水平的符号或标记。实行商品质量标志，不仅是保证商品质量的有效手段，还是维护消费者利益的一种有效方法。特别是对一些有关人身安全与健康的商品，国家必须强制实行质量标志，才能有效地防止粗制滥造，避免不合格产品投放市场。有了商品质量标志，对消费者来说，可以方便选购；对生产者来说，既是对商品质量的担保，又是一种荣誉和信任，还可带来经济效益。

比较常见的质量标志有合格标志、认证标志、免检标志、环境标志、绿色食品标志、有机食品标志、QS 标志、原产地标志、纯羊毛标志、真皮标志、节能标志、名牌产品标志等。商品质量标志表明的是商品质量所达到的水平和质量状态，只有法定机构经过一定程序对达到一定条件的企业授权后，企业才能使用质量标志。

4.3.2.2 商品质量标志的种类

1. 质量合格标志

质量合格标志是商品出厂前经工厂质检部门检验，产品的各项质量指标均已达到要求而颁发的合格证标志，又称产品检验合格证。

任何产品出厂前，都要经过合格检验。合格标志的形式根据产品的不同形状、性质等特点而异，一般用图案或代号表示，或者系挂，或者贴在包装上。不同等级的同类产品，可以用不同图案或颜色的标志来表示。

2. 质量认证标志

产品质量认证标志是认证机构为证明某个产品符合特定的标准和技术要求而设计、发布的一种专用标志。

国内常见的认证标志有方圆标志和 PRC 标志等。方圆标志为中国方圆认证委员会产品质量认证标志，分为方圆合格认证标志和方圆安全认证标志，如图 4-2 所示。商品的全部性能，要求依据标准或相应的技术要求进行认证，获准合格认证的产品使用合格认证标志；

以安全标准依据进行认证或只对产品中有关安全的项目进行的认证，获准安全认证的产品使用安全认证标志。PRC标志为中国电子元器件质量认证委员会电子元器件专用的合格认证标志。

(a) (b)

图4-2　中国商品质量认证标志

（a）方圆合格认证标志；（b）方圆安全认证标志

产品质量认证标志作为一种质量标志，其基本作用在于向产品购买者传递正确可靠的质量信息。随着贸易的全球化，实行第三方产品质量认证制度是国际上保证商品质量的一种普遍做法，有利于提高产品的信誉度，减少重复检验，减少和消除技术壁垒，维护生产、经销和消费者各方面的权益。目前ISO和IEC的成员国和地区会员中，基本上都开展了产品质量认证工作。

3. CCC标志

我国强制性产品认证存在着对内、对外的两套认证标志，即长城认证标志和CCIB认证标志。

为了解决对国内产品和进口产品认证不一致的问题，按照入世后的世贸组织国民待遇原则，国家质量检验检疫总局和国家认证认可监督管理委员会于2001年12月公布了国家强制性认证制度"四个统一"（即实现统一目录，统一标准、技术法规和合格评定程序，统一标志，统一收费标准）的有关法规性文件。统一后的国家强制性认证标志为"中国强制认证"，英文名称为"China Compulsory Certification"，缩写为"CCC"。该标志从2002年5月1日起逐步取代原来的长城标志和CCIB标志，从2003年8月1日起强制执行。

4. QS标志

食品质量安全市场准入标志表明食品符合质量安全基本要求，以"质量安全"的英文"Quality Safety"的缩写"QS"表示，如图4-3所示。从2004年1月1日起，小麦粉、大米、食用植物油、酱油、食醋5类食品首批实施食品质量安全市场准入制度，今后将全面完成28类食品的市场准入制度。到2006年3月，已完成米、面、油等老5类和肉制品等新10类食品市场准入工作基础，启动茶叶等13类食品市场准入工作，共颁发食品生产许可证6万张，28大类的370种食品纳入市场准入体系，占食品种类的70%。

（图片说明：标志主色为蓝色，字母"Q"与"质量安全"四个字样为蓝色，字母"S"为白色）

图4-3　食品质量安全市场准入标志

5. 环境标志

环境标志是一种印刷或贴附在商品或包装上的图案，证明该种商品在其生命周期中符合环境保护要求，不危害人体健康，对生态环境无害或危害极少，有利于资源的节约和回收。ISO 14000 环境管理系列标准是国际标准化组织关于环境体系认证标准 ISO 14000 已成为商品进入国际市场的一个重要标准。

目前世界上已有不少国家和区域性组织相继实施环境标志，如图 4-4 所示。我国环境标志 1993 年 8 月发布如图 4-5 所示。1994 年 5 月中国环境标志产品认证委员会（CCEL）正式成立，是代表国家对各类环境标志商品进行认证的唯一第三方认证机构。

图 4-4　某些国家和区域的环境标志

图 4-5　中国环境标志

4.3.3　商品质量评价的内容

商品质量的本质是满足消费者需要的程度，在日常的商品质量评价中，人们常用好吃、好用、好看、有品位来形容，用物美价廉来表示。因此，在评价商品质量时，既要注意商品质量符合标准的状况，又要考虑商品质量满足人和社会需求的程度；既要注意消费者的基本需求，又要考虑消费者对商品质量的特殊要求；既要用一般方法来评价商品质量，又要把商品质量放在社会大系统中，作为一个系统工程来研究。

4.3.3.1　商品质量评价的一般内容

商品质量评价的一般内容有以下八方面：

（1）检查商品质量是否符合标准，以评价商品质量技术指标的高低。

（2）检查商品证件标志的齐全完整性，以评价商品质量的真实可靠性。

（3）考察商品的售后服务性，以评价商品的附加质量。

（4）考察商品的造型、花色、款式和包装是否具有时代感，以评价商品满足消费者审美需要的质量。

（5）考察商品使用是否简便易学，说明书是否清楚易懂，以评价商品的使用方便性。

（6）考察商品品牌的知名度，以评价商品的美誉度和消费者的认可性。

（7）考察商品各类消费群体的特殊要求性，以评价商品质量满足具体消费对象需求的程度。

（8）考察商品与人、商品与社会和商品与环境的关系，以评价商品质量的全面性。

> **案例**

膏霜类化妆品

膏霜类化妆品是用来保护、滋润皮肤，减少皮肤中水分的损失，并可经皮肤表面补充适宜的水分、营养成分和乳化油脂，长期使用可使皮肤柔软、细腻、光滑、有弹性。随着人民生活水平的提高，化妆品越来越受到广大消费者的青睐，市场上化妆品产品琳琅满目，目前我国生产膏霜类化妆品的企业有2 000余家，主要集中在广东省、浙江省、江苏省和上海市等地区。

为了保护消费者的权益，扶优治劣，净化市场，引导消费，近期国家质检总局对膏类化妆品产品质量进行了国家监督抽查，共抽查了北京、上海、广东、浙江、江苏五个省市48家企业生产的48种产品，合格46种，产品抽样合格率为95.8%。

本次抽查结果表明：连续的国家监督抽查促进了企业质量意识的提高，加强了质量管理，大中型企业的产品质量水平稳步提高。但是在抽查中也发现了一些质量问题。

一是个别产品的细菌总数指标严重超标。强制性国家标准对细菌总数等卫生指标有严格限定。标准规定细菌总数应≤1 000个/克，抽查中发现有1种产品该项指标竟高达无法计数。造成产品不合格的原因主要是原材料产品出厂前未经检验。

二是个别产品的包装标签不符合国家标准要求。包装上只有生产企业名称，未标注生产企业地址。标准明确规定化妆品销售包装必须标注内容：产品名称、制造者的名称和地址、内装物量、日期标注、生产企业的生产许可证号、卫生许可证号和产品标准号，特殊用途化妆品还必须标注特殊用途化妆品卫生批准文号等。

试分析：针对以上质量问题应如何选用化妆品？

4.3.3.2 假冒伪劣商品的识别

假冒伪劣商品指含有某种足以导致普通大众误认的不真实因素的商品，也是人们对各种假货、次货的总称。常见的识别方法有注册商标识别法、内在质量识别法、防伪标志识别法等。

1. 注册商标标志的识别

名优商品的外包装上都有注册商标标志，商标上打有"R"或"注"的标志，有的还粘贴了全息防伪商标。假冒伪劣商品，有的有假商标，有的没有商标。假商标标志中，有的用废次商标标志，有些用相似或相近商标标志，有些使用旧标志或自行制版印刷，普遍存在制作粗糙、比例不符、镶贴不齐、容易脱落、颜色不正、无凹凸感、标志歪斜、有磨损痕迹等现象。

2. 查看外包装的标记

名优商品在外包装上印有商品名称、生产批号、产品合格证、厂名、厂址、优质产品标志、认证标志等，限时使用的还注有出厂日期、失效时间、保质期、保存期等。假冒商品，上述标志往往残缺不全，或乱用标记，有的无厂名或使用假名。

3. 仔细查看商品包装的封口处

一般情况下，绝大部分名优商品采用机器包装，不论是箱装、盒装、袋装，均严格按装订线装订，封口处平整、笔直、松紧适度。不少伪劣商品采用手工包装，封口处往往不平整，有折皱及痕迹等。

4. 检查防伪标记

有些名优商品在商品或包装上的某些特定部位做有标志。近些年来许多名优商品的厂家，采用特殊材料与技术制作成一种能证明产品的真实身份，又不容他人假冒的防伪标记。常见的防伪标记有激光信息防伪、荧光材料、荧光纤维、水印纸、防伪油墨、双面对印、磁码、电码防伪等。

电码防伪是在每一件产品上设置一个密码，一般为 21 位码，无重复。消费者可通过电话、上网或其他能够连接到防伪网络的工具，输入产品密码就可以进行防伪核对，辨别产品真伪。由于密码由计算机随机生成，查询后即刻记录在案，仿冒者无法仿冒，而且相对来说成本较低，是当前最为实用和有效的防伪技术。

5. 注意商品的内在质量

假冒伪劣商品内在质量低劣。如假冒自行车电镀部件粗糙、发白、少光泽，烤漆遇水浸、火烤时会自行剥落；伪劣化妆品可使皮肤红肿、发炎，甚至造成永久性伤害。

6. 注意装潢

多数名优产品的装潢，图案清晰，形象逼真，色彩鲜艳和谐，做工精致，包装用料质量好。假冒商品的装潢、色彩暗淡陈旧，图案模糊，包装物粗制滥造。

7. 注意生产厂家和售货单位

以地名为商品名称的名优产品，生产厂家很多，但正宗名优产品只有一家。因此，必须认准厂名，以防假冒。

有些高档名优商品，主要在大商场或专卖店出售，因此在市场上购买此类商品时，要注意选择售货单位。

4.3.3.3 顾客满意度

随着科学技术的发展和人类社会的进步，商品质量已从符合标准发展到使顾客完全满意。顾客满意度测评的基本要素为：顾客预期质量、顾客感知质量、顾客感知价值、顾客满意程度、顾客保持率和顾客报怨率等。

顾客满意有三个前提，即顾客的预期质量、感知质量和感知价值。如果商品的感知质量超过顾客的预期质量，那么顾客感到有价值，从而达到顾客满意；如果商品的感知质量没有达到顾客的预期质量，那么顾客就不满意。顾客满意又与顾客抱怨和顾客忠诚有关，因此，顾客满意度客观地反映了商品质量满足消费者的程度。

商品的质量始于顾客需要，终于顾客的满意水平，谁最了解顾客的期望，及时掌握顾客的满意水平，谁的商品就会受到顾客欢迎。

4.3.4 流通领域的商品质量管理

商品质量管理已不局限在具体的商品质量上，而是建立起了企业质量保证体系，ISO 9000 系列就是质量管理和保证的国际标准。商品流通领域的质量管理主要表现在市场调研、采购、运输、储存、销售和售后服务等方面。

4.3.4.1 采购质量管理

采购质量管理的内容包括：建立商品进货管理制度，编制采购计划；选择合格的货源单位，并签订商品质量合同；建立商品验收、检验制度和商品检验机构，培训检验人员；对经销商品进行分类管理。

严格把好进货关，防止不合格品和假冒伪劣商品进入流通领域，是商业企业搞好商品质量管理的重要环节，也是流通质量管理的基础。

> **小思考**
>
> 采购质量管理与商品生产质量管理有哪些联系？

4.3.4.2 运输质量管理

运输质量管理的内容包括：制订科学的运输计划；选择合理的运输路线；确定适宜的运输条件和运输工具；建立商品交接验收制度；采用先进合理的运输方法；科学堆放，文明装卸等。保证运输质量是商品质量管理在流通领域的重要环节，商品运输质量管理要遵循"及时、准确、安全、经济"的原则。

4.3.4.3 市场调研质量管理

市场调研质量管理的内容主要包括：消费者需求调查，确定经营商品的质量要求、经营特色和经营管理费用。

市场调研能有效地减少企业经营活动中的盲目性，有助于企业科学地制订购销计划，组织适销对路的商品。同时，也可以为促进工业企业产品更新换代、结构调整、改进和提高商品质量提供可靠依据。

4.3.4.4 储存质量管理

商品储存质量管理应贯彻以防为主的原则，最大限度地减少商品在储存期间的质量变化和损失。

储存质量管理的内容包括：制订商品储存计划；建立商品出入库验收制度和仓库管理制度；选择适宜的储存条件和科学的储存养护方法；认真管理仓库温湿度，做好防霉、防锈、防污染工作；认真做好商品的在库检查，及时发现和处理商品质量问题；加快商品出库速度，提高经济效益等。

4.3.4.5 销售质量管理

销售质量直接影响着商业企业的信誉和消费者利益，也直接影响着商品质量。

销售质量管理的主要内容包括：编制商品销售计划；制定合格营业员的条件；确定适宜的销售环境；规定销售过程及其质量要求；培训营业员，提高服务质量等。

4.3.4.6 售后服务质量管理

售后服务质量管理的内容包括：制定和实行三包规定；送货上门；免费安装调试；免费培训，开展质量咨询服务和质量信息反馈等。

商业企业应提供直接或间接的售后服务，给消费者提供质量保证，并收集质量信息。

4.3.5 商品质量监督

商品质量监督是贯彻执行商品标准的手段，是保证和提高商品质量并取得经济效益的措施，也是标准化工作的重要组成部分。只有通过商品质量监督，才能及时反馈商品标准的执行情况，为制定、修订商品标准提供可靠的依据。

商品质量监督，是指国家指定的商品质量监督专门机构，按照国家的质量法规和正式商品质量标准的规定，对生产和流通领域的商品质量和质量保证体系进行的监督活动。

商品质量监督与商品质量管理不同。商品质量监督所要解决的问题，是企业生产经营的商品是否达到既定法规和标准的要求，并在此基础上对企业的质量保证工作实行监督；履行商品质量监督的职能部门，是由国家授权的法定机构，而不是普通的群众团体和民间组织；履行商品质量监督的依据，主要是国家的质量法规和批准发布的正式标准，并多属于强制性标准；商品质量监督是一个过程，它包括要求商品在符合标准的前提条件下所做出的连续性评价和促进改善的一系列工作。

实行商品质量监督可以贯彻实施质量法规和商品标准，维护消费者利益，保障人体健康和生命安全，提高商品竞争力，促进对外贸易的发展。

国家的质量监督，是指国家授权指定第三方专门机构，以公正立场对商品质量进行的监督检查。这种法定的质量监督，是以政府行政的形式，对可能危及人体健康和人身、财产安全的商品，影响国计民生的重要工业产品及用户、消费者组织反映有质量问题的商品，实行定期或经常的监督、抽查和检验，公开公布商品质量抽查检验结果，并根据国家有关法规及时处理质量问题，以维护社会经济生活正常秩序和保护消费者的合法权益。国家的商品质量监督，由国家质量技术监督部门进行规划和组织实施。

社会的质量监督，是指社会团体、组织和新闻机构根据消费者和用户对商品质量的反映，对流通领域的某些商品和市场商品质量进行监督检查。这种质量监督，是从市场一次抽样，委托第三方检验机构进行质量检验和评价，将检验结果特别是不合格商品的质量状况和生产企业名单予以公布，以造成强大的社会舆论压力，迫使企业改进质量，停止销售不合格商品，对消费者和用户承担质量责任，实行包修、包换、包退，并赔偿经济损失。中国质量管理协会用户委员会、中国消费者协会、中国质量万里行组织委员会等组织是社会质量监督的组织者和职权的行使者。

用户的质量监督，是指内外贸部门和使用单位为确保所购商品的质量而进行的质量监督。这种质量监督是内外贸部门和使用单位在购买大型成套设备和装置，以及采购生产企业生产的商品时，进驻承制单位和商品生产厂进行质量监督，发现问题有权通知企业改正或停止生产，及时把住质量关，以保证商品质量符合所规定的要求。这种质量监督包括用户自己派人或委托技术服务部门进驻承制单位实行质量监督，内外贸部门派驻厂人员进行质量监督，以及进货时进行验收检验。

总之，通过监督，有利于保护用户和消费者的合法权益。

项目小结

商品检验是商品质量保证工作的一项重要内容，商品检验的内容主要有商品质量检验、重量和数量检验、包装检验和安全、卫生检验等。商品检验的形式有破坏性检验和非破坏性检验；全数检验、抽样检验和免于检验；工厂签证、商业免检、商业批检、法定检验、公证检验和委托业务检验等。

商品检验大多数为抽样检验，商品抽样有百分比抽样、简单随机抽样和分层随机抽样三种。商品检验的方法有感官检验法和理化检验法两类。

商品质量评价是一项综合性工作，既要根据商品检验的结果进行商品质量的分等定级，依据质量标志确定商品质量所达到的水平和质量状态，又要根据市场和消费者需求来全面考察和识别商品质量。在商品相对繁多的今天，顾客满意度已成为全社会关注商品质量的焦点。

流通领域的商品质量管理包括市场调研、采购、运输、储存、销售和售后服务方面的质量管理。商品质量监督是国家依法保证商品质量的一种有效活动。

复习思考题

一、选择题

1. 国家强制性认证标志为"中国强制认证"，英文缩写为（   ）。
   A. BBB　　　　　　B. DDD　　　　　　C. GGG　　　　　　D. CCC
2. 狭义的商品检验即指商品（   ）的检验。
   A. 质量　　　　　　B. 数量　　　　　　C. 规格　　　　　　D. 价格
3. 商品检验按有无破坏性可分为破坏性检验和（   ）。
   A. 正常检验　　　　B. 非破坏性检验　　C. 抽查检验　　　　D. 普查检验
4. 生物检验法是食品类、药类和日常工业品商品质量检验常用的方法之一，包括生理学检验法和（   ）两种。
   A. 生理检验法　　　B. 技术检验法　　　C. 微生物学检验法　D. 病理检验法

二、简答题

1. 商品检验的内容有哪些？
2. 什么叫感官检验法？可分为哪几种？
3. 物理检验法有哪几种？
4. 流通领域的商品质量管理主要表现在哪几个方面？

三、实训题

1. 技能题

运用所学的知识，区分哪些是聚乙烯塑料袋，哪些是聚氯乙烯塑料袋？

2. 案例分析

桂格麦片公司的提价风险

桂格麦片公司是目前世界上最大的麦片公司。由于通货膨胀、原材料、添加剂价格以及雇员工资的上涨，使产品成本急速上升。桂格公司生产了一种称为"桂格麦片天然食品"的产品，这个新产品的几种配料，如杏仁、葡萄干和麦粉的价格因通货膨胀分别上涨了20%～30%。桂格公司这时有三种选择：一是提高麦片产品的销售价格；二是减少杏仁和葡萄干等配料的分量，以降低成本，从而维持销售价格不变；三是使用较便宜的代用品作配料，以降低成本，销售价格仍然不变。

问题：

（1）一般情况下，提价应注意什么？
（2）如果桂格公司选择提高麦片的产品价格，结果会怎样？
（3）桂格公司如果选择降低成本（即第二和第三种选择），会有什么风险？
（4）请你为桂格公司就新产品的定价出谋划策，提出可行性方案。

项目五

商品的储存与养护

知识目标
认识商品储存期间的质量变化。

技能目标
了解商品储存的一般形式和管理,掌握商品养护的技术方法。

能力目标
能够运用所学知识和方法对日常经营商品进行有效的养护。

课程导入案例

商品保管案例

农民刘勇进城卖竹席,住在向阳旅社。2017年9月天气转冷,张某提出将未售出的8捆竹席暂时存放,待来年再卖。旅社表示同意,并向张某收费150元。五个月后,张某来取竹席,发现竹席因靠水池太近大多受潮霉烂,即向旅社提出赔偿要求,但遭其拒绝。于是张某于2018年4月诉至法院,要求旅社赔偿损失。

旅社辩称,竹席交来8捆,还8捆,旅社即算尽了责任。旅社不开办竹席保管业务,让张某存放竹席纯属照顾性质。

思考题:

这是一起因商品保管不当引起的纠纷,你认为应该如何解决?

5.1 商品储存管理

5.1.1 商品的入库管理

商品存储

5.1.1.1 商品入库验收

商品的入库验收，主要是对商品数量、质量、单据、包装等的一次严格检查。商品入库验收的主要内容包括以下三方面。

1. 检验单货是否相符

商品入库时的验收，主要是检查数量和质量，检查入库单据上所列的产地、货号、品名、规格、数量、单价等，与商品原包装货标标签上所列各项内容是否一致，如有异常，不能入库。同时，要查明原因，及时采取措施，妥善处理。

2. 检查商品质量是否合格

商品入库时，有时还需检验商品的内在质量是否合格，有质量问题的商品暂不入货区。

商品验收时，除察看包装外部情况外，还要适当开箱拆包，察看内部商品是否有生霉、锈蚀、溶化、虫蛀、鼠咬现象等，同时还要测定商品的含水量是否正常、是否超过安全水分率等。

3. 检验包装是否符合要求

商品入库时，还要检查包装，如木箱、塑料袋、纸盒等是否符合要求，有无玷污、残破、拆开等现象，有无受潮水湿的痕迹，包装上的文字图案是否清楚等，如有问题，不能入库。

5.1.1.2 入库作业

1. 入库前的准备

（1）编制计划。入库前要根据企业物资供应业务部门提供的物资进货计划编制物品入库计划。物资进货计划主要内容包括各类物资的进货时间、品种、规格、数量等。

仓储部门应根据物资进货计划，结合仓库本身的储存能力、设备条件、劳动力情况和各种仓库业务操作过程所需要的时间，来确定仓库的入库业务计划。

（2）组织人力。按照物品到达的时间、地点、数量等预先作好到货接运、装卸搬运、检验、堆码等人力的组织安排。

（3）安排仓位。按照入库物品的品种、性能、数量、存放时间等，结合物品的堆码要求，维修、核算占用仓位的面积，以及进行必要的腾仓、清场、打扫、消毒、准备好验收场地等。

（4）准备物力。根据入库物品的种类、包装、数量等情况以及接运方式，确定搬运、检验、计量等方法，配备好所用车辆、检验器材、度量衡器和装卸、搬运、堆码的工具，以及必要的防护用品用具等。

2. 商品接运与卸货

根据到达商品的数量、理化性质及包装单位，合理安排好人力及装卸搬运设备，并安排好卸货站台空间。

商品接运是入库作业的重要环节，也是商品仓库直接与外部发生的经济联系。接运的主要任务是及时而准确地向交通运输部门提取入库商品，要求手续清楚，责任分明，避免将一些在运输过程中或运输前就已经损坏的商品带入仓库，为仓库验收工作创造有利条件。到达仓库的商品有一部分是由供应商直接运到仓库交货，其他商品则要经过铁路、公路、航运和空运等运输工具转运。凡经过交通运输部门转运的商品，均需经过仓库接运后，才能进行入库验收。

接运方式大致有以下三种：车站、码头提货；专用线接车；仓库自行接货及库内接货。接运应根据到达商品的数量、理化性质及包装单位，合理安排好人力及装卸搬运设备，并安排好卸货站台空间。

3. 分类及标示

为保证仓库的物流作业准确而迅速进行，在入库作业中必须对商品进行清楚有效的分类及编号。可以按商品的性质、存储地点、仓库分区情况对商品进行分类编号。

4. 商品验收

商品验收是按验收业务流程，核对凭证等规定的程序和手续，对入库商品进行数量和质量检验的经济技术活动的总称。商品验收，要根据有关单据和进货信息等凭证清点到货数量，确保入库商品数量准确，同时，又通过目测或借助检验仪器对商品质量和包装情况进行检查，并填写验收单据和其他验收凭证等验收记录。对查出的问题及时进行处理，以保证入库商品在数量及质量方面的准确性，避免给企业造成损失。

5. 查核进货信息

到货商品通常具备下列单据或相关信息：采购订单、采购进货通知单，供应商开具的出仓单、发票及发货明细表等。有些商品还随货附有商品质量书、材质证明书、合格证、装箱单等。对由承运企业转运的货物，接运时还需审核运单，核对货物与单据反映的信息是否相符。若有差错应填写记录，由送货人员或承运人签字证明，以便明确责任。

6. 办理入库手续

物品验收后，由保管或收货人根据验收结果，在物品入库单上签收。经过复核签收的多联入库单，除本单位留存外要退还货主一联作为存货的凭证。其具体手续包括以下三种。

（1）建立物品明细账。根据物品入库收单和有关凭证建立物品明细账目，并按照入库物品的类别、品名、规格、批次、单价、金额等，分别立账，并且还要标明物品存放的具体位置。

（2）填制物品的保管卡片，也可称为料卡。料卡是由负责该种物品保管的人填制的。这种方法有利于责任的明确。料卡的挂放位置要明显、牢固，便于物品进出时及时核对记录。

（3）建档。将物品入库全过程的有关资料证明进行整理、核对，建立资料档案，为物品保管、出库业务创造良好条件。

5.1.1.3　保管作业

1. 堆码

由于仓库一般实行按区分类的库位管理制度，因而仓库管理员应当按照物品的存储特性和入库单上指定的货区和库位进行综合的考虑和堆码，做到既能充分利用仓库的库位空间，又能满足物品保管的要求。第一，要尽量利用库位空间，较多采用立体储存的方式；第二，仓库通道与堆垛之间要保持适当的宽度和距离，以提高物品装卸的效率；第三，要根据物品的不同收发批量、包装外形、性质和盘点方法的要求,利用不同的堆码工具,采取不同的堆码形式。危险品和非危险品、性质相互抵触的物品应该分开堆码,不得混淆;第四,不要轻易地改变物品存储的位置,一般应按照先进先出的原则;第五,在库位不紧张的情况下,在堆码时应尽量避免造成覆盖和拥挤。

2. 养护

养护工作主要是以防为主,综合防治,仓库管理员应当经常或定期对仓储物品进行检查和养护,对于易变质或存储环境比较特殊的物品,应当经常进行检查和养护,检查工作的主要目的是尽早发现潜在的问题。

在仓库管理过程中,要保持仓库内外的环境卫生,根据需要保持仓内适当的温度、湿度,采取适当防护措施,预防破损、腐烂或失窃等,确保存储物品的安全。

3. 盘点

对于仓库中贵重的和易变质的物品,盘点的次数越多越好。其余的物品应当定期进行盘点(例如每年盘点一次或两次)。盘点时应当做好记录与仓库账务核对,如果出现问题,应当尽快查出原因,及时处理。

> **小思考**
>
> 有人说,商品入库和出库数量一致,没有丢失和被盗的现象发生,就说明商品保管任务完成了,这种说法正确吗?为什么?

5.1.2 商品的在库和出库管理

5.1.2.1 环境卫生管理

储存环境不卫生,往往会引起微生物、害虫和鼠类的滋生和繁殖,还会使商品被灰尘、油污、垃圾玷污,进而影响商品质量。因此,要经常对库内进行彻底清扫,库外要达到杂草、污水、垃圾三不留。必要时使用药剂消毒杀菌、杀虫灭鼠,以确保商品安全。

5.1.2.2 商品在库检查

储存商品要发生质量变化是需要一定时间的,不同商品由于性质不同,发生质量变化的时间也是不同的。

商品在库期间,要经常进行定期或不定期、定点和不定点的检查,检查时间和方法应根据商品的性能及其变化规律,结合季节、储存环境和时间等因素掌握。

有的商品会在一夜之间全部腐烂变质,有的商品则需要几个月甚至几年的时间才逐步锈蚀或老化,因而要根据不同商品、不同的保管条件,制定相应的抽查检验制度。

检查时,主要以眼看、耳听、鼻闻、手摸等感官检验为主,必要时可配合仪器进行检查,如发现问题,应立即分析原因,并采取补救措施,如翻堆倒垛、加工整理、施放药剂或采取晾晒、密封、通风、吸潮等方法,来改善保管条件,保证商品安全。

5.1.2.3 仓库温度、湿度管理

商品储存中所有的质量变化都与温度、湿度有关。商品储存期间,在各种外界影响因素中,以空气温度、湿度的影响最为主要。因此,必须根据商品的特性、质量变化规律及本地区气候情况与库内温度、湿度的关系,加强库内温度、湿度的管理,采取切实可行的措施,

创造适宜商品储存的温度、湿度条件。

空气温度表示空气的冷热程度，常用符号"t"或"T"来表示。常见的温标有摄氏温标、华氏温标和绝对温标，它们的表示符号为"℃""F""K"。

空气湿度指空气中水蒸气含量的多少或大气的干湿程度。表示湿度大小的方法有水汽压、绝对湿度、饱和温度、相对湿度等。

绝对湿度是指每一立方米空气中所含的水蒸气克数。

饱和湿度是指在一定温度条件下，每立方米空气中最大限度所能容纳的水蒸气量。空气的饱和湿度随温度的升高而加大，随温度的降低而减少。

相对湿度是每立方米水蒸气含量与同温度同体积的空气饱和水蒸气含量之比，说明了空气中的水汽距离饱和水汽量的程度。其表达式为

$$相对湿度（r）= \frac{实际水汽压（e）}{饱和水汽压（E）} \times 100\% = \frac{绝对湿度}{饱和湿度} \times 100\%$$

仓库温、湿度的测定，一般采用干湿球温湿度计。现在采用指针式温湿度计的为多。

小思考

相对湿度是90%说明空气很干燥，这种说法对吗？为什么？

控制和调节仓库温、湿度的措施主要有密封、通风及吸湿加湿、提温降湿等。

（1）密封就是利用密封材料，对库房或商品严密封闭，从而消除外界环境不良因素的影响，保证商品安全储存的方法。

密封的形式有多种，如整库密封、货垛密封、货架密封和按件密封等。密封不仅能防潮、防热、防干裂、防溶化，还能收到防霉、防蛀、防老化等多方面的效果。密封是仓库温、湿度管理的基础工作，没有密封措施，就无法运用通风、吸湿等方法调节库内的温度、湿度。

（2）通风是利用空气自然流动规律或借助机械形成的空气定向流动，有目的地使仓库的内外空气部分或全部地交流，从而调节库内温湿度的方法。

通风应根据各种商品的性能和对温度、湿度的不同要求来进行。通风时应尽可能同时达到降低库内温度、湿度的目的。

（3）若库内相对湿度超过储存商品的安全范围，而库外气候又不具备通风条件时，可在密封库内用吸湿剂或空气去湿机来吸收空气中的水分，降低库内相对湿度。

常用的吸湿剂有生石灰、氯化钙和硅胶。氯化钙又有无水氯化钙和工业氯化钙之分，每千克的吸水量分别为1~1.2千克和0.7~0.8千克；硅胶每千克吸水量为0.4~0.5千克。氯化钙吸潮后会溶化，有较强的腐蚀性，使用时应注意商品安全；硅胶吸潮后仍为固体，不污染，也没有腐蚀性，而且烘干后可继续使用。若库内相对湿度过低，而库外相对湿度也不高，对于易干缩、脆裂的商品来说，应采用喷蒸汽、直接喷水等加湿措施，使库内相对湿度增加。在库内绝对温度变化不大的情况下，利用空气温度与湿度之间的关系，适当提高库内温度，以扩大空气的饱和湿度量，也能达到降低相对湿度的目的。

5.1.2.4 出库作业

（1）出库前的准备。物资出库前的准备工作分为两方面：一方面是计划工作，就是根据需货方提出的出库计划或要求，事先做好物资出库的安排，包括货场货位、机械搬运设

备、工具和作业人员等的计划、组织；另一方面要做好出库物资的包装和涂写标志工作。出库商品从办理托运到出库的付运过程中，需要安排一定的仓库或站台等理货场所，需要调配必要的装卸机具。提前集中付运的物品，应按物品运输流向分堆，以便于运输人员提货发运，及时装载物品，加快发货速度。由于出库作业比较细致复杂、工作量也大，所以事先要对出库作业合理加以组织，安排好作业人力，保证各个环节的紧密衔接。

（2）核对出库凭证。仓库接到出库凭证后，由业务部门审核证件上的印鉴是否齐全相符，有无涂改。然后，按照出库单证上所列的物资品名规格、数量与仓库料账再做全面核对。审核无误后，在料账上填写预拨数后，将出库凭证移交给仓库保管人员。保管员复核料卡无误后，即可做物资出库的准备工作，包括准备随货出库的物资技术证件、合格证、使用说明书、质量检验证书等。

（3）备料出库。仓库接到提货通知时，应及时进行备货工作，以保证提货人可以按时完整提取货物。物资保管人员按照出库凭证上的品名、规格查对实物保管卡，注意规格、批次和数量，规定有发货批次的，按规定批次发货，未规定批次的，按先进先出、推陈出新等原则，确定应发货的垛位。

（4）复核。货物备好后，为了避免和防止备料过程中可能出现的差错，应再做一次全面的复核查对。

（5）出库交接。备料出库物资，经过全面复核查对无误之后，即可办理清点交接手续。如果是用户自提方式，即将物资和证件向提货人当面点清，办理交接手续。如果是代运方式，则应办理内部交接手续，即由物资保管人员向运输人员或包装部门的人员点清交接，由接收人签章，以划清责任。

（6）销账存档。物资点交清楚、出库发运之后，该物资的仓库保管业务即告结束，物资仓库保管人员应做好清理工作，及时注销账目、料卡，调整货位上的吊牌，以保持物资的账、卡、物一致，将已空出的货位标注在货位图上，及时、准确地反映物资进出、存取的动态。

5.2 商品在储存期间的质量变化

不同的商品，在储存期间的变化是不同的，商品储存期间发生质量变化的内因是商品的成分、结构及性质，外因是大气的温度、湿度、日光、氧气、微生物、虫鼠等。商品通常发生的质量变化有霉变、虫蛀、锈蚀、老化、溶化、干裂、褪色、挥发、呼吸、后熟、僵直、成熟和自溶等。其中霉变、虫蛀、鼠咬、锈蚀、老化、呼吸和后熟是商品储存中最易发生的质量变化。

5.2.1 货物霉变的防治

5.2.1.1 化学药剂防霉

防霉变最主要方法是使用防霉腐剂。其基本原理是使微生物菌体蛋白凝固、沉淀、变性，或破坏酶系统使酶失去活性，而影响细胞呼吸和代谢；或改变细胞膜的通透性，使细胞破裂体。防霉腐剂低浓度能抑制微生物生长，高浓度就会使其死亡。有实际应用价值的防霉腐剂具有低毒、广谱、高效、使用方便和价格低廉等特点。低毒—是安全性的条件；广谱—

才能有较强的适应性；高效——用量才能减少，提高使用方便性，降低成本和避免改变商品理化性能；长效——才能确保商品长时间储存使用。防霉腐剂的使用方法主要有以下五种。

（1）加法。将一定比例的药剂直接加入到材料或制品中去，如食品、化妆品等。
（2）渍法。将制品在一定温度和一定浓度的防霉剂溶液中浸渍一定时间后晾干。
（3）涂抹法。将一定浓度的防霉剂溶液用刷子等工具涂抹在制品表面。
（4）喷雾法。将一定浓度的防霉剂溶液用喷雾器均匀地喷洒在材料或制品表面。
（5）熏蒸法。将挥发性防霉剂（如硝基本甲醛、环氧乙烷的粉末或片剂）置于密封包装内，通过防腐剂的挥发成分防止货物的霉变。

5.2.1.2　气相防霉变

这是化学药品防霉腐方法之一。就是使用具有挥发性的防霉防腐剂，利用其挥发生成的气体，直接与霉腐微生物接触，杀死或抑制霉腐微生物的生长，以达到防霉腐的目的。有的在生产中将防霉腐剂直接加到货物上，对其外观与质量没有不良影响。为了提高防霉腐的效果，一般是在密封条件下进行，常用的气相防霉腐剂有多聚甲醛和环氧乙烷。

5.2.1.3　气调防霉腐

这是生态防霉腐的形式之一。霉腐微生物与生物性货物的呼吸代谢都离不开空气、水分、温度这三个因素。只要有效地控制其中一个因素，就能达到防止商品发生霉腐的目的，如只要控制和调节空气中氧的浓度，人为地造成一个低氧环境，使霉腐微生物生长繁殖受到抑制。气调防霉腐要在密封条件下，通过改变空气组成成分，以降低氧的浓度，造成低氧环境，来抑制腐微生物的生命活动与生物性货物的呼吸强度，从而达到防霉腐的效果。

5.2.1.4　低温冷藏防霉腐

低温冷藏防霉腐是通过控制和调节仓库内及货物本身的温度，使其低于霉腐微生物生长繁殖的最低界限，抑制酶的活性。一方面抑制生物性商品的呼吸、氧化过程，使其自身分解受阻；另一方面抑制霉腐微生物的代谢与生长繁殖，来达到防霉腐的目的。

低温冷藏防霉腐所需的温度与时间，应以具体货物而定，一般温度越低，持续时间越长，霉腐微生物的死亡率越高。冷藏是适于含水量大、不耐冰冻的易腐商品，短时间的在0℃左右的冷却储藏，如蔬菜、水果、鲜蛋、乳品、鲜肉的冷却防腐保鲜。具体方法可用自然冰或人造冰来降温储藏食品，也可在专用仓库中安装制冷设备建立冷库。

5.2.1.5　干燥防霉腐

干燥防霉腐是生态防霉腐方法之一，它是通过减少仓库环境中的水分和货物本身的水分，使霉腐微生物得不到生长繁殖所需水分而达到防霉腐。目前主要采用吸潮防潮和通风、晾晒降水等方法，条件允许的企业也可以采用烘干、微波烘干等方法。

5.2.1.6　其他方法

防霉腐的其他方法还包括利用紫外线、微波、红外线、辐射等。在实际工作中，还应加强对库存货物的管理：

（1）加强入库验收。易霉货物入库，首先应检验其包装是否潮湿，货物的含水量是否超过安全水分。易霉货物在保管期间应特别注意检查，加强保护。
（2）加强仓库温湿度管理。要根据货物的不同性能，正确运用密封、吸潮及通风相结合的方法，管好库内温湿度，特别在梅雨季节，要将相对湿度控制在不适宜于霉菌生长的范围内。

（3）选择合理的储存场所。易霉货物应尽量安排在空气流通、光线较强、比较干燥的库房，并应避免与含水量大的货物同储在一起。

（4）合理堆放货物。对储存保管的货物要合理堆码，下垫隔潮板。商品堆垛不应靠墙或靠柱。

（5）对货物进行密封处理。

（6）做好日常的仓库清洁卫生。

> **小思考**
>
> 食品霉变是由什么引起的？

5.2.2 虫害、鼠害的防治

5.2.2.1 仓库一般虫害的防治

仓库虫害不仅种类繁多，而且分布相当广泛，世界上已定名的有 500 多种，在我国发现有近 200 种，在仓储部门已发现，严重危害货物的达 30 多种。

储运中害虫的防治工作应贯彻"以防为主，防治结合"的方法。对某些易生虫的商品和原材料，必须积极地向厂方提出建议和要求，在生产过程中，对原材料采取杀虫措施，如竹、木、藤原料，可采取沸水烫煮、汽蒸、火烤等方法杀灭隐藏的害虫。对某些易遭虫蛀的商品，在其包装或货架内投入驱避药剂，如天然樟脑或合成樟脑等。此外，储运中害虫的防治还常采用化学、物理、生理等方法，杀灭害虫或使其不育，以维护储运商品的质量。

虫害的防治工作有以下五个方面：

1. 做好环境卫生

虫害的防治工作主要应杜绝虫源，杜绝害虫生长繁殖的环境。为此，要做好库内外环境卫生，特别注意害虫喜藏匿和过冬之处，定期做好消毒工作。对储存易生虫货物的库房，在害虫繁殖期之前，可使用磷化铝、溴甲烷、硫酸氟等进行一次熏蒸。

2. 药物防治

（1）驱避剂：是利用易挥发并具有特殊气味和毒性的固体药物，使挥发出来的气体在货物周围经常保持一定的浓度，从而起到驱避毒杀仓库害虫的作用。常用驱避剂药物有精萘、对二氯化苯、樟脑精等。把它们放在严密的包装内防虫，适用于毛、麻、丝、棉织品、皮毛、皮革制品以及竹木制品等。

（2）熏蒸剂：对于已经生虫的货物可用熏蒸剂杀虫，常用的熏蒸剂有溴甲烷、磷化铝等。

（3）气调充氮或二氧化碳：仓库害虫在缺氧条件下或在高浓度氮及二氧化碳中均不能生长繁殖。应定期检测氧浓度，宜控制在 1% 以下。

（4）其他方法防治虫害，主要包括利用紫外线、微波、辐射、高温、低温、缺氧等。

3. 化学杀虫法

化学杀虫法是利用化学药剂来防治害虫的方法。在实施时，应考虑害虫、药剂和环境三者之间的关系。例如，针对害虫的生活习性，要选择在其抵抗力最弱的虫期施药，药剂应低毒、高效和低残毒，且对环境无污染。在环境温度较高时施药，可获得满意的杀虫效果。化学杀虫按其作用于害虫的方式，主要有熏蒸法、触杀杀虫和胃毒杀虫三种。

4. 物理杀虫法

物理杀虫法是利用各种物理因素，如热、光、射线等破坏储运商品上的害虫的生理活动和机体结构，使其不能生存或繁殖的方法，主要有高、低温杀虫法，射线杀虫与射线不育法，远红外线与微波杀虫法和充氮降氧杀虫法等。

5. 生物防治法

利用害虫的天敌（寄生物、捕食者、病原微生物）来防治害虫，以及利用昆虫的性引诱剂来诱集害虫或干扰成虫的交配繁殖等，都属于生物防治方法。

生物农药既杀虫又环保。生物农药主要指自然界存在的对农作物病虫害具有抑制作用的各种具有生物活性的天然物质，包括对这些活性物质进行开发所获得的、对环境安全友好、不易产生抗药性的生物制品，以及各种抑制病虫害的真菌、细菌、病毒等病原微生物。

生物农药最大的特点是以生物群治生物群。最初人们主要依靠"天敌"减少有害生物群密度。近年来，随着"天敌"对害虫致病、寄生的研究进展，已能通过提取这些发挥作用的物质，制成生物农药来防治病虫害，或是使"天敌"能够在体内合成致毒等物质，用做生物农药来防治病虫害。随着最新分子生物学手段的应用，转基因生物农药新品种不断涌现，向更安全和更环保的方向发展，而且产品更新换代速度也在加快。利用生物农药的思路和转基因技术，能够生产出杀虫广、毒性强的微生物菌株，扩大了防治对象，增强了防治效果，只要把其喷洒在害虫上便可达到"以菌治虫"的目的。

使用生物农药杀虫已成为更有效、无化学品污染的防治病虫害新理念。虽然目前生物农药生产成本稍高于化学农药，但它减少了农药用量，又节约了成本，而且还保护环境，值得进一步开发和推广。

5.2.2.2 鼠害的防治

鼠的种类很多，繁殖能力很强，性格机警狡猾，喜欢藏在阴暗隐蔽处，多在夜间活动，每天活动有规律性和一定的活动范围，食性广杂，但对新出现食物不轻易取食，经过一定时间观察后才做试探性取食，发现食物不适应时，立即避食。

防鼠方法主要是断绝食物来源，拆除库内外一切可为鼠类隐蔽的场所，经常做好库内外环境卫生，使鼠类没有栖身和取食之处。储存易受鼠害的商品的库房通风孔应安装铁丝网，库门窗要严格密闭，不能留有可供鼠类出入的缝隙，库门要安装至少高 5 cm 的挡鼠板，发现库内有鼠洞或墙壁、地面有缝隙，应立即用石块、水泥堵严，并要定期检查鼠害情况和密度。

防鼠与灭鼠要针对鼠类的特性和危害规律，采取防治与突击围剿相结合的方法，要揭其巢穴，断其来路，消其疑忌，投其所好，进行诱捕。防鼠的主要方法是保持库房内外清洁卫生，清除垃圾，及时处理堆积包装物料及杂乱物品，不给鼠类造成藏身的活动场所。灭鼠有多种方法，一般有机械捕杀、毒饵诱杀、生物法、驱除法等。

5.2.3 锈蚀和老化

5.2.3.1 锈蚀

金属商品与周围环境（主要是空气）发生化学反应或电化反应所引起的破坏现象，即为金属锈蚀。由于金属所处环境的差异，所引起的化学反应也不相同，主要有化学锈蚀和电化学锈蚀。

在干燥的环境中或无电解质存在的条件下，金属制品遇到空气中的氧而引起氧化反应，叫化学锈蚀。化学锈蚀的结果是在其表面形成一层薄薄的氧化膜，可使金属表面变暗。有些金属氧化膜，对金属还能起保护作用，如铝制品表面的氧化膜。

环境因素中最主要的是湿度、温度和氧，同时还与金属表面附着的尘埃、污物和空气中的二氧化碳、二氧化硫等气体有关。在潮湿的环境中，金属制品表面通过表面吸附毛细管凝聚，特别是结露作用，水蒸气可在金属表面形成水膜，水膜溶解表面的水溶性黏附物或沉淀物（多为盐类）和空气中的二氧化碳、二氧化硫等可溶性气体，最终成为一种具有导电性的电解液。金属制品接触这种电解液后，电位较低的金属成分成为负极（阳极），电位较高的杂质或其他金属成分成为正极（阴极），从而引起电化学反应，反应中金属以离子形式不断进入电解液而被溶解，这种锈蚀称为电化学锈蚀。电化学锈蚀的结果是使金属制品表面出现凹陷、斑点等现象，然后使被破坏掉的金属转变成金属氧化物或氢氧化物而附于金属表面，最后或快或慢地往里深入，最终成片往下脱落。锈蚀严重的，使商品内部结构松弛，机械强度降低，甚至完全失去使用价值。所以，电化学锈蚀是金属商品的主要破坏形式。电化学腐蚀取决于金属电位的高低，电位越低的金属越容易发生腐蚀。

5.2.3.2 老化

老化指某些以高分子化合物为主要成分的商品，如橡胶制品、塑料制品及纤维织品等，受日光、热和空气中氧等环境因素作用而失去原有优良性能，以致最后丧失其使用价值的化学变化。上述商品的老化变质，主要是高分子化合物在光、热等因素作用下，引起大分子链断裂、高聚物分子量下降，或者引起分子链相互联结，形成三维网状或体型结构。前者称为降解反应，使高分子材料变软、发黏、机械强度降低；后者称为交联反应，使高分子材料变硬、发脆、丧失弹性。

5.2.3.3 创造良好的储存环境条件

1. 认真选择储存场所

露天货场要尽可能远离工厂区，特别要远离化工厂；地势要高，不积水，要干燥通风；垛底垫高 30~40 cm。仓库要通风、干燥、门窗严密，易于控制和调节库内温湿度。

2. 保持库房和货场干燥

其相对湿度应该在临界湿度（是指金属商品处在某一相对湿度以下时，即使长期放置于大气中也几乎不生锈，一旦超过这一相对湿度，其锈蚀速度会突然增加，这一相对湿度称为锈蚀的临界相对湿度）以下。要建立气象报告制度，利用自然气候和机械通风，或安放干燥剂，来调节控制温湿度。搞好排水系统，用煤渣或石块末垫平地层，增加透水性。

3. 保持库内外清洁卫生

保持库内外清洁，清除堆垛周围杂草，不使材料受到污染和附着尘土。

4. 认真选择储存条件

对需要进库存放的材料必须入库，可存放在露天的材料，应根据保管要求，妥善堆垛，采取苫盖维护。金属不得与酸、碱、盐类以及气体、粉末等货物混存，做到分类设点，分批存放，间隔明显，防止发生接触腐蚀。

5.3 商品的养护措施

5.3.1 防霉腐方法

商品的成分结构和环境因素，是霉腐微生物生长繁殖的营养来源和生活的环境条件。因此，商品的防霉腐工作必须根据微生物的生理特性，采取适宜的措施进行防治。首先立足于改善商品组成、结构和储运的环境条件，使它不利于微生物的生理活动，从而达到抑制或杀灭微生物的目的。

5.3.1.1 药剂防霉腐

药剂防霉腐是利用化学药剂使霉腐微生物的细胞和新陈代谢活动受到破坏或抑制，进而达到杀菌或抑菌、防止商品霉腐的目的。药剂防霉腐要和生产部门密切配合。在生产过程中就把防霉剂、防腐剂加到商品中，这样既方便又可收到良好的防霉腐效果。此外，对批量小的易霉腐的工业品商品如皮革制品等，也可在储运时把防霉腐药剂加到商品表面。例如，用于工业品防霉腐的药剂有三氯酚钠、水杨酰苯胺、多菌灵及洁尔灭、福尔马林等，它们常用于纺织品、鞋帽、皮革、纸张、竹木制品及纱线等商品的防霉腐；用于食品的防霉腐药剂有苯甲酸及其钠盐、山梨酸及其钾盐等，常用于汽酒、汽水、面酱、蜜饯、山楂糕、果味露、罐头等食品的防霉腐。防霉腐药剂的选用，应遵循低毒、高效、无副作用、价格低廉等原则，而且在使用时还必须考虑对使用人员的身体健康无不良影响和对环境不造成污染等因素。

5.3.1.2 气相防霉腐

气相防霉腐是通过药剂挥发出来的气体渗透到商品中，杀死霉菌或抑制其生长和繁殖的方法。这种方法效果较好，应用面广。常用的气相防霉剂有环氧乙烯、甲醛和多聚甲醛等，主要用于皮革制品等日用工业品的防霉。应注意的是，气相防霉剂应与密封仓库、大型塑料膜罩或其他密封包装配合使用，才能获得理想效果。另外，使用中要注意安全，严防毒气对人体的伤害。

5.3.1.3 气调防霉腐

气调防霉腐是根据好氧性微生物需氧化代谢的特性，通过调节密封环境（如气调库、商品包装等）中气体的组成成分，降低氧气浓度，来抑制霉腐微生物的生理活动、酶的活性和鲜活食品的呼吸强度，达到防霉腐和保鲜目的的一种方法。

气调防霉腐有两种方法：一种是靠鲜活食品本身的呼吸作用释放出的二氧化碳来降低塑料薄膜罩内的氧气含量，从而起到气调作用，叫自发气调；另一种是将塑料薄膜罩内的空气抽至一定的真空度（8.0×10^3 Pa～2.1×10^4 Pa），然后再充入氮气或二氧化碳气，从而起到气调作用，叫机械气调。据研究，塑料薄膜罩内的二氧化碳含量达到50%时，对霉腐微生物就有强烈的抑制和杀灭作用。气调还需要有适当低温条件的配合，才能较长时间地保持鲜活食品的新鲜度。气调防霉腐可用于水果、蔬菜的保鲜，近年来也开始用于粮食、油料、肉及肉制品、鱼类、鲜蛋和茶叶等多种食品的保鲜。

5.3.1.4 低温防霉腐

含水量大的商品尤其是生鲜食品，如鲜肉、鲜鱼、鲜蛋、水果和蔬菜等，多利用低温抑制霉腐微生物繁殖和酶的活性，以达到防霉、防腐的目的。按降低温度的范围，分为冷却和冷冻两种。冷却法又称冷藏法，其温度控制在0℃~10℃，此时商品并不结冰。此法适用于不耐冰冻的商品，尤其是水分含量大的生鲜食品和短期储存的食品。冷冻法其温度经过两个阶段的控制，先经过速冻阶段，即在短时间内将温度降到-25℃~-30℃，当商品深层温度达到-10℃时，再移至-18℃左右的温度下存放。此法适用于长期存放或远距离运输的生鲜动物性食品。

5.3.1.5 干燥防霉腐

干燥防霉腐是通过各种措施降低商品的含水量，使其水分含量在安全储运水分之下，抑制霉腐微生物的生命活动。这种方法可较长时间地保持商品质量，且商品成分的化学变化也较小。干燥防霉腐有自然干燥法和人工干燥法两种。自然干燥法是利用自然界的能量，如日晒、风吹、阴凉等，使商品干燥的方法。该法经济方便，广泛应用于原粮、干果、干菜、水产海味干制品和某些粉类制品。人工干燥法是在人工控制环境条件下对商品进行脱水干燥的方法。比较常用的方法有热风干燥、喷雾干燥、真空干燥、冷冻干燥及远红外和微波干燥等。该法因要用一定的设备、技术，故费用较高，耗能也较大，在应用上受到一定的限制。

5.3.1.6 辐射防霉腐

辐射防霉腐是利用放射性同位素（钴-60或铯-137）产生的γ射线辐射状照射商品的方法。γ射线是一种波长极短的电磁波，能穿透数米厚的固体物，能杀死商品上的微生物和害虫，抑制蔬菜、水果的发芽或后熟，而对商品本身的营养价值并无明显影响。针对不同商品的特性和各种储存目的，辐射防霉腐有低剂量、中剂量和大剂量辐照三种类型。

对于已发生霉腐的商品，为避免进一步变化造成更大的损失，应及时采取措施救治。霉腐商品的救治方法很多，常用的方法有晾晒、烘烤、熏蒸、机械除霉及加热灭菌等，使用时应根据实际情况合理选择。

5.3.2 防锈蚀与老化的方法

金属商品的电化学锈蚀是造成商品损失的重要因素之一，所以做好金属商品的防锈蚀工作非常重要，也是仓储过程中商品养护的一项重要任务。金属商品的电化学锈蚀除内在因素如金属及其制品本身的组成成分、电位高低、表面状况外，还主要决定于金属表面电解液膜的存在。因此，在防止金属商品电化学锈蚀的方法中，相当多的方法是围绕防止金属表面生成水膜而进行的。在生产部门，为了提高金属的耐腐蚀性能，最常采用的方法是在金属表面涂盖防护层，如喷漆、搪瓷涂层、电镀等，把金属与促使金属锈蚀的外界条件隔离开来，从而达到防锈蚀的目的。在仓储过程中使用的主要防锈蚀方法是改善仓储条件、涂油防锈、气相防锈和可剥性塑料封存等。

5.3.2.1 涂油防锈

涂油防锈是流通中常用的一种简便有效的防腐方法。它是在金属表面涂覆一层油脂薄膜，在一定程度上使大气中的氧、水分以及其他有害气体与金属表面隔离，从而达到防止或减缓金属制品生锈的方法。此法属于短期的防锈法，随着时间的推移，防锈油会逐渐消耗，或由于防锈油的变质，而使金属商品又有重新生锈的危险。根据防锈油形成膜的性质，可分为软膏防锈油、硬膜防锈油、油膜防锈油三类。除防锈油外，凡士林、黄蜡油、机油等也可做防锈油脂。

5.3.2.2 气相防锈

气相防锈是利用挥发性气相防锈剂在金属制品周围挥发出缓蚀气体，来阻隔空气中的氧、水分等有害因素的腐蚀作用，以达到防锈目的的一种方法。这是一种较新的防锈方法，具有使用方便、封存期较长、使用范围广泛的特点。它适用于结构复杂，不易为其他防锈涂层所保护的金属制品的防锈。常用的气相防锈剂有亚硝酸二环己胺、肉桂酸二环己胺、肉桂酸、福尔马林等。

5.3.2.3 可剥性塑料封存

可剥性塑料是用高分子合成树脂为基础原料，加入矿物油、增塑剂、防锈剂、稳定剂以及防腐剂等，加热溶解后制成的。这种塑料液喷涂于金属制品表面，能形成可以剥落的一层特殊的塑料薄膜，像给金属制品穿上一件密不透风的外衣，它有阻隔腐蚀介质对金属制品的作用，可以达到防锈的目的。可剥性塑料中，常用的树脂有乙基纤维素、醋酸丁酸纤维素、聚氯乙烯树脂、过氧乙烯树脂和改性酚醛树脂等。

5.3.2.4 防老化方法

防老化是根据高分子材料性能的变化规律，采取各种有效措施以减缓其老化的速度，达到提高材料的抗老化性能，延长其使用寿命的目的。高分子商品的老化有其内因和外因，所以防老化应从两方面着手。

1. 提高商品本身的抗老化作用

高分子材料防老化，首先应提高高分子材料本身对外界因素作用的抵抗能力。例如，通过改变分子构型，减少不稳定结构，或除去杂质，可提高高分子材料本身对外界因素作用的抵抗能力。还可以在加工生产中，用添加防老剂（抗氧剂、热稳定剂、光稳定剂、紫外线吸收剂等）的方法来抑制光、热、氧等外界因素的作用，提高其耐老化性能。此外，还可以在高分子材料商品的外表涂以漆、胶、塑料、油等保护层，有显著的防老化作用。如塑料商品可用某些塑料粉末在其表面涂一层薄膜，可提高耐磨、耐热和耐气候等性能。

在上述防老化方法中，其中添加防老化剂是常用而又有效的一种方法。防老化剂是一种提高高分子材料和制品的热加工性能和储运、使用寿命的化学物质，其添加量很小，但能使材料和成品的耐老化性能提高数倍乃至数千倍。

2. 控制储运中引起老化的因素

这主要是指根据高分子材料的质量变化规律，控制温度，妥善包装，合理堆码，防止阳光直接照射，加强入库验收与检查等。

> **阅读材料**
>
> ## 化妆品的保管
>
> （1）防晒。强烈的紫外线有一定的穿透力，容易破坏色素，因此，化妆品应避光保管。
>
> （2）防潮。潮湿的环境易于微生物的繁殖，使化妆品变质，因此，化妆品应放在通风干燥处保管，相对湿度不超过80%为宜。
>
> （3）防冻。温度过低会使化妆品中的水分结冰，乳化体遭到破坏，从而失去化妆品的效用，还会对皮肤产生刺激。化妆品存放的适宜温度是5℃~30℃。
>
> （4）合理摆放。化妆品应放在清洁卫生的地方，搬运时轻拿轻放，堆码不宜过高或挤

压，防止化妆品受到污染。

（5）化妆品储存期限一般不宜超过一年，要先进先出。

项目小结

商品储存指商品尚未进入消费领域之前，为实现销售目的所出现的暂时停滞。商品储存管理包括商品的入库、在库和出库管理，入库管理主要有商品的入库验收、分区分类管理和妥善堆码，在库管理最为重要的是仓库温、湿度的控制和调节，出库管理必须贯彻"三先出"和"三不出"的原则。

商品在储存期间的质量变化多种多样，最常见的质量变化是霉变、锈蚀、虫蛀、老化、呼吸和后熟等。这些变化既与商品的成分、结构及性质有关，也是外界温湿度、氧气、微生物等综合作用的结果，掌握商品储存期间的质量变化规律，就能进行合理的商品养护。

为了保证商品安全储存，保持商品质量，除做好商品的储存管理工作外，还必须掌握防霉腐、防虫害鼠咬、防锈蚀和防老化的养护技术与方法。

复习思考题

一、选择题

1. 金属商品与周围环境（主要是空气）发生化学反应或电化反应所引起的破坏现象叫（　　）。
   A. 化学反应　　　　B. 物理反应　　　　C. 化学现象　　　　D. 金属锈蚀
2. 在一定温度条件下，每立方米空气中最大限度所能容纳的水蒸气量叫（　　）。
   A. 水汽湿度　　　　B. 绝对湿度　　　　C. 饱和湿度　　　　D. 相对湿度
3. 常用来表示空气潮湿程度的是（　　）。
   A. 绝对湿度　　　　B. 相对湿度　　　　C. 蒸汽压　　　　　D. 饱和湿度
4. 每一立方米空气中所含的水蒸气克数叫（　　）。
   A. 绝对湿度　　　　B. 饱和湿度　　　　C. 相对湿度　　　　D. 水汽

二、简答题

1. 商品入库验收的主要内容有哪些？
2. 入库前的准备工作有哪些？
3. 商品养护的防霉腐方法有哪些？
4. 虫害、鼠害的防治工作有哪几个方面？

三、实训题

1. 技能题

到粮食仓库进行调查了解，仓库的温湿度变化对粮食的保管有哪些影响？

2. 案例分析

粮食仓库以"无虫害、无变质、无鼠雀、无事故"作为保管好粮食的标志，实现了上述"四无"，说明保管工作做得好，若没有实现上述"四无"，就说明保管工作做得不够好。

问题：

粮食仓库在入库和保管过程中应采取哪些措施，确保储存的粮食实现"无虫害、无变质、无鼠雀、无事故"？

项目六

食品商品

知识目标

认识食品知识对工作和生活的重要意义，了解食品概念和营养卫生及储藏知识，合理膳食。

技能目标

掌握常见食品的品种、品质特征，感官审评。

能力目标

能运用所学知识和方法对日常经营的食品进行质量评价、储藏管理和咨询服务。

课程导入案例

食品类需要索取的文件、证件

食品类必须索取的法规文件：

厂家营业执照、厂家卫生许可证、县级以上卫生防疫站出具的卫生评价报告单和卫生检测报告书。进口食品则需要出入境检验检疫部门出具的合格、有效、一一对应的检验放行单。

食品类必须具备的中文标识内容：

食品名称；配料表、净含量和固形物含量；制造者、经销者名称和地址；生产日期、保质期或保存期；储藏指南；质量（品质）等级；产品标准号；特殊标准内容；条码（自带码或店内码）。进口食品必须在包装上粘贴进口食品卫生监督检验标志。特殊食品如母乳代用品要求产品包装标签上，应用醒目的文字标有说明母乳喂养优越性的警句，不得印有婴儿图片，不得使用"人乳化""母乳化"或类似的名词。

问题：食品类商品是最具特色的商品。它的品种繁多，化学成分复杂，质量要求高，与人民生活关系最密切，索取食品类商品的文件、证件有哪些作用。

6.1 食品营养卫生

食品是指供人食用或饮用的成品和原料，以及按照传统既是食品，又是药品的物品，但不包括以治疗为目的的物品。

食品的使用价值，是给人体提供营养，或满足人们的某种食品嗜好。

6.1.1 食品的分类、营养与卫生

6.1.1.1 食品的分类

人类为了维持正常的生命活动，保证生长发育和从事生产活动，必须不断地摄取一定量的食物。这些食物中的成分在肌体内消化并通过一系列新陈代谢，使肌体获取营养，这是人体健康的物质保证。

食品商品

食品类商品是最具特色的商品。它的品种繁多，化学成分复杂，质量要求高，与人民生活关系最密切。国家标准中将食品分为原料食品和加工食品两大类。

原料食品由农、林、牧、渔业提供，加工食品由食品工业提供。该标准还分别对两大类食品进行了具体详尽的分类并给出了8位数的编码。企业经营活动中，对食品的分类还有一些习惯上的其他分类方法，主要有以下几种。

根据食品的来源，可分为植物性食品、动物性食品和矿物性食品。

根据食品在膳食中的比重，可以分为主食和副食。

根据食品的营养价值，可以分为谷物食品、动物性食品、大豆及其制品、水果与蔬菜、纯热能食品等。

原料食品还可以再分为鲜活食品、生鲜食品和谷物类食品。其中，鲜活食品、生鲜食品是商业企业经常使用的概念。

6.1.1.2 食品的营养

1. 蛋白质

蛋白质的基本结构单位是氨基酸，蛋白质是构成生命的基本物质。人体中除去水分之外45%的物质由蛋白质所组成。人体中新陈代谢依靠蛋白质的不断更新，其对人体所产生的一系列重要作用是其他营养成分所不能代替的。

人体对蛋白质的利用是很复杂的生理生化过程。通常人体直接吸收的是蛋白质水解后的产物——氨基酸分子。这些氨基酸分子在体内再合成人体所需的各种蛋白质。食品中的天然蛋白质中含有20多种氨基酸，其中有8种（婴幼儿是9种）在人体内无法合成或转化，而人体偏偏对它们有较大的需求量，这些氨基酸称为必需氨基酸，只有直接从食物中摄取。当食物中缺乏这些氨基酸，人体得不到全面的营养，就不能维持正常的生命活动。8种必需氨基酸分别是亮氨酸、异亮氨酸、赖氨酸、蛋氨酸、苯丙氨酸、苏氨酸、色氨酸和缬氨酸（对婴幼儿来讲，组氨酸也是必需的）。

一般来说，动物性食品比植物性食品中所含完全蛋白质较多。因此，为了获得完全蛋白质，必须发挥蛋白质的"互补作用"，即将两种以上食物混合或先后（相隔不超过5小时）食用，则食物中的蛋白质可以相互补充所缺乏的或含量不足的氨基酸，从而提高混合食物中

蛋白质的营养价值。发挥蛋白质"互补作用"的原则是：食物的种类要多；食物的种属越远越好，如荤素搭配比单纯素食好；最好混合食用，先后食用时间间隔要短。

2. 脂肪

脂肪是一种高能量的营养成分，也是人体重要的组成部分，是由碳、氢、氧三种元素化合而成的高分子物，但脂肪所含碳、氢的比例高于糖类，而氧的比例要少。脂肪不溶于水，在酸、碱或酶的作用下可分解为一个甘油分子和三个脂肪酸分子，故又被称为"三酸甘油酯"或"甘油三酯"。甘油对于人体无营养价值，对人体有用的部分为脂肪酸。

（1）脂肪酸的分类。脂肪酸可分为饱和脂肪酸和不饱和脂肪酸。

①饱和脂肪酸。其碳链上不存在不饱和双键，性能较为稳定。

②不饱和脂肪酸。其碳链上存在着一个至若干个不饱和的双键，性能不稳定，易发生化学反应。

在油脂中，凡含不饱和脂肪酸较多的，常温下呈液态，通常称为油；含饱和脂肪较多的，常温下呈固态，通常称为脂。一般植物油在常温下呈液态，含不饱和脂肪酸较多，故营养价值高于动物油。脂肪的消化率与其熔点有关，若熔点低于人体体温，则易吸收，反之则难吸收，即脂肪的熔点越低，消化率就越大。

（2）脂肪的营养功能包括：提供热能，储藏能量；构成体脂及保护作用；提供必需脂肪酸，调节生理机能；促进脂溶性维生素的吸收。

脂肪中含有 30 多种脂肪酸，其中有 3 种是人体必需且人体内不能自行合成的，必须从食物中摄取，称之为必需脂肪酸。必需脂肪酸有 3 种，即亚油酸、亚麻酸和花生四烯酸，均为不饱和脂肪酸。不饱和的必需脂肪酸，是构成人体细胞膜和细胞内结构的必要成分，对人体有重要的生理功能。一般成人每天需要量为每 1 000 千卡热能需要 2 克，缺少后会发生皮肤病、鳞屑性皮炎、毛发脱落、抵抗力减弱、伤口愈合慢，婴幼儿则会生长发育迟缓。体内缺少必需脂肪酸，易造成胆固醇与饱和脂肪酸结合，沉积在体内组织器官与血管壁，引起动脉粥样硬化。

需要指出的是，脂肪摄入量过多，会抑制胃液分泌和胃的蠕动，引起食欲不振和胃部不舒服；肠内脂肪过多会刺激肠壁，妨碍吸收功能而引起腹泻；同时体内脂肪过多易得肥胖病。

脂肪的来源主要是动、植物油脂，肥肉和硬果，如核桃、花生、瓜子。部分油料，如大豆、芝麻也是脂肪的部分来源。脂肪吸湿后或在日光和氧的作用下，会发生酸败现象，使脂肪失去食用价值。

3. 糖类

糖类也称碳水化合物。根据其分子结构复杂程度的不同，可分为单糖（葡萄糖、果糖、半乳糖）、双糖（蔗糖、麦芽糖、乳糖）和多糖（淀粉、糖原、纤维素和半纤维素）三类。糖类是最经济的供能物质，发热量与蛋白质相近。普遍存在自然界中，很容易获取。摄入的双糖和多糖，在体内经过酶的催化，水解成单糖后再被吸收。只有多糖中的纤维素和半纤维素不能被人体消化，但仍有特殊的保健作用。

糖类中的纤维素，虽不能被人体吸收，但能促进人体肠胃蠕动和消化腺的分泌，有助于正常的消化和排泄功能，使粪便在肠道中的滞留时间缩短，减少细菌及其毒素对肠壁的刺激。多吃含纤维素的食品（水果、蔬菜等），有利于防止痔疮、阑尾炎、大肠癌症等。据报道，非洲人大多取食富含纤维素的食物，很少患有上述疾病；而欧洲人膳食中纤维素少，患上述疾病较普遍。纤维素还能以某种方式同饱和脂肪酸结合，从而阻止血浆中血胆固醇的形成。糖类一般存在于粮谷类、薯类等植物类食品中，而动物食品中含量较少。

4. 维生素

维生素是人和动物维持生命和生长必需的一类低分子有机化合物。它们虽然不能供给人体热量，在生理上的需要量也极微，但它们对人体内营养成分的消化吸收、能量的转换及其他正常的生理活动，都具有十分重要的功能。人体缺乏维生素，会引起各种维生素缺乏症。

目前，已知人体所需的维生素约 30 种，除某些 B 族维生素和维生素 K 能在人体内合成外，大多数必须由食品中摄取。我国传统的膳食以谷类和蔬菜为主，动物性食品摄入较少，故容易引起维生素 A、D、B_2 的缺乏。不良的饮食习惯会导致各种维生素缺乏，不合理的烹调方法会使食品中的维生素损失或丧失，引起各种维生素缺乏。因此，日常生活中人们应从各个方面努力，确保摄入各类和数量充足的维生素。

5. 矿物质

食品中的矿物元素可以按其在人体组织中所占份额的多少分为常量元素、微量元素和超微量元素，含量在 0.01% 以上的称常量元素，如钙、镁、钾、钠、磷、氯、硫等；含量低于 0.01% 的称为微量元素，如铁、碘、氟、铜、锌、锰、钼、钴、铬、镍、锡、硅等；含量在微克数量级的为超微量元素，如铅、汞、镭等。

矿物质也可从营养学角度出发分为必需元素和非必需元素以及有毒元素。目前已知的必需元素是铁、锌、铜、碘、锰、钼、钴、铬、镍、硒、硅、氟、钙、锡 14 种。

常量元素人体需要得最多。某些微量和超微量元素，虽为人体生理所必需，但超过一定量却有害于健康。矿物质是调节人体生理功能和维持体内酸碱平衡的成分之一。矿物质在人体内含量并不多，占人体重量的 4%～5%，但对人体有重要作用。

6. 水分

水是维持人体生命的最重要物质之一，体液的 90% 以上是水。水存在于很多食物中，不仅对食品的营养、风味产生很大影响，同时也是很多食品质量的重要指标以及影响其质量发生变化的重要条件。

各种食品，都有其特定的水分含量，因此才显示出他们各自的色、香、味、形等特征。水对食品的新鲜度、硬度、流动性、呈味性、保藏性、加工等方面均有重要影响，水也是微生物繁殖的因素。

食品中水的存在形态有两种：结合水（束缚水）、自由水（游离水）。

（1）结合水（束缚水）。其与食品中的胶体物质（蛋白质、脂肪等）以氢键相结合，受胶体物束缚，一般很少发生变化，其性质不同于普通水。结合水比重大于普通水，不易结冰，冰点为 -40 ℃；不能溶解可溶性物质；蒸汽压低，在 100 ℃ 以下不能从食物中分离出来；不能被微生物所利用。当结合水被强行与食物分离时，则食品的风味、质量就会改变。

（2）自由水（游离水）。自由水是食品中不与胶体物质结合的水，以游离状态存在于食品细胞内外，可用简单的加热方式把它从食品中分离出来。自由水性质同普通水，冰点为 0 ℃，100 ℃ 沸腾，在干燥情况下通过毛细管的作用可以散发而减少；在潮湿环境下可因吸水而增加。能被微生物所利用，食品重量损耗即其所致。含有大量自由水的食物（水果、菜、肉等），在冻结后细胞结构被冰晶所破坏，解冻后组织立即崩溃而放出大量自由水。

> **小思考**
>
> 小麦中的哪种营养成分最多?芝麻中的哪种营养成分最多?

6.1.1.3 食品的卫生

食品卫生是指食品从生长、加工、储藏、运输、销售、烹调到最后食用每一个环节均能保持良好、完整和安全状况。食品本身一般不含有或很少含有对人有害的成分,不会对人体造成危害,但从种植、养殖到收获;从生产加工、储运销售到烹调食用的每个环节都可能出现有害物质的污染,而造成食品的安全卫生问题。

国家标准《食品企业通用卫生规范》(GB 14881—1994),作为适用于食品生产、食品经营等各类企业的强制性标准,规定了食品加工、原料采购、运输、储藏、工厂设计与设施的卫生基本要求以及管理准则,经营食品的流通企业必须遵守这些法律法规以及标准的规定。

6.1.2 代表性食品

6.1.2.1 蔬菜与水果的分类

商业工作中,蔬菜与水果常常简称为蔬果。蔬果在人类的膳食结构中必不可少,可以为人体提供必要的水溶性维生素、糖类、淀粉、植物纤维素等。

水果常按果实的特征分类,有核果类、仁果类、浆果类、柑橘类、复果类、坚果类、瓜果类。

蔬菜通常按其食用的部分来分类,有叶菜类、豆菜类、瓜类、茄菜类、根茎类、笋类、菌类、水生类、葱蒜类及其他类。实际工作中一些企业往往根据地区消费特点,将分类加以简化,以便于经营、管理。

蔬果在人的日常生活中占有重要位置,也是商品企业经营中的重要商品的类别。在超级市场日趋成熟的今天,蔬果商品是吸引客流、带动消费、创造营业额的主要商品,在超市的经营商品结构中地位特殊。

6.1.2.2 蔬果的质量要求

今天,人们对商品质量的要求更加重视安全、洁净、优质、营养。对于蔬果类商品,其新鲜程度也是一个重要的项目。

1. 蔬菜的质量要求

(1) 合格质量。合格质量指蔬菜有无病虫害、生理病害及严重污染,可通过视觉的判断和实验分析等手段来确认。

(2) 洁净质量。洁净质量指清洁的程度和净菜的比例。

(3) 外观质量。外观质量指颜色、大小、形状、外表、整齐度等,可通过视觉、触觉来进行判断。

(4) 口感质量。口感质量指新鲜度、嫩度、多汁度、粉性度等,可通过味觉、视觉、触觉来进行判断。

2. 水果的质量内容

(1) 合格质量。合格质量指水果有无病虫害、生理病害及严重污染,可通过视觉的判断和实验分析等手段来确认。

（2）洁净质量。洁净质量指清洁的程度和外包装的良好。

（3）外观质量。外观质量指颜色、大小、形状、外表、整齐度、结构等，可通过视觉、触觉来进行判断。

（4）口感质量。口感质量指新鲜度、成熟度、多汁度、甜酸度、软硬度等，可通过味觉、视觉、触觉来进行判断。

阅读材料

有机食品

有机食品是一种国际通称，它在不同的语言中有不同的名称，也有称生态或生物食品。这里所说的"有机"不是化学上的概念，而是指采取一种有机的耕作和加工方式。有机食品是指来自有机生产体系，根据有机认证标准生产、加工，并经独立认证机构认证的农产品及其加工产品。其中包括粮食、蔬菜、水果、奶制品、畜禽产品、蜂蜜、水产品、调料等。

除有机食品外，目前国际上还提出有机产品的概念，通常是指按照有机认证标准生产并获得认证的有机食品和其他各类产品，如有机纺织品、皮革、化妆品、林产品、家具以及生物农药、肥料等有机农业生产资料。"有机食品"通常需要符合以下四个条件。

（1）原料必须来自经建立或正在建立的有机农业生产体系（又称有机农业生产基地），或采用有机方式采集的野生天然产品。

（2）产品在整个生产过程中必须严格遵循有机食品的加工、包装、储藏、运输等要求。

（3）生产者在有机食品的生产和流通过程中，有完善的跟踪审查体系和完整的生产、销售的档案记录。

（4）必须通过独立的有机食品认证机构的认证和审查。

《有机产品认证管理办法》规定，我国有机食品实行统一的标志，包装上标有中文"中国有机产品"字样和相应英文（ORGANIC）的才是符合国家标准的有机食品。对于有机配料含量等于或者高于95%的加工产品，可以在产品或者产品包装及标签上标注"有机"字样，有机配料含量低于95%且等于或者高于70%的加工产品，可以标注"有机配料生产"字样；如果是有机配料含量低于70%的加工产品，只能在产品成分表中注明某种配料为"有机"字样。有机食品标志采用人手和叶片为创意元素。

6.2 粮油商品

6.2.1 粮油商品的特征与分类

6.2.1.1 粮油商品的特性

粮食是军需民食的最基本的生活资料。保持粮油商品品质的相对稳定状态，减少粮油损失，这是粮油商品经营工作的重要任务。

粮油籽粒在脱离植株之后仍然还保持一定的生命活动。在储藏与经营过程中，要发生生理性、生化性变化，如呼吸、后熟、生芽、陈化等变化。一方面，这些变化对维持粮油商品的新鲜度，改善粮油商品的品质有利；另一方面，这种生命力的维持，又是以消耗粮油商品本身的营养物质为基础的，因此会造成粮油籽粒干物质的损耗，也易引起发热霉变。要做到既能维持粮油籽粒的生命力，为广大消费者提供新鲜可口的粮油食品，又能控制其生命力的活动，这是粮食工作的基本任务。

6.2.1.2 粮油商品的分类

粮油商品分类方法很多，一般根据商业经营情况，按粮油植物学科属或主要性状、用途分为七大类。

1. 原粮

原粮也称自然粮。一般是指经过收割、脱粒，而尚未碾磨加工带有皮壳的粮谷，包括禾谷类、豆类和薯类，也包括甘薯、马铃薯、木薯等。

2. 成品粮

成品粮是将原粮经过加工后脱去皮壳或磨成粉状的粮食，主要包括大米、小麦粉、燕麦粉、黑麦粉、玉米粉、高粱米、小米、黍米、荞麦粉、薯干等。

3. 油料

油料是指制取植物油脂的原料，按原料来源分草本油料和木本油料两类。

4. 油脂

油脂即用植物油料制取的油脂，通常按是否可供食用分为食用油脂和非食用油脂两类。

5. 粮油加工副产品

这主要指粮食、油料在加工成品过程中分离出的非成品部分。

6. 粮食制品

粮食制品主要指以粮食为主要原料加工制作的食品，一般可分为普通米面制品、方便食品、强化食品、膨化食品、熟食品等。

7. 综合利用产品

综合利用产品主要指利用粮食加工副产品生产的产品。利用粮食加工的副产品可以生产糖、酒、油以及多种化工用品、医药等；利用油料加工的副产品可以生产高蛋白质食品、磷脂类食品以及多种化学用品和医药等。

另外粮食还可以按习惯分为主粮和杂粮、粗粮和细粮、夏粮和秋粮、贸易粮等。

6.2.2 稻谷

稻是禾本科、稻属的作物，稻的果实称为稻谷，稻谷是世界上重要的谷物和商品粮之一。

6.2.2.1 分类

1. 按生长要求的水分条件分类

按生长要求的水分条件稻谷分为水稻和陆稻（旱稻）。水稻适于水田生长，陆稻适于旱地生长，水稻比陆稻产量高，口味好。我国栽培的主要是水稻，陆稻栽培面积不到稻谷面积的2%。

2. 按生育期和收获季节分类

按生育期和收获季节稻谷分为早稻、中稻和晚稻。早稻生育期为80~120天，多在7月份收获；晚稻生育期为150~180天，多在11月份收获。二者米粒特征相差较大，早稻腹白较大，硬质粒少；晚稻则腹白较小或无腹白，硬质粒较多，粒质优于早稻。中稻生育期为

120~150 天，初秋收获，米质介于早、晚稻之间。

3. 按米形和粒质分类

国家标准 GB 1350—1999 中，稻谷按粒形和粒质分为早籼稻谷、晚籼稻谷、粳稻谷、粳糯稻谷、籼糯稻谷五类。

（1）早籼稻谷。生长期较短、收获期较早的籼稻谷，一般米粒腹白较大，角质粒较少。

（2）晚籼稻谷。生长期较长、收获期较晚的籼稻谷，一般米粒腹白较小或无腹白，角质粒较多。

（3）粳稻谷。粳型非糯性稻谷的果实，籽粒一般呈椭圆形，米质黏性较大、胀性较小。

（4）籼糯稻谷。籼型糯性稻的果实，糙米一般呈长椭圆形和细长形，米粒呈乳白色，不透明，也有呈半透明状（俗称阴糯），黏性大。

（5）粳糯稻谷。粳型糯性稻的果实，糙米一般呈椭圆形，米粒呈乳白色，不透明，也有呈半透明状（俗称阴糯），黏性大。

籼稻和粳稻是不同生态类型的稻谷品种，耐寒性差别较大，一般粳稻比籼稻耐寒。籼、粳、糯谷在外形及米粒特征上有许多不同，如表 6-1 所示。

表 6-1 籼、粳、糯稻谷特征比较

特征 种类	粒形	茸毛	芒	米外观	饭的涨性	饭的黏性	直链淀粉含量
籼稻	长椭圆细长	稀短	无或短	灰白无光	大	小	25%以上
粳稻	椭圆	密长	常有	蜡白有光透明半透明	小	较大	20%以下
糯稻	长椭圆/椭圆或细长	稀短密长	无或有	不透明/乳白无光	小	大	无

稻谷的国家标准中，各类稻谷允许混有其他类稻谷的限度为 5.0%；各类稻谷中黄粒米不超过 1.0%；各类稻谷中谷外糙米不超过 2.0%。

6.2.2.2 质量指标

1. 国家标准

国家标准 GB 1350—1999 规定，各类商品稻谷均以出糙率、整精米率和谷外糙米指标作为定等基础，共分五个等级，并结合杂质、水分含量、色泽气味等进行质量检验。籼稻和粳稻的具体质量指标，如表 6-2 和表 6-3 所示。

表 6-2 籼稻质量指标

等级	出糙率/%	整精米率/%	杂质/%	水分/%	色泽、气味
1	79.0	≥50.0			
2	77.0	≥50.0			
3	75.0	≥50.0	1.0	13.5	正常
4	73.0	≥50.0			
5	71.0	≥50.0			

注：水分含量大于表 6-2 规定的稻谷的收购，按国家有关规定执行。

表 6-3 粳稻质量指标

等级	出糙率/%	整精米率/%	杂质/%	水分/%	色泽、气味
1	81.0	≥60.0	1.0	14.5	正常
2	79.0	≥60.0			
3	77.0	≥60.0			
4	75.0	≥60.0			
5	74.0	≥60.0			

注：水分含量大于表 6-3 规定的稻谷的收购，按国家有关规定执行。

2. 项目解释

项目解释分为以下七个方面。

（1）出糙率。稻谷出糙率是指稻谷脱胎壳后的糙米质量（其中不完善粒折半计算）占试样重量的百分率。出糙率体现稻谷的主要使用价值。成熟、饱满、壳薄的稻谷，出糙率较高。

（2）不完善粒。不完善粒指未成熟粒、虫蚀粒、病斑粒、生芽粒和霉变粒中尚有使用价值的颗粒。

（3）整精米。糙米碾磨成精度为国家标准一等大米时，米粒产生破碎，其中长度仍达到完整精米粒平均长度的 4/5 以上（含 4/5）的米粒。

（4）谷外糙米。稻谷由于机械损伤等原因形成的糙米粒。

（5）杂质。稻谷中的杂质是指通过 20 毫米圆孔筛的筛下物，包括泥土、砂石、砖瓦块及其他无机杂质，以及无使用价值的稻谷粒、异种粮粒及其他有机杂质。

（6）色泽、气味，指一批稻谷固有的综合色泽和气味，它是稻谷正常品质的体现。稻谷国家标准中，均要求色泽气味正常。

（7）黄粒米，指胚乳呈黄色，与正常米粒色泽明显不同的颗粒。黄粒米形成的原因是多方面的，微生物作用及粮食陈化中的生化变化等均可引起米粒变黄。黄粒米不但影响商品的外观品质，而且营养品质差，还可能带有真菌毒素。在国家标准中，限制黄粒米的含量不得超过 2.0%。

本标准适用于稻谷的收购、销售、调拨、储存、加工和出口。

6.2.3 小麦

6.2.3.1 小麦分类

1. 硬质白小麦

种皮为白色或黄白色的麦粒不低于 90%，硬度指数不低于 60 的小麦。

2. 软质白小麦

种皮为白色或黄白色的麦粒不低于 90%，硬度指数不高于 45 的小麦。

3. 硬质红小麦

种皮为深红色或红褐色的麦粒不低于 90%，硬度指数不低于 60 的小麦。

4. 软质红小麦

种皮为深红色或红褐色的麦粒不低于 90%，硬度指数不高于 45 的小麦。

5. 混合小麦

不符合以上四种规定的小麦。

注：

小麦硬度：小麦籽粒抵抗外力作用下发生变形和破碎的能力。

小麦硬度指数：在规定条件下粉碎小麦样品，留存在筛网上的样品占试样的质量分数，用 HI 表示。硬度指数越大，表明小麦硬度越高，反之表明小麦硬度越低。

6.2.3.2 质量指标

（1）国家标准。国家标准 GB 1351—2008 规定，各类小麦按容重分为五等，低于 5 等的小麦为等外小麦。等级指标及其他质量指标如表 6-4 所示。

表 6-4　小麦质量指标

等级	容重/(g·L^{-1})	不完善粒/%	杂质/% 总量	杂质/% 其中：矿物质	水分/%	色泽、气味
1	≥790	≤6.0	≤1.0	≤0.5	≤12.5	正常
2	≥770	≤6.0				
3	≥750	≤8.0				
4	≥730	≤8.0				
5	≥710	≤10.0				

注：水分含量大于表 6-4 规定的小麦的收购，按国家有关规定执行。

（2）小麦赤霉病粒最大允许含量为 4.0%，单粒赤霉病项目，按不完善粒归属。小麦赤霉病粒超过 4.0% 的，是否收购由省、自治区、直辖市规定。收购超过规定的赤霉病麦，要就地妥善处理。

（3）黑胚小麦由省、自治区、直辖市规定是否收购或收购限量。收购的黑胚小麦就地处理。

（4）卫生检验和植物检疫按照国家有关标准和规定执行。

（5）项目解释。从容重，小麦不完善粒，杂质，色泽、气味等四个方面考虑。

①容重。容重指小麦籽粒在单位容积内的质量，以克/升（g·L^{-1}）表示。容重是小麦质量的综合标志，在同一种类、籽粒大小相同的小麦中，籽粒成熟度高、健康饱满、结构坚实、水分较低的小麦容量大，则出粉率高，工艺品质好；反之，则容重小，出粉率低，工艺品质差。但小麦的蛋白质含量与其容重并不存在必然联系，所以容重作为小麦的分等标准，并不反映小麦的内在品质。

②小麦不完善粒。小麦不完善粒包括虫蚀粒、病斑粒、生霉粒、生芽粒和破损粒等伤及胚或胚乳的麦粒。

③杂质。杂质指通过直径 1.5 毫米圆孔筛的筛下物，包括矿物质（指砂、石、煤渣、砖瓦块及其他矿物质）及无使用价值的小麦粒，生芽粒中芽超过本颗粒长度的小麦粒，毒麦、麦角、小麦线虫病、小麦腥黑穗病等麦粒，异种粮粒及其他杂质。

④色泽、气味。色泽、气味指一批小麦的综合色泽、气味。

本标准适用于我国商品小麦的收购、销售、调拨、储存、加工和出口。

> **小思考**
> 小麦容重的大小与其质量好坏成正比还是反比?

6.2.3.3 小麦的储藏

1. 储藏特性

一般小麦的后熟期为 2～2.5 个月,在后熟期间,小麦的呼吸强度大,生理旺盛,呼吸作用释放的热量和水分较多,在粮堆上层易出现"出汗"、发热和生霉现象。

小麦耐高温能力强,一般水分在 17% 以下的小麦,在温度不超过 50 ℃ 时暴晒,发芽率不会下降,由于促进了工艺成熟,磨出的面粉品质反而有所提高。另外,小麦耐低温能力也很强,水分不超过 18% 的小麦,在 -15 ℃ 的低温下储藏半年之久,仍能保持其原有品质。小麦这种较强的耐温变能力,为小麦采用低温防霉和高温杀虫提供了理论依据。

但是小麦无外壳保护,皮层较薄,组织松散,并含有大量的亲水物质,胚部外露,其吸湿性很强。同时,小麦的籽粒结构和营养素对大多数储粮害虫比较适合,而且小麦收获、入库正值高温季节,害虫繁殖旺盛,因此小麦收获入库时最易受虫害感染,应加强管理。

2. 储藏措施

储藏措施包括以下五个环节。

(1) 严格控制水分。严格控制小麦入库水分,做好防潮工作是小麦安全储藏的主要环节,小麦收割脱粒后要充分暴晒,再行入库。入库后则应做好防潮工作。

(2) 趁热入库密闭。在盛夏高温季节,选择晴朗、高温的天气将小麦晒至 50 ℃ 左右,延续 2 小时以上,趁热入库,密闭储藏。此法不但治虫、防治蛾类效果好,而且能促进小麦后熟。

(3) 低温密闭。需要长期储藏的小麦,入库时若小麦水分在安全标准以内,无虫、无霉,可及时采取密闭储藏,待秋凉以后对小麦进行通风冷冻,使小麦温度降至 10 ℃ 左右,春暖前趁冷密闭。此法能使小麦安全度夏,有利于保持小麦的原有品质。

(4) 自然缺氧,双低储藏。利用小麦后热期长的特点,对粮质好的小麦,入库后及时采用自然缺氧储藏或"双低储藏",可收到良好的防虫防霉效果。

(5) 加强粮情检查。小麦入库后要加强检查,及时散温散湿,发现害虫活动,及时做杀虫处理。在梅雨季节应着重防潮方面的检查,防止小麦吸湿生霉。

6.2.4 玉米

6.2.4.1 玉米的分类

1. 按播种期分类

按播种期分类,有春玉米、夏玉米、秋玉米和冬玉米四种。东北、西北以及南方的高山区因气温低,主要生产春玉米;华北及长江流域各省,气温较暖,多生产夏玉米;广西、广东、云南南部气温高,一年四季都有玉米种植。总之,我国以夏玉米最多,其次是春玉米。

2. 按种皮颜色分类

按种皮颜色分类,国家标准 GB 1353—1999 规定根据玉米种皮颜色分为黄玉米、白玉米和混合玉米三类,以黄玉米为最多。黄玉米是种皮为黄色,并包括略带红色的黄色玉米;白玉米是种皮为白色,并包括略带淡黄色或粉红色的白色玉米;混合玉米是混入本类以外玉米超过 5.0% 的玉米。玉米的特殊品种由省、自治区、直辖市另订标准。

3. 按粒形和粒质分类

按粒形和粒质分类,有硬粒形、马齿形、半马齿形、糯质形、粉质形、甜质形和爆裂形等类型。目前在生产上大面积栽培的有以下四类,如表 6-5 所示。

表 6-5　四类玉米籽粒的特征

类型	形态	角质胚乳部位	粉质胚乳部位	其他
硬粒形	粒小、坚硬有光泽,顶部圆形	顶部及四周	中央	食味香甜,宜食用
马齿形	粒大顶端凹陷,呈马齿形	籽粒两侧	顶部及中央	食味较次,宜制粉
糯质形	粒小、坚硬,断面呈蜡状	胚乳全部		有黏性,可代糯米粉
半马齿形	粒形大小复杂、顶端稍凹陷	两侧多,顶部少	顶部及中央	食用或制粉

6.2.4.2　质量指标

1. 国家标准

国家标准(GB 1353—1999)规定玉米质量指标,如表 6-6 所示。

表 6-6　玉米质量指标

等级	容重/(g·L⁻¹)	杂质/%	不完善粒/%		水分/%	色泽、气味
			总量	其中:生霉粒		
1	≥710	≤1.0	≤5.0	≤2.0	≤14.0	正常
2	≥680					
3	≥660					

注:水分含量大于表 6-6 规定的玉米的收购,按国家有关规定执行。

小思考

玉米中的不完善粒越多表示质量越差,这种说法对吗?

2. 项目解释

项目解释,分为以下四个方面。

(1)容重。容重指粮食籽粒在单位容积内的质量,以克/升(g·L⁻¹)表示。

(2)不完善粒。不完善粒指受到损伤但尚有使用价值的颗粒,包括下列六种:

①虫蚀粒,指被虫蛀蚀,伤及胚或胚乳的颗粒。

②病斑粒,指粒面带有病斑,伤及胚或胚乳的颗粒。

③破损粒,指籽粒破损达本颗粒体积 1/5(含)以上的颗粒。

④生芽粒,指芽或幼根突破表皮的颗粒。

⑤生霉粒,指粒面生霉的颗粒。

⑥热损伤粒,指受热后外表或胚显著变色和损伤的颗粒。

(3) 杂质。杂质指通过规定筛层和无使用价值的物质，包括下列三种：

①筛下物，指通过直径 3.0 毫米圆孔筛的物质。

②无机杂质，包括泥土、沙石、砖瓦块及其他无机物质。

③有机杂质，指无食用价值的玉米粒、异品种粮及其他有机物质。

(4) 色泽、气味。色泽、气味指一批玉米固有的综合色泽和气味。

6.2.4.3 玉米的储藏

1. 储藏特性

玉米胚大，结构松散，含有较多的糖分、脂肪和蛋白质，所以在储藏过程中，极易吸湿、生虫、发霉、酸败变苦；夏季收获的玉米原始水分大，成熟度不均匀，不实粒，易受机械损伤，更易吸湿、发霉、"点翠"。针对上述特点，玉米必须采取适当的储藏方法。

2. 储藏措施

储藏措施有粒储和带穗储藏两种。

(1) 粒储。粒储是玉米储藏的主要措施，具体做法如下：

①分级储存。玉米入库时要做到分级储存，严格执行干、湿分开，有虫、无虫分开，好、次分开；对水分大、有虫的危险粮及时干燥降水和杀虫。

②低温密闭储藏。玉米收获后尽量利用暴晒或用机械烘干进行降水处理，入库后趁寒冷的冬天采用自然通风或机械通风等措施进行冷冻降温散湿，在春暖前进行低温密闭储藏，一般可安全度夏。

③严防虫霉。玉米入库后，要加强管理，切实做好隔热防潮工作，并要加强粮情检查，发现玉米有"出汗""点翠"或散发甜酸味等异常现象时，要查明原因及时处理，发现害虫危害要及时采取过筛除虫或化学熏蒸杀虫等措施进行处理。

(2) 带穗储藏。玉米收获后，在农家储藏中可采用穗藏法，即用木架、高粱秆等物构成有苫盖的围囤，里面堆放玉米穗。这种方法通风降水快，且对虫霉危害有一定保护作用。在北方干燥低温地区比较适用。

6.2.5 食用植物油

食用油脂分为植物油脂和动物油脂。食用植物油脂产品又可分为原油和成品油。

原油即指未经精炼等工艺处理的油脂（又称毛油），不能直接用于食用，只能作为加工成品油的原料。成品油则是指经过精炼加工达到了食用标准的油脂产品。成品油分一级、二级、三级、四级四个质量等级，分别相当于原来的色拉油、高级烹调油、一级油、二级油。规定转基因、压榨、浸出产品和原料原产国必须标明，以维护消费者的知情权和选择权。芝麻油（香油）、花生油、大豆油、菜子油、葵花子油属高级食用油，都有包装，色泽透明，无腥辣气味和异味，加温时烟极少。

6.2.5.1 花生油

从花生仁中提取的油脂称为花生油。花生油淡黄透明，芳香味美，是一种优质食用油。商品花生油质量国家标准见 GB 1534—2003。

花生油含不饱和脂肪酸 80% 以上（其中含油酸 41.2%，亚油酸 37.6%）。另外还含有软脂酸、硬脂酸和花生酸等饱和脂肪酸 19.9%。花生油的脂肪酸构成比较好，易于人体消化吸收。另外，花生油中还含有甾醇、麦胚酚、磷脂、维生素 E、胆碱等对人体有益的物质。

经常食用花生油，可防止皮肤皲裂老化，保护血管壁，阻止血栓形成，有助于预防动脉硬化和冠心病，还可以改善人脑的记忆力，延缓脑功能衰退。

6.2.5.2 大豆油

从大豆中提取的油脂称为大豆油。大豆油一直是东北、华北地区消费者的主要食用油。近十几年来，世界大豆生产发展迅速，大豆油约占食用植物油总量的1/3，居各种动植物油脂的首位。大豆油质量的国家标准见 GB 1534—2003。

大豆油中含棕榈酸 7%～10%，硬脂酸 2%～5%，花生酸 1%～3%，油酸 22%～30%，亚油酸 50%～60%，亚麻油酸 5%～9%。大豆油的脂肪酸构成较好，含有丰富的亚油酸，还含有大量的维生素 E、维生素 D 以及丰富的卵磷脂，对人体健康均非常有益，人体消化吸收率高达 98%，所以大豆油也是一种营养价值很高的优良食用油。但是，大豆油的色泽较深，有特殊的豆腥味，热稳定性较差，加热时会产生较多的泡沫。

6.2.5.3 菜子油

菜子油简称菜油。毛菜油呈深黄略带绿色，具有令人不快的气味和辣味。精炼菜油澄清透明，颜色淡黄，无异味。菜子油质量的国家标准见 GB 1536—2004。

菜子油中含花生酸 0.4%～1.0%，油酸 14%～19%，亚油酸 12%～24%，芥酸 31%～55%，亚麻酸 1%～10%。从营养价值方面看，具有利胆功能。其脂肪酸构成不平衡，亚油酸等人体必须脂肪酸含量不高，含大量芥酸，所以营养价值比一般植物油低。另外，菜油中还含有少量芥子甙，经常吃未精炼的毛菜油，对人体健康有一定影响。如菜油与富含亚油酸的油配合食用，能提高营养价值。

6.2.5.4 芝麻油

芝麻油种子含油量，居食用植物油料之首，一般为 50%～53%，最高的超过 60%。用压榨法制取的芝麻油称为麻油或大槽油，呈黄色，香味较淡。用水代法制取的芝麻油又称小磨麻油、香油，呈黄棕色，具有特殊的香味。水代法的主要工艺流程有炒芝麻、磨糊、加开水搅拌、震荡出油和油水分离等几个环节。

芝麻油含油酸 36.9%～50.0%，亚油酸 36.8%～49.1%，花生酸 0.4%～1.4%，其消化吸收率达 98%。芝麻油中不含对人体有害的成分，含有特别丰富的维生素 E 和比较丰富的亚油酸，还由于含有天然抗氧化剂——芝麻酚，所以化学性质较稳定。同时由于芝麻的存在使芝麻油带有诱人的香味。尤其是小磨麻油比大槽油香味更浓，是人们非常喜欢的一种食用植物油，生食、熟食皆可，为上等烹饪油、调味油和凉拌油。所以芝麻油是食用品质好，营养价值高的优良食用油。

6.2.5.5 葵花子油

葵花子油未精炼时呈淡琥珀色，精炼后呈清亮透明的淡黄色，滋味纯正，特别是炒子榨出的油，其香味可与小磨麻油媲美。

葵花子油含饱和脂肪酸 7.5%～12.5%，油酸 21%～34%，亚油酸 57.5%～66.2%，其中油酸与亚油酸的含量比例受产地气候条件影响极大。葵花子油的不饱和脂肪酸含量高，人体消化吸收率为 96.5%，熔点低。葵花籽油适用于做色拉油、蛋黄酱油，含有丰富的亚油酸，有显著降低胆固醇、防止血管硬化和预防冠心病的作用，国外把它称为高级营养油或健康油。

6.3　饮料和乳制品

6.3.1　饮料

饮料一般可分为含酒精饮料和无酒精饮料，无酒精饮料又称为软饮料。这里所说的饮料主要指软饮料。饮料是以水为基本原料，采用不同的配方和制造方法生产出来，供人们直接饮用的液体食品。饮料中含有大量的水分，能补充人体所需的水分，是人体获取水分的途径之一。

软饮料是经过包装的，乙醇含量小于 0.5% 的饮料制品。据原料和产品形态的不同，软饮料多达九大类：碳酸饮料、果汁饮料、蔬菜汁饮料、乳饮料、植物蛋白饮料、瓶装饮用水、固体饮料、特殊用途饮料以及其他饮料等。

6.3.1.1　碳酸饮料

碳酸饮料是在一定条件下充入二氧化碳气的饮料制品，一般是由水、甜味剂、酸味剂、香精香料、色素、二氧化碳及其他原辅料组成。

碳酸饮料主要起清凉解暑作用，为嗜好性饮料，一般没有营养价值。但是不同产品有不同的特点，有的确有补充维生素、电解质等作用。根据产品的原料成分和口味的差异，碳酸饮料分为以下五类。

1. 可乐型

含有焦糖色、可乐香精或类似可乐果和水果香型的辛香、果香混合香型的碳酸饮料。无色可乐不含焦糖色。可乐型碳酸饮料主要产品有可口可乐、百事可乐、非常可乐等产品，以年轻人消费为主。

2. 果汁型

原果汁含量不低于 2.5% 的碳酸饮料如橘汁汽水、橙汁汽水、菠萝汁汽水或混合果汁汽水等。由于含有一定量的果汁，不仅可以消暑解渴，还有一定的营养作用，是营养价值较高的一种碳酸饮料，现在我国市场上果汁型碳酸饮料产品较少。

3. 果味型

以果香型食用香精为主要赋香剂，原果汁含量低于 2.5% 的碳酸饮料，如橘子汽水、柠檬汽水等。果味型碳酸饮料主要有雪碧、芬达、非常柠檬、非常苹果等产品，以年轻人消费为主。

4. 低热量型

以甜味剂全部或部分代替糖类的各型碳酸饮料和苏打水。低热量型碳酸饮料主要有健怡可乐、苏打水等产品，适合老年人、肥胖人饮用。

5. 其他产品

其他碳酸饮料包括含有植物抽提物或非果香型的食用香精为赋香剂，以及补充人体运动后失去的电解质、能量等的碳酸饮料，如姜汁汽水、运动汽水等，适合运动后饮用。

碳酸饮料最主要的作用是清凉解渴，一般没有太多的营养价值。碳酸饮料对人略有刺激，但口感好，饮用后具有清凉爽口的感觉。

6.3.1.2 果汁（浆）及果汁饮料（品）类

果汁（浆）及果汁饮料（品）类饮料是指用新鲜或冷藏水果为原料，经加工制成的饮料制品，可分为原果汁（果汁）、原果浆、浓缩果汁、浓缩果浆、果肉果汁、果汁饮料、果粒果汁饮料、水果饮料浓浆、水果饮料。

1. 原果汁（果汁）

原果汁（果汁）饮料有以下三种类型。

（1）采用机械方法将水果加工制成未经发酵但能发酵的汁液，具有原水果果肉的色泽、风味和可溶性固形物含量。

（2）采用渗滤或浸取工艺提取水果中的汁液，用物理方法除去加入的水量，具有原水果果肉的色泽、风味和可溶性固形物含量。

（3）在浓缩果汁中加入原果汁浓缩时失去的天然水分等量的水，制成的具有原水果果肉的色泽、风味和可溶性固形物含量的制品。

含有两种或两种以上原果汁的制品称为混合原果汁。

2. 原果浆

原果浆饮料有以下两种类型。

（1）采用打浆工艺将水果或水果的可食部分加工制成未发酵但能发酵的浆液，具有原水果果肉的色泽、风味和可溶性固形物含量。

（2）在浓缩果浆中加入原果浆在浓缩时失去的天然水分等量的水，制成的具有原水果果肉的色泽、风味和可溶性固形物含量的制品。

3. 浓缩果汁

浓缩果汁饮料是指采用物理方法从原果汁中除去一定比例的天然水分制成具有原果汁应有特征的制品。

4. 浓缩果浆

浓缩果浆饮料是指用物理方法从原果浆中除去一定比例的天然水分制成具有原果浆应有特征的制品。

5. 果肉果汁

果肉果汁饮料是指在原果浆（或浓缩果浆）中加入水、糖液、酸味剂等调制而成的制品，成品中原果浆含量不低于30%（m/V）。用高酸、汁少肉多或风味强烈的水果调制而成的制品，成品中原果浆含量不低于20%（m/V）。

含有两种或两种以上果浆的果肉果汁饮料称为混合果肉果汁饮料。

6. 果汁饮料

果汁饮料是指在原果汁（或浓缩果汁）中加入水、糖液、酸味剂等调制而成的清汁或浑汁制品，成品中原果汁含量不低于10%（m/V），如橙汁饮料、菠萝汁饮料、芒果汁饮料等。

含有两种或两种以上果汁的果汁饮料称为混合果汁饮料。

7. 果粒果汁饮料

果粒果汁饮料是指在果汁（或浓缩果汁）中加入水、柑橘类的囊胞（或其他水果经切细的果肉等）、糖液、酸味剂等调制而成的制品，成品原果汁含量不低于10%（m/V），果粒含量不低于5%（m/V）。

8. 水果饮料浓浆

水果饮料浓浆是指在原果汁（或浓缩果汁）中加入水、糖液、酸味剂等调制而成的、含糖量较高、稀释后方可饮用的制品。成品原果汁含量不低于5%（m/V）乘以本产品标签上标明的稀释倍数，如西番莲饮料浓浆等。

含有两种或两种以上果汁的水果饮料浓浆称为混合水果饮料浓浆。

9. 水果饮料

水果饮料是指在原果汁（或浓缩果汁）中加入水、糖液、酸味剂等调制而成的清汁或浑汁制品，成品中原果汁含量不低于5%（m/V）乘以本产品标签上标明的稀释倍数，如橘子饮料、菠萝饮料、芒果饮料等。

含有两种或两种以上果汁的水果饮料称为混合水果饮料。

6.3.1.3　蔬菜汁及蔬菜汁饮料（品）类

蔬菜汁及蔬菜汁饮料（品）类是指用新鲜或冷藏蔬菜（包括可食的根、茎、叶、花、果实；食用菌；食用藻类及蕨类）等为原料，经加工制成的制品，包括蔬菜汁、蔬菜汁饮料、复合果蔬汁饮料、发酵蔬菜汁饮料、食用菌饮料、藻类饮料、蕨类饮料。

1. 蔬菜汁

蔬菜汁是指在用机械方法将蔬菜加工制得的汁液中加入水、食盐、糖液等调制而成的制品，如番茄汁。

2. 蔬菜汁饮料

蔬菜汁饮料是指在蔬菜汁中加入水、糖液、酸味剂等调制而成的可直接饮用的制品。

含两种或两种以上蔬菜汁的蔬菜汁饮料称为混合蔬菜汁饮料。

3. 复合果蔬汁饮料

复合果蔬汁饮料是指在蔬菜汁和果汁中加入水、糖液等调制而成的制品。

4. 发酵蔬菜汁饮料

发酵蔬菜汁饮料是指蔬菜或蔬菜汁经乳酸发酵后制成的汁液中加入水、食盐、糖液等调制而成的制品。

5. 食用菌饮料

食用菌饮料包括以下两种类型。

（1）在食用菌子实体的浸提液或浸提液的制品中加入水、糖液、酸味剂等调制而成的制品。

（2）选用无毒可食用的培养基，接种食用菌菌种，经液体发酵制成的发酵液中加入糖液、酸味剂等调制而成的制品。

6. 藻类饮料

藻类饮料是将海藻或人工繁殖的藻类，经浸取、发酵或酶解后所制得的液体中加入水、糖液、酸味剂等调制而成的制品，如螺旋藻饮料等。

7. 蕨类饮料

蕨类饮料是指用可食用的蕨类植物（如蕨的嫩叶），经加工制成的制品。

6.3.1.4　含乳饮料（品）类

含乳饮料（品）是以鲜乳或乳制品为原料（经发酵或未经发酵），经加工制成的制品。包括配制型含乳饮料和发酵型含乳饮料两种类型。

1. 配制型含乳饮料

配制型含乳饮料是以鲜乳或乳制品为原料,加入水、糖液等调制而成的制品。成品中蛋白质含量不低于1.0%(m/V)称乳饮料,蛋白质含量不低于0.7%称乳酸饮料。

2. 发酵型含乳饮料

发酵型含乳饮料是以鲜乳或乳制品为原料,经乳酸菌类培养发酵制得的乳液中加入水、糖液等调制而制得的制品。成品中蛋白质含量不低于1.0%(m/V)称乳酸菌乳饮料,蛋白质含量不低于0.7%称乳酸菌饮料。

6.3.1.5 植物蛋白饮料(品)类

植物蛋白饮料(品)是以蛋白质含量较高的植物的果实、种子或核果类、坚果类的果仁等为原料,经加工制成的制品,成品中蛋白质含量不低于0.5%(m/V),包括豆乳类饮料、椰子乳(汁)饮料、杏仁乳(露)饮料、其他植物蛋白饮料。

1. 豆乳类饮料

豆乳类饮料是以大豆为主要原料,经磨碎、提浆、脱腥等工艺制得的浆液中加入水、糖液等调制而成的制品,如纯豆乳、调制豆乳、豆乳饮料。

2. 椰子乳(汁)饮料

椰子乳(汁)饮料是以新鲜、成熟适度的椰子为原料,取其果肉加工制得的椰子浆中加入水、糖液等调制而成的制品。

3. 杏仁乳(露)饮料

杏仁乳(露)饮料是以杏仁为原料,经浸泡、磨碎等工艺制得的浆液中加入水、糖液等调制而成的制品。

4. 其他植物蛋白饮料

其他植物蛋白饮料是指以核桃仁、花生、南瓜子、葵花子等为原料经磨碎等工艺制得的浆液中加入水、糖液等调制而成的制品。

6.3.1.6 瓶装饮用水类

瓶装饮用水类是指密封于塑料瓶、玻璃瓶或其他容器中不含任何添加剂可直接饮用的水,包括饮用天然矿泉水、饮用纯水、其他饮用水。

1. 饮用天然矿泉水

饮用天然矿泉水是指从地下深处自然涌出的或经人工揭露的、未经污染的地下矿水;含有一定量的矿物盐、微量元素或二氧化碳气体;在通常情况下,其化学成分、流量、水温等动态在天然波动范围内相对稳定。允许添加二氧化碳气。

2. 饮用纯水

饮用纯水是指以符合生活饮用水卫生标准的水为水源,采用蒸馏法、电渗析法、离子交换法、反渗透法及其他适当的加工方法,去除水中的矿物质、有机成分、有害物质及微生物等加工制成的水。

3. 其他饮用水

其他饮用水是指以符合生活饮用水卫生标准的采自地下形成流至地表的泉水或高于自然水位的天然蓄水层喷出的泉水以及深井水等为水源加工制得的水。

6.3.1.7 茶饮料(品)类

茶饮料(品)是指用水浸泡茶叶,经抽提、过滤、澄清等工艺制成的茶汤或在茶汤中加入水、糖液、酸味剂、食用香精、果汁或植（谷）物抽提液等调制加工而成的制品，包括茶汤饮料、果汁茶饮料、果味茶饮料、其他茶饮料。

1. 茶汤饮料

茶汤饮料是指将茶汤（或浓缩液）直接灌装到容器中的制品。

2. 果汁茶饮料

果汁茶饮料是指在茶汤中加入水、原果汁（或浓缩果汁）、糖液、酸味剂等调制而成的制品，成品中原果汁含量不低于 5.0%（m/V）。

3. 果味茶饮料

果味茶饮料是指在茶汤中加入水、食用香精、糖液、酸味剂等调制而成的制品。

4. 其他茶饮料

其他茶饮料是指在茶汤中加植入（谷）物抽提液、糖液、酸味剂等调制而成的制品。

6.3.1.8 固体饮料（品）类

固体饮料（品）是指以糖、食品添加剂、果汁或植物抽提物等为原料，加工制成粉末状、颗粒状或块状的制品，成品水分不高于 5%（m/m），包括果香型固体饮料、蛋白型固体饮料、其他型固体饮料。

1. 果香型固体饮料

果香型固体饮料是指以糖、果汁、营养强化剂、食用香精或着色剂等为原料，加工制成的用水冲溶后具有色、香、味与品名相符的制品。

2. 蛋白型固体饮料

蛋白型固体饮料是指以糖、乳制品、蛋粉、植物蛋白或营养强化剂等为原料，加工制成的制品。

3. 其他固体饮料

其他固体饮料包括以下三种类型。

（1）以糖为主，添加咖啡、可可、香精等加工制成的制品。

（2）以茶叶、菊花及茅根等植物为主要原料，经抽提、浓缩与糖拌匀（或不加糖）加工制成的制品。

（3）以食用包埋剂吸收咖啡（或其他植物提取物）及其他食品添加剂等为原料，加工制成的制品。

6.3.1.9 特殊用途饮料（品）类

特殊用途饮料（品）是指特殊用途饮料（品）是指通过调整饮料中天然营养素的成分和含量比例，以适应某些特殊人群营养需要的制品，包括运动饮料、营养素饮料、其他特殊用途饮料。

1. 运动饮料

运动饮料是指营养素的成分和含量能适应运动员或参加体育锻炼人群的运动生理特点、特殊营养需要，并能提高运动能力的制品。

2. 营养素饮料

营养素饮料是指添加适量的食品营养强化剂，以补充某些人群特殊营养需要的制品。

3. 其他特殊用途饮料

其他特殊用途饮料为适应特殊人群的需要而调制的制品，如低热量饮料等。

6.3.1.10 其他饮料（品）类

其他饮料（品）类指除上述九种类型以外的软饮料，包括果味饮料、非果蔬类的植物饮料、其他水饮料。

1. 果味饮料

果味饮料是指在糖液中加入食用香精、植物抽提液、酸味剂、甜味剂等调配而成的原果汁含量低于5%(m/V)可直接饮用的制品，如橘味饮料、柠檬味饮料等。

果味饮料浓浆经稀释后饮用。

2. 非果蔬类的植物饮料类

非果蔬类的植物饮料是指用非果蔬类的植物的根、茎、叶、花、种子以及竹木自身分泌的汁液，经调制加工制成的制品。

3. 其他水饮料

其他水饮料包括以下三种类型。

（1）由符合生活饮用水卫生标准的水为水源，经纯化处理（或未经纯化处理）后，添加或通过一种特定装置，以使水中含有一定量的有利于人体健康的微量元素或矿物质的水。

（2）用天然矿泉水调制加工而成的制品。

（3）以食药两用或新资源食物为原料，经调制加工制成的制品。

6.3.2 酒类商品

6.3.2.1 酒的分类

酒类商品的分类很多，常见的分类方法有以下三种：

1. 按酒精的含量分类

高度酒：酒度在40%（V/V）以上者，多为蒸馏酒，如各种白酒、白兰地。

中度酒：酒度在20%（V/V）~40%（V/V），如各种露酒、药酒等配制酒。

低度酒：酒度在20%（V/V）以下，如黄酒、葡萄酒、啤酒、果酒等各种发酵酒。

2. 按制作工艺分类

蒸馏酒：是指原料经酒精发酵之后，以蒸馏的方法使酒液与酒糟分离而制得的酒。此类酒的酒度一般在40%(V/V)以上，刺激性强，耐储藏，如白酒、白兰地、威士忌等各种高度酒。

发酵原酒：又称压榨酒或酿造酒，是指酒精发酵之后用压榨或过滤的方法提取酒液分离酒糟而制得的酒，多数低度酒如啤酒、葡萄酒、果酒、黄酒等都是发酵原酒。

配制酒：指用成品酒或食用酒精为酒基，以糖料、香料，水果以及各种药材为配料按一定工艺制成的酒。其酒度因品种不同而有区别，一般中度居多。

3. 按商业经营习惯分类

按商业经营习惯，酒可分为白酒、啤酒、黄酒、葡萄酒、果酒、露酒等。其中，葡萄酒、果酒、露酒通称为色酒。

6.3.2.2 酒的质量特点

1. 白酒

（1）白酒的成分：白酒的主要成分是乙醇和水，二者约占总量的98%以上。其余成分为高级醇、有机酸、脂类、多元醇、酚类及其他微量成分。这些成分含量虽少，却与白酒的品级质量关系密切。白酒中也含有一些有碍人体健康的成分。对这些成分，食品卫生标准中有限制性指标。

（2）白酒的香型及其代表品种：根据白酒中呈香物质的不同，我国习惯将各地所产优质白酒划分为以下五种类型。

①酱香型。酱香型白酒的特点是酱香突出，幽雅细致，酒体醇厚，回味悠长。酱香型白酒略有焦香，饮酒之后空杯的香气经久不散，有代表性的为贵州茅台酒、四川古蔺县郎酒和湖南常德武陵酒。

②浓香型。浓香型白酒种类很多，但其共性是窖香浓郁，清洌甘爽，香味协调，尾净余长。民间称之为：香浓郁，入口绵，落口甜。其主体香气成分是乙酸乙酯和适量的丁酸乙酯。浓香型白酒名品很多，如泸州老窖、五粮液、洋河大曲、古井贡酒、剑南春、宋河粮液、山东曲阜孔府家酒等。

③清香型。清香型酒的风味特点是：清香纯正，口味谐调，微甜绵长，余味爽净。该类酒的主要香气成分是乙酸乙酯和乳酸乙酯。清香型典型代表有山西杏花村汾酒、河南宝丰酒、山西祁县六曲香。

④米香型。米香型白酒的风味特点是：米香清雅，入口柔绵，满口甘洌，回味怡畅。小曲酒多属米香型。其主体香气成分是乳酸乙酯为主，乙酸乙酯稍低。米香型的代表品种有广西桂林三花酒、广东五华县的长乐烧、湖南浏阳河小曲等。

⑤兼香型，又称复香型、混合型。这是一类兼有两种主体香型的白酒。著名酒品有贵州遵义的董酒、陕西凤翔的西凤酒。

（3）白酒的质量鉴定：白酒的质量鉴定包括感官鉴定和理化卫生指标鉴定。

感官鉴定。对白酒进行感官鉴定，要求鉴定人员是训练有素的专业人员。白酒的感官质量指标包括色泽、香气和滋味。

色泽：白酒一般应无色透明，清亮无悬浮物，无混浊和沉淀。发酵较长、储藏期较长的优质白酒，如酒液略显微黄色是允许的。

香气：优质白酒醇香、芳香扑鼻。白酒的香气可分为溢香、喷香和留香三类香气。品酒时当鼻腔靠近杯口，顿觉芳香物质就溢散于杯口附近，这叫溢香（也叫闻香）。酒液进入口腔，香气立即充满口腔就叫喷香。一般白酒都应有一定的溢香；名优白酒要兼有溢香、喷香和留香，而且香气典雅纯正，不带异味。

滋味：白酒滋味要纯正，无强烈的刺激性，白酒的滋味与其香气是协调一致的。香气较好的，滋味也较好。优质、名牌酒要求滋味醇厚，味长；甘洌，有回甜，入口各味协调，有愉快舒适的感觉。

在给白酒评分时，除色、香、味外，还有风格一项。

理化、卫生标准：白酒的理化指标有酒精度、总酸、总醛、固形物等含量指标。卫生指标有甲醇、杂醇油、铅等限制性指标。

2. 啤酒

（1）主要成分：啤酒中除了90%左右的水，还有少数其他成分。这些成分与啤酒的保存期及口味有密切关系，主要包括：酒精，啤酒含酒精成分低，大都在3%～5%；二氧化碳，对于啤酒来说是重要成分，使啤酒具爽口的风味，通常要求其含量在3%略高一点；甘油,是酒精发酵的副产物,适量甘油的存在,可使啤酒泡沫更持久,酒味更醇和;浸出物,浸出物指糖分、酸类、含氮物、矿物质等,多数为营养性物质。

(2) 啤酒的种类:啤酒常按以下三种方法分类:

①按原麦汁浓度分,有低浓度、中浓度、高浓度啤酒。其中:低浓度啤酒原麦汁浓度在8%(m/m),酒度为2%(V/V)左右。该类啤酒用料少,成本低,稳定性差,适宜于夏天作凉茶饮料;中浓度啤酒原麦汁浓度在10%(m/m)~12%(m/m),酒度在2.9%(V/V)~3.7%(V/V)。这种啤酒稳定性好,杀菌后可储存较长时间,是啤酒中的产销量最大的一类;高浓度啤酒原麦汁浓度在14%(m/m)~18%(m/m),酒度在4.1%(V/V)~4.5%(V/V)。这类啤酒稳定性好,色浓固形物多,口味醇厚,耐储。

②按颜色分有淡色、浓色两种啤酒。

③据杀菌与否分,有生啤(鲜啤)和熟啤酒之分。

(3) 啤酒质量简易检验:啤酒的质量检验可以通过感官检验的办法进行简易检验,严格的检验需要借助理化方法。常用的感官检验项目和要求是:

①透明度。啤酒均要求酒液透明,无明显悬浮物和沉淀物。

②色泽。啤酒的色泽决定于麦芽的颜色。不同种类的啤酒颜色有相应的要求。一般的要求是颜色应鲜明、协调,色度应在标准定范围之内。鉴定色泽的方法是采用比色法。

③泡沫。酒类中唯有啤酒将泡沫作为一项质量指标。要求啤酒倒入杯中,即有泡沫升起。泡沫以洁白细腻为好,起初时要盖满酒面,并应缓慢消失,持久地挂杯。

④香气和滋味。正常淡色啤酒应具有新鲜的酒花香气,饮后口味纯正、爽口、醇厚而杀口,浓色啤酒应具有明显的麦芽香,无不愉快的气味,饮后口味纯正,浓厚杀口。

3. 葡萄酒、果酒、露酒

(1) 葡萄酒:葡萄酒的种类很多,通常按以下依据去分类:

①按颜色分类可将葡萄酒分为红、白两类。红葡萄酒用红色或紫色葡萄为原料,采用皮肉混合发酵方法制成。因酒中溶有葡萄的色素,经氧化而呈红色或深红色。红葡萄酒口味甘美,酸度适中,香气芬芳,酒度一般在14%(V/V)~18%(V/V)。白葡萄酒是用黄绿色葡萄或用红皮白肉的葡萄为原料,采用皮肉分离发酵而成。发酵后,酒的色泽多为麦秆黄、淡黄或金黄。酒液澄清透明,口味纯正,酸甜爽口,酒度一般为12%(V/V)左右。

②按含糖量分类,可将葡萄酒分为干型、半干型、半甜型和甜型四类。同样的分类名称也见之于黄酒。干葡萄酒每升含糖量为4g以下,在口中无甜味,只有酸味和清怡爽口的感觉。在欧洲,这种酒是销量很大的佐餐酒。半干葡萄酒每升含糖为4~12g时,在口中微有甜感,或略感厚实的味道。半甜葡萄酒每升含糖为12~50g时,口味略甜,醇厚爽顺。甜葡萄酒每升含糖为50g以上时,酒有明显甜味,较符合我国消费者的饮酒习惯。

③按酒中葡萄酒原汁含量高低分类有全汁葡萄酒和半汁葡萄酒。全汁酒是用100%的葡萄原汁酿造而成。高档葡萄酒一般均为全汁酒,酒的酿制工艺也相对复杂。半汁酒葡萄原汁含量在50%以下的为中档酒,在30%以下的为低档酒。这类酒酿造过程中要加入砂糖、酒精等,故口味欠佳,营养偏低。

(2) 果酒和露酒:果酒是指除葡萄酒之外的其他各类果实为原料酿制的酒。此类酒的命名,以果实名称而定,如在我国就有山楂酒、橘子酒、苹果酒、海棠酒、草莓酒、梨酒、杨梅酒、猕猴桃酒、石榴酒等。

露酒中虽也有以果实命名的,但它的制作方法与果酒有不同。后者属发酵原酒,而露酒是以成品酒为酒基调制而成。用作酒基的成品酒可以是白酒、黄酒、葡萄酒,有时也用食用酒精调制。配制酒可以是成品酒与香料、糖、色素等配制而成,也可以直接浸泡水果、中药而制成。其酒精度差异大,但中度者居多。

6.3.3 乳制品

乳是营养丰富的食品,被人们称作完全营养食物。世界卫生组织也把人均乳品量列为衡量一个国家人民生活水平的主要指标。乳含有人体生长发育及代谢所必需的营养成分,所含营养价值几乎全部能被人体消化吸收。一个人每天喝两杯牛乳,即500毫升,能获得优质蛋白16.5克、脂肪17.5克、糖22.5克、钙600毫克、维生素A约20国际单位、维生素D约10国际单位、维生素B1约0.5毫克、维生素B2约0.8毫克,能满足人体每天需要的动物蛋白质约50%、热能约30%、钙约50%,以及可满足每天所必需的氨基酸。

6.3.3.1 乳的基本成分及其性质

乳主要由水、蛋白质、脂肪、乳糖以及以钙为主的矿物质和一些维生素组成。乳的基本组成为:水87.5%~89%,总乳干物质(乳固体)11.0%~13.0%,其中:脂肪3%~5%,乳糖4.5%~5%,蛋白质3.3%~5%,无机盐(灰分)0.6%~0.75%。牛乳含有以下五大营养成分。

1. 蛋白质

蛋白质是牛乳的重要营养物质,鲜牛乳的蛋白质含量为3.4%,主要包括酪蛋白、乳清蛋白和脂肪球膜蛋白三种。乳蛋白的消化吸收率一般为97%~98%,属完全蛋白质。牛乳中还含有人体必需的八种氨基酸,且比例适当。一个人每天摄入500克牛乳,就可以拥有每日推荐量的全部必需氨基酸。它能供给机体营养,执行保护功能,负责机体运行,控制代谢过程,输送氧气,防御病菌的侵袭,传递遗传信息。

2. 乳脂肪

牛乳中脂肪含量约占3.6%,且呈乳糜化状态,以极小脂肪球的形式存在,均匀地分布在乳汁中,易被人体消化吸收。摄入人体后可经胃壁直接吸收,这对婴儿的生长特别有利。乳脂肪是一种消化率很高的食用脂肪,能为机体提供能量,保护机体。乳脂肪不仅使牛奶具备特有的奶香味,还含有多种脂肪酸和少量磷脂,脂肪酸中的不饱和脂肪酸和磷脂中的卵磷脂、脑磷脂、神经磷脂等都具有保健作用。

3. 维生素

维生素对维持人体正常生长及调节多种机能具有重要作用,人体是不能自行合成维生素的,必须从食物中摄取。而牛乳中含有几乎已知的所有维生素,如维生素A、维生素D、维生素E、维生素K、维生素B1、维生素B2、维生素B12、泛酸等。

4. 乳糖

乳糖是牛乳中特有的碳水化合物,含量为4.9%左右,较人乳(7%左右)少,其他食物中不含乳糖。乳糖的营养功能是提供热能和促进金属离子如钙、镁、铁、锌等的吸收,调节胃肠蠕动和消化腺分泌等作用,对于婴儿智力发育非常重要。另外,钙的吸收程度与乳糖数量成正比,丰富的乳糖含量能起到预防佝偻病的效果。

5. 无机盐

牛乳中含无机盐0.7%左右,以钙、磷、镁、钾、钠为多。牛乳中含有丰富的钙,每

100 克牛乳中含 120 毫克钙,且钙磷比例适当,有利于钙的吸收,所以牛奶是钙质的最好来源。如果每天饮用 250 克牛奶,就可以补充 300 毫克左右的钙,达到推荐供给量的 35%,这对解决中国人膳食钙缺乏具有重要意义。此外,牛乳中含碱性元素多于成酸性元素,有助于调节体内酸碱平衡。

所以,牛乳营养成分全面,营养价值高,是一种良好的滋补食品。

6.3.3.2 乳的消毒

1. 煮沸消毒法

此法将乳直接煮沸即可,不需要特殊设备。但对乳的理化性质改变较大,营养成分损失较多。

2. 瓶装蒸汽消毒法

将生乳装瓶内加盖后,置蒸笼内加热消毒。加热的时间视设备条件而定。加热至 80 ℃~85 ℃,维持 15 分钟,或蒸汽上升时起再加热 10 分钟即可。此法简单可靠,还可避免消毒后再污染。

3. 巴氏消毒法

其操作方法有多种,设备、时间和温度各不相同,但都能达到消毒的目的。一般可分为:低温长时间消毒法,是将牛乳置于 62 ℃~65 ℃下保持 30 分钟;超高温短时间消毒法,是将牛乳置于 130 ℃~150 ℃下加热 3 秒钟。

乳的消毒一般可使乳中的细菌含量减少到最低程度,但仍残留耐热的微生物,因此不能长时间储存。

6.3.3.3 乳的质量要求

衡量乳的质量指标主要有三个方面:一是感官指标;二是理化指标,主要取决于总干物质,如表 6-7 所示;三是微生物指标,要求尽可能减少微生物,如表 6-8 所示。

表 6-7 鲜乳的理化指标

项 目	指 标
比重	1.28~1.032
脂肪/%	≥3.00
酸度/°T	≤16
汞/(mg·kg^{-1})	≤0.01
六六六/(mg·kg^{-1})	≤0.10
滴滴涕/(mg·kg^{-1})	≤0.10

表 6-8 鲜乳的微生物指标

项 目	指 标
每毫升细菌总数/个	≤30 000
每百毫升大肠菌群(最可能数)/个	≤90
致病菌	不得检出

牛乳质量感官鉴别可从色泽、状态、气味、滋味三方面入手。

（1）色泽。正常的新鲜牛乳应呈乳白色或稍带微黄色，如果牛乳色泽灰白发暗，或带有浅粉红色、黄色斑点，则说明牛乳已经变质或掺杂质。

（2）状态。正常的新鲜牛乳是均匀的乳浊液，有一定黏度，无上浮物和沉淀，无凝块、杂质；如果发现牛乳呈稠而不匀的溶液状，或上部出现清液，下层有豆腐脑状物质沉淀在瓶（袋）底，说明牛乳已变质。

（3）气味和滋味。正常的新鲜牛乳应有一种天然的乳香，其香味平和、清香、自然、不强烈。此香来源于乳脂肪，香气的浓淡取决于乳脂肪含量的多少，如果是部分脱乳脂肪的牛乳，其乳香味稍淡薄。

鉴别牛乳的新鲜度，最简易的方法是：往盛清水的碗内滴几滴牛乳；如果乳汁凝固沉淀，说明是新鲜牛乳；如果乳汁浮在水面上且分散开，说明其质量差。鲜牛乳呈乳白色或微黄色的均匀胶态流体，无沉淀、无凝块、无杂质、无淀粉感、无异味；具有新鲜牛奶固有的香味。将牛奶倒入杯中晃动，奶液易挂壁。滴一滴牛奶在玻璃上，乳滴成圆形，不易流散。煮制后，无凝结和絮状物。

生鲜牛乳微生物的来源是牛体污染、外界污染、疾病。牛体污染指挤乳的环境（牛舍空气、垫草、尘埃以及乳牛本身的排泄物）、清洗程度、乳房的污染；外界污染指空气质量、挤乳用具和盛乳容器、饲料的污染，以及挤乳的手、蚊子、苍蝇带来的污染；疾病主要指乳腺炎。常见的微生物包括细菌、酵母、霉菌等。

6.3.3.4　乳粉

乳粉是以牛乳为原料经过杀菌、蒸发水分，而后干燥成脱水粉粒状的乳制品。成品呈极淡的黄色，含有少量水分，用水冲调后基本上和鲜乳相同。

1. 性质

比鲜乳耐存放，保存期限少者几个月，多者可达几年；便于携带，运输方便；成品乳粉体积仅为鲜乳的 1/8 左右，重量也大大减轻；食用方便，冲调便利，可随时冲饮。

2. 种类

由于加工方式和原料处理的不同，乳粉可分为下列四种：全脂乳粉，以鲜乳直接加工而成；脱脂乳粉，将鲜乳中的脂肪分离出去，再用脱脂乳加工而成；全脂加糖乳粉，在鲜乳中添加 20% 的蔗糖或乳糖加工而成；婴儿乳粉，在鲜乳中添加儿童所需的营养成分而成。

3. 质量要求

全脂乳粉的感官指标应为淡黄色粉状，颗粒均匀，无结块，颗粒均匀，无异味。若乳粉出现苦味、腐败味、发霉等异味，应做废品处理。各项指标中，水分应小于 3%，脂肪应大于 25%，溶解度应大于 97%，含铅量小于 0.5 ppm（百万分之一），含铜小于 4 ppm，含汞小于 0.01 ppm，菌落总数不大于 50 000 个/克，大肠菌群不大于 90 个/100 克，致病菌不得检出。

脱脂乳粉的感官指标应为浅白色。色泽均匀，有光泽，干燥粉末无结块，具有脱脂消毒牛乳的纯香味，无其他异味。凡出现苦味、腐败味、发霉等异味，应做废品处理。各项指标中，水分应小于 4%，脂肪不少于 1.5%，溶解度应大于 97%，含铅量小于 0.5 ppm，含铜小于 4 ppm，含汞小于 0.01 ppm，菌落总数不大于 20 000 个/克，大肠菌群不大于 40 个/100 克，致病菌不得检出。

案例 **劣质奶粉充斥安徽阜阳　上百婴儿受害近半死亡**

自 2003 年以来,一些营养成分严重不足的伪劣奶粉充斥安徽阜阳农村市场,2003 年 4—10 月最为猖獗,导致众多婴儿受害甚至死亡。

实际上,在阜阳市工商部门 2004 年年初查封了 33 种伪劣奶粉后,伪劣婴儿奶粉改头换面,仍旧横行安徽阜阳农村市场。阜阳各大医院收治了十余名"大头娃娃"(由于患病婴儿四肢短小,身体瘦弱,脑袋尤显偏大,被当地人称为"大头娃娃"),其中多为 3~5 个月的婴儿。

2003 年 8 月 13 日,阜阳,出世仅 130 天的女婴荣荣死去。在 2003 年 8 月 7 日被送进医院时,荣荣由于严重的营养匮乏,肝肾功能已经呈现重度衰竭,并伴发肠源性皮炎,出现了局部溃烂。

因为长期食用几乎没有营养的伪劣奶粉,荣荣患有"重度营养不良综合征"。出生 3 个月,除了一张胖嘟嘟的小脸外,荣荣几乎就没有生长。扼杀荣荣的"元凶",是一种伪劣婴儿奶粉。

与荣荣同样受害的是小汉琴,相对幸运的是,她还活着。4 月 13 日,在阜阳市人民医院,记者见到了患有"重度营养不良综合征"的婴儿小汉琴。她有着通红发亮的脸庞,一双短小瘦弱的小手。

阜阳市太和县中医院儿科主任颜鹏飞介绍,在我国,婴儿的生长速度一般为每月 0.7 千克。据此推算,出生于 2004 年 2 月 4 日的小汉琴正常体重应为 4.61 千克。可是现在的她仅有 3.2 千克,只比刚出生时增加了 0.2 千克。也就是说,小汉琴在出生后的两个半月时间里基本就没有生长,而这本是人一生中生长速度最快的一个时期。蛋白质含量不足,是婴儿停止生长的根本原因。

根据阜阳市产品质量监督所出示的检验报告,小汉琴平日所食用的奶粉蛋白质含量仅为 1%,而根据我国现行的 GB 10767—1997 产品质量标准,0~6 个月的婴儿奶粉蛋白质含量应为 12%~18%。

按照国家卫生标准,小汉琴每天需要食用 100 克左右的婴儿奶粉才能摄取足够的蛋白质,这正是她每天食用的奶粉包装袋所提示的食用量。可是,这种伪劣奶粉每天只为她提供了 1 克的蛋白质,还不到正常需要的十分之一。

这些被查封的奶粉因脂肪、蛋白质和碳水化合物等基本营养物质不及国家标准的三分之一,被人们称为"空壳奶粉"。

劣质奶粉所含蛋白质含量极低,根本不能满足婴儿的生长需要,长期食用会导致婴儿营养不良,停止生长,严重的甚至越长越轻、越小,直至心、肝、肾等器官功能衰竭而死亡。

像小汉琴这样的"大头娃娃"在阜阳有一二百人,其中死亡的多达五六十名。

据业内知情人士透露,由于奶粉市场竞争激烈,一些中小奶粉厂纷纷采取拼成本,增加中间商利润,导致奶粉质量严重下滑。在奶粉市场大战中,一些不法厂家往往减少蛋白质和微量元素等营养成分,降低生产成本。一位从事奶粉批发多年的经营户告诉记者,经营中、低档正牌奶粉利润较薄,平均一箱奶粉只有四五十元,雀巢等高端奶粉的利润才会达到八九十元,而一些假冒奶粉的利润也可达到六七十元,并且因为价格低,销售很快,所获收益也非常可观。据他介绍,像他所经营的这个约 20 平方米的店铺,一年下来仅奶粉一项就有五六十万的收益,其中销售假冒奶粉可占三成以上。

案例分析思考题

1. 根据以上案例，分析市场上出现劣质奶粉的原因。
2. 你认为要杜绝劣质奶粉流入市场，哪些市场管理部门应负有监管职责？应该采取什么措施防范？
3. 查阅奶粉的相关标准，指出奶粉的质量指标有哪些？

6.4 茶叶和水果

6.4.1 茶叶

茶叶、咖啡、可可是世界性的三大饮料。而茶叶作为饮料，历史最悠久，饮用地区最广，产量最大。

6.4.1.1 主要品种及其特点

我国通常将茶叶分为绿茶、红茶、乌龙茶、花茶和紧压茶五大类。其代表性品种和特点如下：

1. 绿茶

绿茶是不发酵茶，它的特点是保护了茶叶的绿色，即做到干绿、汤绿、叶底绿"三绿"。绿茶按初制干燥方法不同，分为炒青、烘青和晒青三类。

（1）炒青。初制干燥是用铁锅炒制的茶，称炒青绿茶。其品质特点是各条索紧洁光润。汤色叶底碧绿，香气清高，滋味浓，收敛性强，耐冲泡。炒青的主要品种又可分为扁炒青、长炒青和圆炒青。

长炒青中的名品有碧螺春、庐山云雾、珍眉等。扁炒青有龙井、旗枪和大方等名品。圆炒青主要是珠茶。

（2）烘青。烘青茶干燥方式是采用烘笼或烘干机，而不是直接接触铁锅。烘青茶既有成品茶，也是供窨制花茶的原料茶。烘青茶外形较为舒展，色泽翠绿油润，汤色黄绿明亮，香气清纯，味鲜醇，叶底嫩缘匀齐。著名品种有黄山毛峰、太平猴魁、六安瓜片、信阳毛尖、君山银针等，主产地是安徽、湖南、河南等。

（3）晒青。晒青是利用日光干燥的一类绿茶，其品质不及炒青和烘青，一般香气低，汤色和叶底黄色，带有日晒味。这类茶除在产地销售外，多作紧压茶原料，主产于云南、湖北、湖南、贵州、广西等地。

2. 红茶

红茶品质特征和绿茶不同，绿茶以保持天然绿色而吸引人，红茶则以红艳而名贵。制作中，采用细嫩叶为原料，经完全发酵使绿叶变为红叶——发酵是红茶品质形成的关键。发酵使茶多酚加速了酶促氧化，形成红叶红汤、香甜味醇的品质特征。红茶根据制法与品质的差异分为工夫红茶、小种红茶、红碎茶三类。

（1）工夫红茶：工夫红茶是我国特有的传统产品，以做工精细而得名。工夫红茶在制作过程中很讲究茶的形状和色、香、味，特别要求紧卷、完整、匀称、洁净。其成品特点是条索紧细、色泽乌润、汤色红艳明亮、香气浓郁纯正、滋味甘醇、叶底匀嫩鲜红。其中，祁红、滇红、川红、宜红被称为我国的四大红茶。

（2）小种红茶：我国的小种红茶多产于福建省。因烘干时用松木熏制，故成品茶有独特的松木香味，这是小种红茶与工夫茶的最明显区别。小种红茶的品质特点是茶条粗实、叶质肥厚、色泽乌黑、汤色红浓、滋味爽口。

（3）红碎茶：红碎茶在国际市场上很受欢迎。红碎茶在初制时经过充分揉捻和切碎、发酵、干燥而成。其特点是外形整齐一致，色泽乌黑、香气很浓、滋味浓厚、汤色浓红，适于添加牛奶、柠檬、糖等饮用。因红碎茶压制作时经揉、撕、切，已使茶叶组织破坏，故饮用时一次冲泡就能将大部分有效成分浸出，这很符合西方人的饮茶习惯。

3. 乌龙茶

乌龙茶即是青茶，属半发酵茶。其制作方法兼有红茶与绿茶的发酵和杀青，其成品特点既有绿茶的鲜爽也有红茶的甘醇，而且叶底具有绿叶红镶边的特点。制作时有"摇青"工序，将鲜叶置于特制容器内不断摇动，使茶叶相互碰接至叶缘细胞破裂，茶汁流出，氧化发酵，发酵到适应程度后立即杀青，使发酵过程终止。这样，片片茶叶边缘经发酵，中心部分不发酵，故而形成叶底绿叶红镶边的特殊风格。

乌龙茶也是我国特产，主产于福建、广东、台湾三省，以福建的产量最大，品种最多，质量最好，主要品种有安溪铁观音、武夷岩茶等。

经临床医学研究证明，乌龙茶对高血压、高血脂病有显著疗效。

4. 花茶

花茶属再加工茶，是由成品茶加鲜花窨制成。多以所用鲜花命名，如茉莉花茶、柚子花茶、玳玳花茶、玫瑰花茶、桂花茶等。用于窨制花茶的茶坯通常是烘青绿茶，也用少量的炒青、乌龙茶和红茶。

花茶的质量特点除了外形、叶底、色泽等方面与所用茶坯相同外，主要不同之处是香气，其次是滋味。高级花茶均要求香气鲜灵，浓郁清高，滋味浓厚鲜爽，汤色清澈、清黄、明亮，叶底细嫩、匀净、明亮。

5. 紧压茶

紧压茶即各种块状茶，其形状以砖形最多，其他有碗形、饼形等，突出的特点是便于运输，便于储藏。

紧压茶是用晒青和红茶的毛茶或副茶作原料经蒸茶、装模或装篓压制而成。紧压茶种类很多，有湖南产的茯砖、黑砖、花砖、湘尖，湖北产的青砖、米砖，四川产的康砖、金具；广西六堡茶和云南普洱沱茶、方茶、饼茶等。

6.4.1.2 茶叶的主要成分

茶叶中含有多种有益人体健康的营养物质，如维生素，矿物质，蛋白质，糖类等。与茶叶质量直接相关的成分，主要是影响其色、香、味的多酚类、生物碱、芳香油和色素等。

茶多酚类物质又叫茶单宁、茶鞣质，是以儿茶素为主体的多酚类化合物及花青素，是茶汤特别是红茶汤呈色的主要物质，也与茶叶的苦涩味有关。茶多酚类物质对人体有多种药理作用，如儿茶素具杀菌、除压、强心作用，并对尼古丁和吗啡等对人体有害的生物碱有解毒作用。

茶中的生物碱主要为咖啡碱。咖啡碱能兴奋中枢神经，解除大脑疲劳，强心利尿，减轻酒精、烟碱等有害物质对人体的伤害。饮茶的愉悦、奇妙感觉，主要来自咖啡碱的作用。

茶叶的香气来自茶叶所含的芳香物质。茶叶中的芳香物质多达数百种，但绝对量并不大,起重要作用的也就是青叶醇、苯甲醇、苯乙醇、香叶醇、苯甲醛等。

茶中含有多种维生素,其中维生素 C 最丰富。每 500 克绿茶约含维生素 C 135 毫克。其次是 B 族维生素。茶叶中也含有多种矿物质,特别是以含氟高而在绿色植物中著称。

茶中的氨基酸为主要呈味物质,也与茶叶香气关系很大。氨基酸的存在使绿茶汤更鲜爽、味更丰满。有的氨基酸在热水冲泡后,会与糖类物质发生化合作用,发出诱人的香气,比如丙氨酸就有类似玫瑰的香气味。

茶叶中的其他成分还有含量高达 20% ~ 30% 的糖类物质以及各种色素。糖类物质的存在使茶汤具甜醇味;色素的存在使不同类别的茶叶叶底和茶汤呈现与其品质相符的颜色。

6.4.1.3 茶叶的质量评审

茶叶质量包括感官质量和理化指标两部分。在我国,茶叶品质的好坏、等级的划分、价值的高低,主要根据茶叶外形、香气、滋味、汤色、叶底等项目,通过感官审评来决定的。

感官审评分为干茶审评和开汤审评,即干评和湿评。干评是审评干茶外形。开汤及泡茶或沏茶则为湿评内质重要的步骤。开汤后应先嗅香气,快看汤色,再尝滋味,后评茶底。操作程序分述如下:

(1)嗅香气。嗅香气应一手拿住已倒去茶汤的评审杯,另一手半揭开杯盖,靠近杯沿用鼻轻嗅或重嗅。为了正确判别香气的高低和类型,嗅时应重复一两次,但每次嗅的时间不宜过久,过久不但容易失去嗅觉的灵敏度,而且杯数较多时,冷热程度不一,就难以评比。每次嗅评时都要将杯内叶底抖动一下。未评之前,杯盖不得打开。

(2)看汤色。汤色又称水色,俗称汤门或水碗。审评汤色要及时,因茶汤中的成分和香气接触后很容易发生变化,所以有的把评汤色放在嗅香气之前。汤色易受光线强弱、茶碗规格、容量多少、排列顺序、沉淀物多少、冲泡时间长短等各种因素影响,在审评时要加以注意。汤色以深浅、明暗、清浊等评定优次。

(3)尝滋味。审评滋味应在评汤色后立即进行。茶汤的温度要适宜,一般尝滋味的茶汤温度以 50 ℃ 左右为宜。温度过高或过低都易使滋味失真。尝茶味的方法是将汤匙自审评碗中取汤入口。汤入口后舌头快速循环打转,让舌头各部分在功能上有区别的味蕾全进入工作状态,以便全面而客观地反映茶滋味。尝味后的茶汤一般不下咽;尝另一碗前,匙要用白开水漂净,以免串味。审评滋味主要按浓度、强弱、爽涩、鲜滞与纯杂等评定优次。

(4)评叶底。评叶底是根据叶底的老嫩情况、均匀程度、整碎程度和开展与否来评定。同时还应注意有无其他物质掺杂。评叶底时是将杯中冲泡过的茶叶(即叶底)倒入叶底盘或放入审评杯盖的反面,也有放入白色搪瓷漂盘内。倒时要注意把细碎的粘在杯壁杯底的茶叶倒干净,用叶底盘或杯盖的先将叶张拌匀、铺开、钦平,观察其嫩度、匀度和色泽的优次,如果感到不够明显时,可在盘里酌加茶汤撅平,再将茶汁徐徐倒出,使叶张漂在水中观察分析。评叶底时,要充分发挥眼睛和手指的作用。手指按撅叶张,感觉其软硬、厚薄、平凸、壮瘦等,用眼睛看芽叶含量、叶张卷摊、光糙、色泽及均匀度等以区别好坏。

6.4.2 水果

水果是指能够直接供人食用的植物性果实、种子等,如苹果、梨、桃等是植物的果实,松子、核桃等是植物的种子。

6.4.2.1 水果的成分

1. 水分

新鲜的果实中,水分占有很大的比重。水果含水量的多少,因品种不同而异,一般在

80%~90%。西瓜、葡萄、草莓含水量高达90%以上；山楂、香蕉含水量在65%~75%；而瓜子、果仁含水量仅3%~4%。

正常的含水量是衡量水果新鲜程度的一个重要的质量指标。水果越是鲜嫩多汁，其质量也就越高，如失去了正常的含水量，就会使水果萎缩而降低品质。但是水果中水分过多，也给储存带来不便。

2. 维生素

维生素是水果中含量丰富的成分之一。水果中含有多种维生素，如维生素A、维生素C及少量的B族维生素，是人们膳食中维生素，特别是维生素C和维生素A的主要来源。水果中主要是含有维生素A原（即胡萝卜素），一般具有绿、黄、橙等色泽的水果中均富含胡萝卜素，如杏、葡萄、柿子、柑橘、黄桃等。含维生素C丰富的水果有鲜枣（270~600毫克/100克）、山楂（89毫克/100克）、猕猴桃（62毫克/100克）、柑橘（40~60毫克/100克）等。

3. 矿物质

矿物质是水果中重要的营养素之一，水果中的矿物质大多为钾、钠、钙等成分，此外还有硫、磷、镁等，易被人体所吸收，并且生理上是碱性物质，可以中和体内积存的酸性物质，以保持体内的酸碱平衡，调节人体的生理机能。矿物质在水果中含量在0.2%~3.4%，如在仁果类中为0.3%~2.8%，核果类中为0.4%~1.8%，浆果类中为0.2%~2.9%，柑橘类中为0.3%~0.9%。

4. 碳水化合物

碳水化合物是水果中干物质的主要成分，包括糖、淀粉、纤维素和半纤维素。

（1）糖类，是决定水果营养和风味的主要成分。水果中含的糖主要是葡萄糖、果糖和蔗糖等，对人体最有营养的是葡萄糖和果糖。水果种类不同含糖量也不相同。一般说来，成熟度越高，含糖量越高，甜度也越大；但果仁类水果则正好相反。

水果中的糖经长期储存，因水果本身的生理活动，会逐渐降低，甜味就会变淡。因此，常用糖酸比值变化作为鉴别水果风味的指标。

（2）淀粉。在未成熟的果实中一般都含有淀粉。但随着水果的成熟，淀粉就会逐渐分解成糖，有的水果如葡萄和柑橘成熟后不含淀粉，所以储存后甜味不会增加，苹果和梨成熟后仍残存1%~1.5%的淀粉，经1~2个月的储存后淀粉完全转化成糖，从而使甜味增加。水果中含淀粉较多的是香蕉（18%）、栗子（44%）。

（3）纤维素和半纤维素。在水果中纤维素的含量为0.2%~4.1%。它与其他碳水化合物不同，在植物体内一旦形成，就不再参与物质的代谢过程，纤维素和半纤维素聚合起来，就形成了水果内的石细胞，使果肉粗糙而有砂粒状物质。因此，纤维素含量少的水果，肉质细嫩，食用品质好；反之则口感粗糙。纤维素和半纤维素对人体无营养价值，但其能促进人体胃肠的蠕动，帮助消化，防止便秘。

5. 有机酸

有机酸广泛地存在于水果中，同水果的滋味有密切关系，与糖形成糖酸混合的特殊风味。水果中的有机酸主要是苹果酸、柠檬酸和酒石酸，通称为果酸。各种水果含酸量不等，如苹果、柑橘、葡萄等含酸较多，而梨、桃、香蕉等含酸较少。同一品种的水果，未成熟的含酸较多，成熟后含量减少，甜味加浓。水果储存后含量还可能减少，会影响水果的风味。

> **小思考**
>
> 水果的含糖量越高，口感越甜，对吗？

6.4.2.2 水果的种类

水果一般按果实的构造不同分类。

1. 仁果类

仁果类的果实由果皮、果肉和五室子房构成，种子室为薄膜状，内生长有种仁，故称仁果，如苹果、梨、山楂等，较为耐储。

2. 核果类

核果类的果实由外果皮、内果皮和种子构成，外果皮较薄，中果皮肥厚，是食用的果肉部分，内果皮形成木质硬壳，内包有种子，故称为核果，如桃、杏、枣等。

3. 浆果类

浆果类的果实形状较小，果肉成熟后呈浆状，如葡萄、草莓、猕猴桃、香蕉、荔枝等。

4. 坚果类

坚果类的是以种仁作为食用的部分。果实的特征是外覆木质或革质硬壳，成熟时干燥而不裂开，也称为壳果类，如核桃、板栗、松子等。

5. 柑橘类

柑橘类的果实大多由外果皮、中果皮、柑络、中心柱和种子构成。外果皮呈较坚韧的革质状态，中果皮包括经络，内果皮成6～12个瓤瓣，瓤内分化成许多肉质化的小瓤囊，果汁含水量在其中，是可食用部分，如柑、橘、橙、柚、柠檬等。

6. 复果类

复果类的果实由整个花序组成，其食用部分是它的花序轴、苞片、花托和子房，如菠萝、菠萝蜜等。

7. 瓜类

瓜类的果实由花托、外果皮、中果皮、内果皮、胎座和种子构成，主要有西瓜、甜瓜，其中内果皮、胎座是西瓜的可食用部分，而中果皮和内果皮则是甜瓜的可食用部分。

8. 其他

一些草本植物和水生作物的果实和根也可做果品来食用，如甘蔗、荸荠等。

项目小结

食品是指供人食用或饮用的成品和原料，以及按照传统既是食品又是药品的物品，但不包括以治疗为目的的物品。

食品中所含的成分主要是五大营养素（糖、蛋白质、脂肪、维生素、矿物质）和水，它们对人体有重要作用，合理摄入，可保证人体健康。

食品必须对人体安全、卫生。在食品生产、加工、储运等环节中，有多种因素有可能对食品造成污染，使食品中含有对人体有毒有害的物质。故必须针对食品中有毒有害物质的来源，采取各种有效措施，做好食品的储藏工作，确保食品的安全卫生。

随着人民生活水平的提高，乳、酒、饮料、水果、茶等已成为人们日常生活中常见的和重要的消费品，本章主要介绍了粮油和上述食品的种类、成分、品质特征、感官品评、选购食用、储藏方式等，掌握了这些知识和技能，有利于搞好食品的经营管理，指导消费，促进商品使用价值的有效实现。

复习思考题

一、选择题

1. 脂肪酸可分为饱和脂肪酸和（　　）。
   A. 酸性物质　　　B. 不饱和脂肪酸　　　C. 酸度　　　D. 脂肪
2. 将原粮经过加工后脱去皮壳或磨成粉状的粮食叫（　　）。
   A. 粉状粮食　　　B. 半成品粮食　　　C. 成品粮　　　D. 粮油
3. 蛋白质的基本结构单位是（　　）。
   A. 水分　　　B. 淀粉　　　C. 糖类　　　D. 氨基酸
4. 茅台酒的香型是（　　）。
   A. 酱香型　　　B. 米香型　　　C. 浓香型　　　D. 清香型

二、简答题

1. 酒类商品是如何分类的？
2. 粮油商品是如何分类的？
3. 什么叫软饮料？是如何分类的？
4. 水果是如何分类的？

三、实训题

1. 技能题

感官品评饼干、方便面的质量。

2. 案例分析

某消费者准备为7岁女儿的生日购买一个生日蛋糕。在一家大型商场内，食品柜台的营业员热情地接待了他，并帮助他选购了一个满意的生日蛋糕。

当天，这名消费者一家三口享用了非常温馨的生日晚餐。可是到了晚上，女儿突然喊肚子痛，消费者连夜将女儿送到医院。经医院诊断，女儿是因食用了变质食品而导致的腹泻。经过回忆，他们认为，是生日蛋糕造成的女儿患病，理由是只有女儿一人吃了生日蛋糕。虽然由于治疗及时没有造成更为严重的后果，但妻子看着躺在病床上的女儿却非常心疼，坚持让丈夫到商场要求赔偿。丈夫为难地说："营业员对我的服务态度那么好，我怎么好意思要求赔偿呢？"可是，在妻子的强烈坚持下，丈夫不得不与妻子携带没有吃完的蛋糕一起来到商场。

恰巧接待他们的正是卖蛋糕的那名营业员。营业员在耐心听取了他们的申诉后，检查了蛋糕的保质日期，发现蛋糕的保质期恰恰就是截止到消费者购买蛋糕的那天。所以，营业员首先向他们表示了同情，然后，向他们做解释，说明该商场有制度，对所出售的食品，只要是在保质期之内，一律不给予退换，并请他们谅解。

妻子对营业员的解释十分不满，坚持认为他们的女儿就是吃了已经变质的生日蛋糕而患病的。丈夫也改变了态度，逐渐变得不耐烦了。于是，他们与营业员发生了口角。争议很快就引来了一群围观者，影响了商场的正常经营，也给商场带来了负面的影响。

问题：

若你作为该营业员，应当如何处理此事？

项目七

服装商品

知识目标

认识服装材料的种类和性能。

技能目标

了解纺织纤维的种类和鉴别,掌握服装的质量鉴别及选购、穿用知识。

能力目标

能够运用所学知识和方法鉴别服装质量,并初步具备经营服装的有关技能和咨询服务能力。

课程导入案例

艾美时装店可以这样做吗

艾美时装店经过对市场的分析,认为红豆牌服装是名牌,很受消费者的喜爱,销量很好。于是擅自制做了一批红豆牌商标,贴在本店经营的荷花牌服装上进行销售,获利很大。
(中国商品网 经作者整理)

思考题:
艾美时装店的做法对吗?为什么?

7.1 纺织品

7.1.1 纺织品质量的基本要求

纺织品

服装是用于穿着并覆盖人体各部位的着装总称。服装材料是服装的重要组成部分,通常分为面料和辅料,服装的主要原料是纺织纤维。因此,认识服装的性能要从纺织纤维开始。

纺织品商品,是指以纺织纤维为原料加工而成的一类织品。对这类商品的基本要求可归结为服用性、艺术性、工艺性和耐用性等方面。这类商品除供人们穿着外，在工业、农业、医疗、交通运输和国防军事等方面也都需要大量的纺织品。

7.1.1.1 服用性

服用性是指纺织品商品适合穿着的各种性能，主要是指适合穿着的各种自然属性，包括卫生性、缩水性、起毛起球性、刚挺度和悬垂性等。

纺织品的刚挺度，是指织品抵抗弯曲变形的能力，它影响纺织品手感风格和服装的挺括性。

纺织品要求缩水率要小，不易起毛起球。因为起毛起球影响织品外观，织品缩水往往造成服装变形，影响穿着甚至丧失使用价值。

悬垂性，是指从织物中心提起后自然悬垂产生匀称美观垂折的特性，它影响穿着的外观风格，决定了衣服贴体和形态优美的程度。

纺织品的卫生性是指保暖、散湿、吸水和透气等控制衣内小气候的性能。

因此，纺织品必须适应人在穿着过程中的客观要求，既能防寒，又能散热，还有吸附扩散人体所排出的汗液的功能，穿着舒适，有益健康。

7.1.1.2 工艺性

工艺性是指纺织品采用各种加工工艺的可能性，如在加工服装的过程中，采用的纺织品是否便于剪裁、缝制和熨烫定型等。这些既是消费者关心的问题，又是服装加工者应重视的问题。

纺织品的剪裁涉及织品的主要用途。不同用途纺织品在设计时应综合考虑。纺织品的熨烫定型与服用性密切相关，应熨烫方便，定型稳定。用途不同的纺织品，其匹长和幅宽的规定也有所不同。纺织品的缝纫性决定于纺织品的厚度、柔软性、摩擦性和覆盖系数。

7.1.1.3 耐用性

耐用性是指纺织品在使用过程中抵抗各种外界因素对其破坏的性能。纺织品的耐用性直接影响其使用寿命，因此也是评价纺织品商品内在质量的重要特性。

不同的织品抵抗外力作用的要求也有所不同。纺织品在使用过程中受到的外力很多，有拉伸、压缩、弯曲、剪切、摩擦等作用形式。纺织品的耐用性包括抗拉伸断裂特性、抗撕裂特性、抗顶破特性和耐磨性。

7.1.1.4 艺术性

艺术性是对纺织品质量要求的内容之一。艺术性是指纺织品所呈现的外观风格、色泽、花纹、图案等。近代，由于人们生活和文化水平的提高，对纺织品商品质量特别是外观艺术越来越重视，要求越来越高。

7.1.2 纺织品商品的构成成分

纺织品商品所用的原料主要是纺织纤维，依其来源可分为天然纤维和化学纤维两大类。此外，还需要染色和印花的染料，以及改善这类织物性能的整理剂。

7.1.2.1 天然纤维

天然纤维是自然界以纤维状存在，稍经加工整理即可作为纺织原料的纤维材料，主要有棉花、麻类、蚕丝和羊毛等。

1. 棉纤维

棉纤维是一种近于纯纤维素的纺织纤维。棉纤维是具有很多天然捻曲的扁平带状物。棉纤维的主要成分是纤维素，还含有少量的蜡质、果胶质、含氮物、矿物质和其他物质。棉纤维从外向内可分为表皮层、填充层和中腔三部分。表皮层主要成分是果胶质，为一层透明薄膜；填充层是由若干层纤维素为主要成分的同心层组成；中腔是内部的空腔，随棉纤维的成熟程度而变化。

棉纤维的主要性能有：具有较大的吸湿性，这主要是因为纤维素大分子含有亲水性的羟基，而且在纤维素填充层之间存在很多孔隙；是热的不良导体，具有良好保温性能；是电的不良导体，干的棉纤维的介电常数在 3 左右；具有较强的耐光性、耐热性和耐碱性。

2. 麻纤维

麻的种类很多，作为纺织品原料的主要是苎麻和亚麻。麻纤维的主要成分也是纤维素，并不同程度地含有半纤维素、果胶质和木质素。麻纤维的纤维素含量越多，则品质越好。果胶质含量越多，则越粗糙且易折断。木质素含量越多，则越容易变色。

与棉纤维相比较，麻纤维素分子链长，排列的整齐度高，结晶区域大，所以该纤维强度大，吸湿后膨润性小，化学性能较稳定。

3. 蚕丝

蚕丝分为桑蚕丝和柞蚕丝，市场上的丝织品其主要原料是桑蚕丝。桑蚕丝是由桑蚕茧缫制而成，构成桑蚕茧的茧丝由两条平行的单丝组成，单丝外层包覆着一层胶状物即丝胶，两根单丝以丝胶黏合在一起。茧丝的主要成分是丝素或丝朊，四周包有丝胶，还有少量的色素、脂肪和矿物质等。

桑蚕丝是含有蛋白质成分的长纤维，其主要性能：具有较好的吸湿性，因为构成蚕丝的蛋白质分子中含有大量的亲水性基团，同时，在蚕丝中有许多空隙，可以吸附水分子；绝缘性和耐热性较好，蚕丝是电和热的不良导体，是电绝缘的良好材料；耐酸性好，可抵抗弱酸，强酸在较长时间的作用下才能使其溶解。

4. 羊毛纤维

羊毛纤维也是一种优良的天然蛋白质纤维。构成羊毛的主要成分是角质蛋白，平均含量在 97% 以上。羊毛纤维有无髓毛和有髓毛之分。无髓毛是由鳞片层和皮质层组成，如美利奴毛、绒毛。有髓毛是由鳞片层、皮质层和髓质层三部分组成，如粗毛、死毛。鳞片层是包覆在羊毛最外层的扁平透明的鳞片状物质，可保护毛纤维不受外界损伤使毛纤维表面光泽柔和，并使毛纤维产生缩绒性。皮质层在鳞片层的里面，由角朊构成，是羊毛的主要成分，细胞之间和分子之间的空隙很多。皮质层是毛纤维最主要的一层，直接影响羊毛的物理和机械性能，该层越厚，其强度、伸度和弹性等就越好。髓质层位于纤维中心部位，由结构松散联系不紧密的角蛋白细胞和空气组成，在潮湿环境中，可提高羊毛的含湿量。该层会降低羊毛的品质。因此，无髓毛具有较高的纺织价值，而有髓毛纺织价值却很低。

羊毛纤维的主要性能：具有较强的吸湿性，因为羊毛的角朊结构上含有多种亲水性基团，皮质层和髓质层又存在很多孔隙；存在缩绒性，羊毛纤维在湿、热和机械力的作用下，能相互穿插纠缠，咬合紧密，从而引起织物面积收缩且厚度加大；具有优良的弹性，用毛料制成的服装不易发生皱折或变形；耐酸性，与棉、麻纤维相比，在弱酸条件下比较稳定。

7.1.2.2　化学纤维

化学纤维是指以天然高分子物或人工合成高分子物为原料，经过化学处理和机械加工而成的纺织纤维。依其原料不同，分为人造纤维和合成纤维两大类。各种化学纤维，按照它们的主要用途不同，可制成长丝和短纤维。长丝用于织造丝织品；短纤维中的棉型、毛型和中长型等化学纤维，分别用于织造棉型、毛型和中长型织物。

1. 黏胶纤维

黏胶纤维，是将含有大量纤维素的棉短绒、木材、甘蔗渣、芦苇等原料提纯后，通过化学方法制成稠状的黏胶液，再经纺丝制得的纤维。

黏胶纤维的主要性能：光泽强，黏胶纤维虽不如蚕丝那样柔和悦目，但用它织出的丝绸却富有耀眼的光泽；吸湿性好，因为构成的纤维素含有大量亲水性基团且分子链较短，排列整齐度差；收缩性大，湿强度低，黏胶纤维缩水率一般在10%左右，湿强度只是干强度的50%。此外，黏胶纤维弹性差，衣服易走样变形。

2. 富强纤维

富强纤维是在黏胶纤维的基础上改进而成的，其原料与黏胶纤维相同，但对原料的要求较高，多用棉浆或高级木浆加工而成。在制造过程中，化学处理方法和生产工艺也与黏胶纤维有所不同。富强纤维保留了黏胶纤维的优点，克服了黏胶纤维强力低，尤其是湿态强力降低大，湿态断裂伸长大等明显缺点，其基本性能与棉花接近。

3. 涤纶纤维

涤纶纤维是由有机二元酸与二元醇经缩聚反应而制成的纤维。这类纤维的分子中含有酯基，故称聚酯纤维。它的主要品种是聚对苯二甲酸乙二酯纤维。市场俗称"的确良"。

涤纶纤维的主要性能：弹性好，涤纶纤维制品的最大特性之一是抗皱折性特别好，挺括美观，水洗也不变形；强度高，耐磨性仅次于锦纶，比羊毛纤维高3倍；吸湿性差，仅为0.4%~0.5%，虽洗后易干，但卫生性能较差；热稳定性和耐日光性好，涤纶纤维制成的衣服高温一次定型后，可保持很长时间不变形，暴晒600小时，强度约损失60%。

4. 锦纶纤维

锦纶纤维的学名称聚酰胺纤维，是一大类，品种很多，分子中都含有酰胺基。锦纶纤维的主要品种之一是锦纶—6，它是由含6个碳原子的己内酰胺单体聚合而成。

锦纶纤维的主要性能：耐磨性强，其耐磨性居各种纤维之首；强力大，目前是民用化纤中强度最高的一种；耐腐蚀性好，对酸和碱均具有较强的抵抗能力；吸湿性较好，吸湿率可达3.5%~5%，比涤纶和腈纶要好；耐光性差，长时间在阳光下暴晒其强度会明显下降，褪色发黄。

5. 腈纶纤维

腈纶纤维是丙烯腈与其他单体的共聚物。由于这种纤维柔软、保暖、卷曲、蓬松，可与羊毛媲美，有"合成羊毛"之称。

腈纶纤维的主要性能：保暖性好，试验证明比羊毛纤维还好；耐光性和耐气候性特别好，是纺织纤维中最好的一种；弹性好，仅次于锦纶和涤纶纤维；耐热性较好，125℃热空气下持续一个月，强度仍不变；耐磨性和吸湿性差，其耐磨性不如棉花和羊毛，更不如锦纶和涤纶，吸湿率仅有1.2%~2.0%。

6. 维纶纤维

维纶学名叫聚乙烯醇缩醛纤维，国外商品名称有"维尼纶""维纳纶"等，没经染色的维纶洁白如雪，柔软如棉，有"合成棉花"之称。

维纶纤维的主要性能：吸湿性好，在合成纤维中，其吸湿性最强；耐日光性好，具有耐日光暴晒的特点；耐磨性较好，比棉纤维高一倍多；强力较高，高于棉花30%；耐热性差，开水中强度会降低1/3，湿态时加热到115 ℃就开始收缩变形。

7. 氯纶纤维

氯纶的学名称为聚氯乙烯纤维，它是由聚氯乙烯树脂纺成丝，再经过加工处理制成。其主要性能：化学稳定性好，对酸、碱、氧化剂有很高的抵抗能力；防火性能很好，当其燃烧时一经离开明火自行熄灭；吸湿性极小，接近于零；保暖性好，比棉花还要好；电绝缘性好；耐热性差。

8. 丙纶纤维

丙纶纤维学名聚丙烯纤维，是用从石油中提取的丙烯聚合而成。其主要性能：强度和回弹性高，比棉花、羊毛纤维都高；化学稳定性好，耐酸碱和化学溶剂的性能都好；耐磨性好耐摩擦，又不起球；吸湿性小，基本上不吸湿。

9. 氨纶纤维

氨纶纤维学名聚氨酯纤维。其主要性能：弹性好，伸缩回复率大，当伸长达600%时，回弹率仍可达98%；耐热性能好，在100 ℃水中长时间浸泡，强力无明显变化；染色性能好。

阅读材料　　　　　　　　　**纺织纤维的鉴别**

纺织纤维的鉴别方法很多，有感官鉴别法、燃烧鉴别法、显微镜观察法、试剂溶解法等，但比较常用而简单的方法有感官鉴别法和燃烧鉴别法。

1. 感官鉴别法

通过人的感觉器官即手感、目测的方法对纤维或纺织品进行鉴别。眼看纤维或织品的外观，如纤维的光泽，粗细、长度、弯曲形状；手摸即用手测试纤维或织品的柔软、弹性、平滑或粗糙、凉爽或温暖、厚薄等。

（1）棉花。纤维有天然捻曲，纤维较短，手感柔软，弹性比较差；织品布面光泽柔和自然，手感柔软但有些发涩，弹性较差，用手紧攥布料并迅速放开后有明显皱痕，有的棉布尚存在棉结杂质。

（2）羊毛。纤维的弹性好，通常呈卷曲（毛波）状态，手触有温暖之感；精纺呢绒呢面平整，织纹清晰，光泽自然柔和、鲜艳，有油润感。手感柔软，富有弹性，手捏呢料松开后能较快恢复原状，不留折痕；粗纺呢绒呢面的绒毛细密丰满，质地紧密厚实，手感柔润不糙，身骨挺而不板，有弹性，手触摸呢面有温暖感觉。

（3）蚕丝。手感柔软、富有光泽，纤维细长，手触有寒冷的感觉；绸面光泽柔和明亮，毛泽鲜艳均匀，外观轻柔飘逸，手感柔软细腻弹性好，用手攥紧后迅速放开后有少量的折痕，手触摸绸面有凉感和拉手感觉。

（4）人造丝（棉型、毛型）。其强力低，易拉断，浸水后更易拉断，断处整齐，但有散乱的纤毛物；织品的光泽虽明亮，但不如真丝织品光泽柔和，手感柔软滑爽但不挺括，有松弛绵软感。织品的色泽艳丽，用手攥紧并迅速放开后皱折多且明显，并难以恢复原状。湿态的织品较干态时手感粗硬且强度小，穿用时易起毛、变形，并产生皱褶。

（5）合成纤维。其一般强力、弹性较好、手感光滑，但不够柔软。织品表面平整光洁，织品的强度高、弹性好、手感滑爽，但尚欠柔软，湿态强度较高，拉断纤维时所需的力较大，与干态时无大差异。涤纶织物光泽均匀、手感挺爽，用手攥紧并迅速放松后无皱痕；锦纶织物有蜡状手感，用手攥紧衣料并迅速放松后虽有皱痕但能缓慢恢复原状；腈纶织物色泽较鲜艳，但不如纯毛呢绒自然柔和，毛型感较强，手感较柔软，触摸膨松、有温暖感，重量较毛织物轻，悬垂性稍差。

（6）混纺织品。涤棉布布面光泽较棉布明亮，平整常见的光洁，外观挺括，弹性比棉布好，手攥布料折痕不明显，并能较快恢复至原状；毛粘混纺呢绒呢面光泽不柔和，色泽鲜明度较差，手感较柔软，但有疲软感，不够挺括，手攥紧后松开有折痕，恢复原状慢；毛涤混纺呢绒呢面光泽较明亮，但不如纯毛织物自然柔和、外观挺括、弹性好，手攥紧后不留折痕，但柔软性和毛型感较纯毛或毛腈呢绒差，手感有板硬的感觉；毛腈混纺呢绒呢面色泽较鲜艳，但不如纯毛呢绒自然柔和，手感较柔软，触摸膨松、有温暖感，重量较纯毛织物轻，悬垂性稍差。

2. 燃烧鉴别法

纤维的化学组成不同，对热和燃烧的反应特征也不同，主要表现在临近火焰、在火焰中、离开火焰后、气味、灰烬特征五个方面。在织品边缘抽出几根经纱、纬纱作为试样，在火焰上点燃，观察在火焰上燃烧时的变化状况，根据散发出来的气味、燃烧后的灰烬和剩余物的变化状况，以及硬度和脆性等各种特征，来分析纤维种类。

7.1.2.3 染料

染料是能使纤维或其他物体着色的有机物质。作为纺织用染料，除要求有鲜明的色泽，还要求对纤维有良好的亲和力和各项坚牢度，并且能制成溶液，以利于加工染色。但也有部分染料不溶于水，染色时需将颗粒细小的染料制成悬浮液，通过特殊工艺或借助媒介固着在纤维上。

1. 直接染料

直接染料能溶于水，与纤维有很强的亲和力，能直接对棉、黏胶、蚕丝、锦纶等纤维染色。其色谱齐全，色泽鲜艳，染色工艺简便，价格低廉，唯其染色牢度低，尤其日晒、水洗后牢度很差，使用范围有限。

2. 还原染料

还原染料不能直接溶于水，染色时需先在碱溶液中用还原剂还原成可溶于水的隐色体，被纤维吸附后再氧化成不溶于水的染料，因在染色时需用还原剂才能完成，故称还原染料。

还原染料主要用于棉、麻、维纶等纤维织物的染色和印花，对棉布效果最好，使用也最多。还原染料色泽鲜艳，色谱齐全，染色坚牢度在各类染料中是最好的一类，尤其是日晒、皂洗后坚牢度更佳。

3. 活性染料

活性染料分子结构上含有活性基因，能与纤维上的基团发生化学反应，使染料与纤维结合成为一体，故称活性染料。

活性染料坚牢度较高，使用方便，价格低廉，染色均匀性好，色泽也鲜艳，色谱又较齐全，可用于各种纤维织物染色和印花，多用于棉、黏胶纤维和丝绸的染色和印花。

4. 硫化染料

硫化染料不溶于水，染色时一般需用硫化钠还原成可溶性的隐色体，被纤维吸附后，再氧化成不溶性的染料而固着在纤维上。因为染料结构都含有硫，所以称作硫化染料。硫化染料主要用于棉织品染色。

硫化染料价格低廉，应用较简便，日晒、皂洗后牢度较高，但色谱不全，色泽不够鲜艳，光泽较暗。

5. 不溶性偶氮染料

不溶性偶氮染料，因染色时需在低温下进行，也称冰染染料。它是由两种中间体色酚和色基在纤维上生成的一种不溶于水的染料，其色泽鲜艳，色谱不算齐全，皂洗和日晒后牢度好，但摩擦牢度较差。

不溶性偶氮染料价格低，主要用于棉织物的染色和印花，是深色棉织物用的主要染料。

6. 酸性染料

酸性染料溶于水，需在酸性介质中染色，因此称为酸性染料。其主要使用对象是羊毛、蚕丝及其织物，也用于锦纶织物染色和印花。酸性染料色泽鲜艳，色谱齐全，染色牢度也较好。

酸性媒染染料和酸性络合染料在染料分子结构和染色工艺上与普通酸性染料有所区别，但基本性能与普通酸性染料接近，主要用于羊毛和蚕丝纤维织物的染色。

7. 分散染料

分散染料适用于涤纶及其他化学纤维染色。分散染料是不溶于水的非离子型染料，染色时须以分散性助剂使之形成极细的颗粒状分散体悬浮在染浴中进行染色。分散染料色泽鲜艳，色谱齐全，各项牢度也好。

8. 阳离子染料

阳离子染料是适用于腈纶染色的一类染料。腈纶纤维与一般染料无亲和力，阳离子染料溶于水后可离解成带正电荷的有色离子，能和腈纶纤维形成盐键结合。阳离子染料色泽非常鲜艳，牢度也很好，染色方法简单。

7.1.2.4 整理剂

在印染织物出厂前为赋予其一些特定性能，常常对织物进行整理。在进行易去污、防火、阻燃、防霉、抗菌和防蛀等防护整理中，需要易去污整理剂、拒水整理剂、阻燃剂、整理剂、防霉抗菌整理剂和防虫整理剂；进行抗起毛起球、抗静电、舒适、防皱防缩等特殊整理时，需要抗起毛起球整理剂、抗静电整理剂、舒适整理剂、防皱防缩整理剂；进行仿毛、仿麻、仿绸和仿棉等模拟整理时，需要仿毛整理剂、仿麻整理剂、仿绸整理剂和仿棉整理剂等。

7.1.3 纺织品商品的性质

7.1.3.1 物理性质

1. 吸湿性

商品吸湿性的大小主要取决于商品体表面积的大小和商品的化学结构即物质分子具有亲水性基团的多少。商品体表面积大，与空气接触的面积大，与水分子接触的机会就多，吸着和散发水分性能就好。构成商品的物质分子具有亲水性基团越多，吸着和散发水分的能力就越大。

在纺织纤维中，棉纤维、麻纤维、羊毛纤维和蚕丝纤维等天然纤维的吸湿性能好，在化学纤维中，黏胶纤维、富强纤维等人造纤维的吸湿性能好，而合成纤维却截然不同。维纶纤维和锦纶纤维的吸湿性较好，涤纶纤维、氯纶纤维和丙纶纤维的吸湿性则很差。因此，不同纺织纤维织成的织品具有不同的吸湿性。

织品的吸湿性好，可使人体排出体外的汗液很快被衣服吸收，是织物透气的前提，是衣着用品微气候舒适性的基础之一。

2. 透气性和透湿性

透气性是纺织品允许空气由一面向另一面透过的特性，一般用透气率衡量。透气率就是单位时间内通过织品单位面积的空气量。

物体透湿时在该物体的两面反映是不同的。当物体处于两面不同湿度的环境中，水蒸气在物体两面的密度不同，就有趋于平衡的趋势，密度高的那面的水蒸气就要通过物体弥散到密度低的一面，这样，物体处于湿度较高的一面是吸着水分，水蒸气逐渐吸附于物体组织的空隙中和分子间，而处于湿度较小的一面，却是放出水分，存在于组织中的水就从这一面蒸发逸出。

由上述可见，商品透湿性与商品吸湿性有着密切的关系，吸湿性大者往往透湿性大，反之，透湿性则小。纺织品吸湿性大小直接影响透气性的大小，所以说吸湿性是透气性的前提，人体排泄的汗液首先通过纺织品一面吸着，然后通过纺织品体内传递，最后在纺织品另一面放出，使衣服和人体体表之间的小气候中的水分得到调整，从而获得舒适感，这也是衣着用品微气候舒适性的基础之一。

3. 保温性

保温性是指纺织品具有防止人体热量向外界流失的性质。纺织品防止人体热量向外界流失的大小主要取决于其内部所含静止空气的量。所以，纺织品内部含气量大保温性就好，反之，含气量小则保温性就差。纺织品中之所以能含有大量的静止空气，是由其结构所决定的。因为纺织纤维是细长物体，卷曲多，弹性好。一般来说，织物越厚，保温性越好，特别是厚而蓬松的起绒、起毛织物，其保温性更好。纺织品保温性的大小还与辐射热有关。纺织品表面越不平滑，光泽越弱，染色越深，吸收的辐射热就越多，保温性也就越好。因此，密度较小的、轻薄、平滑且颜色较浅的多属夏令织物；而密度较大的、厚重、起绒和起毛的深色织物多为冬令品种，保温性也是衣着用品微气候舒适性的基础之一。

4. 方便性

方便性是指纺织品在服装裁剪、缝制、洗涤、熨烫等过程中便于加工和使用的性质。这包括纺织品的幅宽、可缝性、尺寸稳定性和形状稳定性等性质。

5. 美观性

美观性是指纺织品在使用过程中不起毛起球、挺括、轮廓优美、颜色、花纹和款式新颖，没有或很少有外观疵点的性质。纺织纤维材料、染料不同，设计不同，生产过程中管理不同，纺织品的美观性也不同。

7.1.3.2 化学性质

纺织品的化学性质，是指纺织物在各种外界因素影响下，其组成成分发生化学变化的性质。纺织品在流通和使用过程中，经常受到空气中氧、日光照射、水分、酸碱和气候变化等因素的影响，由于构成纺织品的纤维成分和结构的不同，其化学性质也有所不同。

1. 耐水性

耐水性是指纺织品抵抗水作用的性质。纺织品在穿着过程中常接触到水分，特别是穿脏之后去污的方法主要是水洗。耐水性就是说纺织品含水或在水中浸泡时，特别是经过揉搓或机械洗涤的情况下是否会发生化学变化而出现强力下降等问题。所有的天然纤维和化学纤维所织成的织物对水的抵抗能力都比较强，这也是寻找和开发天然纤维和化学纤维时应考虑的条件之一。

2. 耐酸碱性

耐酸碱性是指纺织品对酸、碱的稳定性。在天然纤维中，含纤维素成分的棉麻纤维对酸的抵抗能力较差，尤其是无机强酸对其破坏作用剧烈，但这类纤维的耐碱性却很强，因此常依此性能对棉纱或棉织物进行丝光化，或通过在棉布上印碱制成泡泡纱。含蛋白质成分的羊毛纤维和蚕丝纤维，对酸的抵抗能力比棉花和麻好，稀强酸或弱酸对其无明显破坏作用，但对碱的作用较敏感，抵抗能力较差。

在化学纤维中，涤、腈纶的耐酸性能较强，耐碱性能较差，尤其是涤纶。为使涤纶长丝织物具有天然丝般的光泽，常依此性能对其进行碱减量整理。维纶、锦纶和氨纶对碱的抵抗能力较好，对酸的抵抗能力较差。丙纶和氯纶纤维对酸和碱的抵抗能力都较强。而黏胶和富强纤维对酸碱的作用较敏感，抵抗能力较差。

3. 耐气候性

耐气候性是指纺织品抵抗日光照射和气候变化的性质。日光照射对纺织品强度是有影响的，通常用一定日晒时数后纺织品强度下降的百分率来表示。耐日光性以腈纶纺织品为最好，锦纶和蚕丝纤维纺织物则较差，如表7-1所示。

表7-1 各种纤维日光暴晒强力损失情况

纤维名称	日光暴晒时间/小时	强度损失情况/%
棉花	940	50
羊毛	1 120	50
麻	1 100	50
黏胶纤维	900	50
腈纶	900	20
蚕丝	200	50
锦纶	200	36
涤纶	600	60

印染织物上的各种颜色，在加工和使用过程中常受到日光照射的影响而出现褪色、变色等，称为耐光色牢度。该种牢度的优劣，直接关系到纺织品的使用价值，与消费者关系密切。通常根据试样暴晒后颜色的变化与蓝色羊毛标准对比评定耐光色牢度的等级。

然而，纺织品的色牢度不仅受日光照射的影响，也受到洗涤、摩擦、汗渍、熨烫等其他因素的作用。因此，色牢度又有水洗色牢度、摩擦色牢度、汗渍色牢度和熨烫色牢度之分。这些色牢度也都有各自的评定方法。

4. 抗燃性

抗燃性是指纺织品遇火抵抗燃烧的性质。各种纤维纺织品都有遇火燃烧的特性，不同的纤维纺织品其燃烧程度不同。纤维素纤维与腈纶纤维纺织品较易燃烧，燃烧速度快，其抗燃性小；羊毛纤维、蚕丝纤维和锦纶纤维纺织品容易燃烧，但燃烧速度慢；氯纶纤维纺织品难燃烧，与火接触时燃烧，离火后自行熄灭。

7.1.3.3 机械性质

机械性质是指纺织品在穿用过程中受到各种形式外力作用后相应产生的应力和应变特性。纺织品是由纤维组成的非均匀集合材料体，它既不同于金属材料和橡胶、塑料材料体，又不同于单根纤维。穿用中所承受外力的情况极其复杂，即使对纺织品来说只有一种拉力，但对其结构内的纤维、纱线的某一单元来说，可能同时产生压力、扭力、弯力和剪切力等。因此，纺织品的机械特性有其特殊性，并不严格遵循材料力学的规律，而且，纺织品在各个方向上的机械性也存在一定差异。

1. 抗拉伸性

抗拉伸性是指纺织品抵抗拉伸力对其破坏的能力，反映了纺织品抗拉伸方面的坚固耐用性，常用断裂强度和断裂伸长表示。

断裂强度，是指纺织品通过拉伸直至断裂时所需要的最大拉伸力，单位名称是牛顿。棉、麻、毛、蚕丝和黏胶、富强、锦纶、涤纶等纤维所织的各种纺织品具有一定的断裂强度，这也是评定各种纺织品内在质量的主要指标之一。

断裂伸长，是指纺织品拉伸至断裂时所产生的最大伸长，单位名称是毫米或厘米。

2. 抗撕裂性

抗撕裂性是指纺织品抵抗撕裂的能力。纺织品在穿用过程中，由于被物体钩住或局部握持，在某一部位受到集中负荷作用，使纺织品内局部纱线逐次地受到最大负荷而产生断裂。织物抵抗撕裂的最大能力称为抗撕强度，单位名称是牛顿。

撕裂强度对纺织品的耐用性影响很大。撕裂强度大小主要取决于所织织物的纤维材料和纱线的断裂强度和断裂伸长。一般来说，断裂强度和断裂伸长越大，纺织品撕裂强度越高。在纱线细度和织物组织相同的条件下，织物经、纬密度越低，撕裂强度越大。通常，织物中纱线交错次数越多，纺织品撕裂强度越小。

3. 抗顶裂性

抗顶裂性是指纺织品抵抗集中的垂直负荷的能力。纺织品在使用过程中，特别是人体某些部位如膝部、肘部负荷的垂直作用会使织物被鼓起直至顶破，这种性质常以抗顶强度表示。抗顶强度也是衡量纺织品耐用性的重要指标。

纺织品的抗顶裂性与纺织品所用纤维材料和纱线的断裂强度和断裂伸长有关。一般来说，织物中纤维材料和纱线的断裂强度、断裂伸长率越大，纺织品的抗顶强度就越大。

4. 抗磨损性

抗磨损性是指纺织品抵抗各种摩擦外力破坏作用的性质，也称耐磨性。纺织品在穿着过程中经常受到其他纺织品、人体和外界等各种物体的反复摩擦，从而使织物表面受到纵向和横向剪切力和钩扯力的作用，引起组成纱线的部分纤维受以磨损而断裂，纤维端竖起，使织物表面起毛，继续下去，则织物变薄，重量减轻，直到纱线解体，组织破坏，出现破洞，丧失其使用价值。所以，抗磨损性直接影响纺织品及其制品的耐穿用性，这也是衡量纺织品质量重要指标。

5. 抗折皱性

抗折皱性是指纺织品抵抗揉搓等外力作用的性质。纺织品在使用过程中经揉搓挤压后往往会产生不同程度的皱痕，既影响外观，也会加剧磨损，降低其耐用性能。纺织品的皱痕是纺织品受到不同形式荷重后发生塑性弯曲变形而产生的。纺织品的抗折皱性通常用折皱回复率和初始模数表示。

折皱回复率是表示纺织品受压折产生折痕后的恢复能力，也可理解成当释去引起纺织品折皱的外力后，由于纺织品的急、缓弹性而使纺织品逐渐恢复到起始状态的能力。纺织品折皱回复率的表示方法很多，如将纺织品在一定宽度下反复折叠后的悬挂长度与原长的比值。目前经常采用的测量纺织品折皱回复率的方法是，将一定大小的纺织品按规定部位折叠后，施加3千克的压力，经过15分钟后，立即测试回弹后急弹恢复的角度，再等15分钟测试缓弹恢复的角度。

初始模数，是指单位面积的纤维产生1%伸长时所需的外力，单位的中文符号为厘牛顿/旦尼尔（国际符号为：cN/D）表示。涤纶、蚕丝的初始模数较大，而羊毛、锦纶则较小。

不同纤维的折皱回复率和初始模数不同，反映纺织品的抗折皱性不同。涤纶折皱回复率大，初始模数也大，说明这类纺织品不易起皱，穿着挺括；锦纶、丙纶折皱回复率大，但初始模数小，说明抗折皱性不如涤纶纺织品；棉、维纶、黏胶纤维，初始模数较高，但折皱回复率较低，产生折皱不易恢复。

7.2 服装材料

7.2.1 服装面料

7.2.1.1 纺织品面料

1. 棉织物

在棉纺设备上加工生产的纺织品均可以列为棉布类。它包括纯棉、棉与化纤混纺织物、棉型纯化纤织物。

棉织物的种类随着纺织印染加工的不断发展而日益增多，由于组织不同，经纬纱支数、经纬密度以及所用原料的不同，故棉织物的花色品种十分丰富。

（1）府绸。府绸品种很多，纯棉、涤棉的；漂白、什色、印花、色织的；纱与半线、线等。府绸用途广，多用以制作衬衫和各种外衣。其中粗支纱织造的府绸主要作为制作夹克、风衣和羽绒衫的面料。府绸属高密度平纹织物，特点是经纬密度比为2∶1，以形成菱形颗粒。优质府绸都是精梳纱织制，布面光洁均匀，颗粒饱满清晰，光泽莹润柔和，手感柔软滑润，有丝绸的风格。

（2）平布。一般指平纹组织的棉织物。平布特点是经纬纱支相同或相近，经纬纱密度相同或相近。供服装用的平布有漂白、染色和印花等品种。纱支在33特的称粗平布，29特以下的为中平布或称市布，19.5特以下的称细平布。

（3）卡其布。卡其布有纱卡和线卡之分。纱卡一般是3/1斜纹组织，正面有斜纹纹路，斜向是"↖"左斜，其反面似本纹，故称单面卡。由于纱卡浮线较长，故而摩擦性较斜纹布差，但密度加大后也可增加强力，使其坚牢。线卡的组织和纱卡不同，可分为2/2"↗"织法和3/1"↗"织法的，也可按经纬用料的不同分为半线或全线卡其。线卡密度大，斜纹明显，布身坚硬厚实。

（4）劳动布。劳动布又称牛仔布或坚固呢，为服装领域中的大类面料，适用面广，实用性强，已成为常规大宗面料。传统品种系由靛蓝染色的藏蓝色纱为经，纬纱为本色纱，布正面经浮点多，故正面呈藏蓝色，反面纬浮点多，呈本色，如今是各种花色均有。牛仔布适宜做各种休闲装。在国外，习惯将牛仔布按重量分为轻、中、重磅各档，按不同要求分别选用。

（5）灯芯绒。灯芯绒的表面呈现耸立的绒毛，排列成条状，因形似灯芯草而得名。灯芯绒布面绒毛圆润丰满，手感厚实，保暖性能好，绒条纹路清晰，绒面整齐，绒毛耐磨，不易脱落，耐水洗，但缩水率较大。灯芯绒花色品种很多，既适合于制作秋冬季外衣，又常用做各种装饰用布。

2. 麻织物

麻织物主要以苎麻、亚麻为原料，或由它们与其他纤维混纺的混纺纱为原料纺织而成。此外，也有全部用化学纤维纺制的仿麻织物。

（1）苎麻布。苎麻布是以苎麻为原料的麻织物，主要是平纹组织，有的也采用由平纹变化而来的重平组织。其布身细洁、紧密，布面光洁，纱支匀净、强力、刚性好，手感爽挺，吸湿散湿快，散热性好，穿着凉爽舒适，出汗不粘身，抗虫蛀性强，是夏季理想衣料。不过，如纤维的前处理不好，初穿时略有刺痒感。

（2）亚麻布。亚麻布是以天然亚麻纤维为原料的织物。通常以平纹组织为主，亦有平纹变化组织。其特点是伸缩少，散热快，吸湿好，穿着凉爽舒适，是夏季理想衣料。与苎麻织物相比，无刺痒感。

（3）涤麻布。涤麻布是以涤纶纤维和苎麻纤维为原料而制成细支纱的薄型混纺织物。涤麻布以平纹组织为主，经向密度大，纬向密度小，织物结构较稀疏，轻薄透气，兼有苎麻和涤纶的优缺点，也是夏季理想衣料之一。

3. 毛织物

在毛纺设备上加工生产的纺织品均可以列为毛织物，又可称为呢绒，包括纯毛、混纺、纯化纤仿毛呢绒。呢绒按纺织工艺及织品外观可分为精纺呢绒、粗纺呢绒、长毛绒、驼绒等。

（1）精纺呢绒。精纺呢绒指用精纺毛纱织制的呢绒。其特点是纱支细，表面光洁，织纹清晰，手感柔软，丰满挺括，富有弹性。精纺呢绒的常见品种有以下三种。

①凡立丁、派力司。两者属夏季衣着用料，都是平纹组织。两者的区别在于，派力司采用混色毛纱织制，布面有白色的、隐约可见的雨丝状条纹，经纬密度稍大，手感挺括，滑爽，有弹性。凡立丁系素色匹染，呢面光洁平整，手感柔软，有弹性。

②哔叽、啥味呢。两者在组织上都采用2/2斜纹组织织造。区别为哔叽为匹染素色织物，呢面光洁、平整；啥味呢采用混色纱织造，经轻缩绒整理，呢面有细微绒毛，织纹隐约可见，色泽以里白混色为主，适于制作春、秋、冬季服装。

③华达呢，有单面、双面、缎背之分。

（2）粗纺呢绒。粗纺呢绒指以粗梳毛纱织造，经缩绒处理，织纹隐蔽、质地厚实的呢绒，主要品种如下。

①制服呢、麦尔登、海军呢。三者均为缩绒整理的粗纺呢面毛织物，色泽以藏青色、黑色为主。三者区别在于原料质量、织物紧度。麦尔登采用的原料质量最好，纱支细，紧度

大，呢面细结平整，是高品质的粗纺呢绒。制服呢用料质量最次，原料中有两型毛、粗毛，呢面较粗，底纹有显露。海军呢质量介于两者之间。

②大衣呢。大衣呢品种很多，按结构和外观有平厚大衣呢、立绒、顺毛、拷花大衣呢、花式大衣呢等。由于羊绒的使用，各种大衣呢近年来均倾向于轻、柔。

（3）长毛绒。布面起毛、状似裘皮的立绒毛织物，俗称"海虎绒"，正面有密集的毛纤维均匀覆盖，绒面丰满平整，富于膘光、弹性，保暖性能良好，重量为430~850克/平方米，绒毛高度一般在3~20毫米，主要用于制作大衣、衣里、衣领、冬帽、绒毛玩具，也可作室内装饰和工业用。

（4）驼绒。驼绒是取自于骆驼腹部的绒毛，是将绒毛剪下、梳制后制成的。驼绒色泽杏黄，柔软蓬松，由于驼绒纤维为中空竹节状结构，更利于保暖御寒，是制作高档毛纺织品的重要原料之一。驼绒制品具有轻、柔、暖的特点，因其柔软、质轻、稀有而被纤维专家称为"天然蛋白质纤维"和"软黄金"，已经成为一种重要的出口物资。

4. 丝织物

丝织物指采用长丝织造的各种织物，统称绸类。按原料有真丝绸、合纤绸、人丝绸、柞丝绸、交织绸、被面等7大类。按传统名称、外观特征及组织结构可分为纱、罗、绫、绢、纺、绡、绉、锦、缎、绨、葛、呢、绒、绸14个品类。

7.2.1.2 其他面料

裘皮和皮革是除纺织品面料外缝制服装的另一大类原料。

1. 天然裘皮

天然裘皮因其具有质量轻、手感柔软、吸湿透气、坚实耐用和保暖性极佳等优点，成为理想的冬季防寒服装材料。它既可做面料，又可做里料和絮料。天然裘皮是从动物体上剥下的经过鞣制处理的毛皮。

另外，各种动物的皮张，都具有美丽自然的花纹和高贵华丽的色泽。出于环保，现用天然裘皮多取自人工养殖的野生动物。

2. 人造毛皮

人造毛皮是用纺织工艺加工而成的一种在外观性能上与天然裘皮相似的一类裘皮替代品。随着环保意识的增强，穿用人造裘皮也已成了一种时尚。何况人造皮毛仿制工艺也越来越先进，已近乎以假乱真境的地。人造皮毛具有原料来源丰富、易加工、成本低、品种多、易保管等优点，故其消费群体渐趋扩大。

小思考

服饰三要素指的是什么？

7.2.2 服装辅料

质量上乘的高档服装不仅对面料有较高要求，还要求辅料质量能与之相配。服装辅料是与面料相依存的配用材料，起衬托、填充、装饰等作用。运用得当不仅可以提高服装质量，并能使服装增添美感，起画龙点睛的作用。

7.2.2.1 衬料与垫料

衬料和垫料的合理选择是做好服装的关键之一，服装衬料与垫料是附在服装面料与里料之间起加固、造型、支撑和保暖作用的衬料。服装的衬、垫料应用位置和种类根据面料和服装的款式而定，主要有领、胸、袖口、下摆、扣位、开叉和特殊设计所需的部位。

服装的垫料主要有垫肩和胸垫两大类。垫肩是衬在上衣肩部的类三角形垫物，作用是使肩部加高加厚，人体穿着后，肩部平整，可以达到挺括美观的目的，主要品种有棉絮垫肩和化纤垫肩。胸垫是衬在上衣胸部的垫物，起造型及保暖作用。高档西服多用马尾衬加填充物制成，中低档服装也可用泡沫塑料压制的衬垫。

由于新纤维、新材料的广泛应用和纺织品成形方法和成形技术的进步，特别是组合型纺织复合材料的出现，使衬料的功能和品种有了很大的发展。常见的衬料有棉布衬、麻布衬、动物毛衬、树脂衬、黏合衬、领底衬、腰衬、吊衬等。

7.2.2.2 服装里料

服装里料是部分或全部覆盖服装里面的材料，俗称夹里。当前除夏季服装外，一般服装均使用里料。使用里料的目的在于：使面料具挺括感及保护服装面料；增加服装滑爽度，使之便于穿脱；遮盖服装内面，增加服装美感，提高服饰档次；增强中厚服装保暖性，覆盖服装填料；对一些轻薄型镂空型面料，起衬托花型的作用等。

适合做里料的纺织品很多，如天然纤维中的各种棉布、纯棉羽纱，一些素色绸缎类，化学纤维中的各种轻薄型长丝织物，各种较厚重的混纺、交织织品等。使用最普遍的为羽纱、美丽绸、各种涤纶绸、锦纶绸等。

选择里料的时候应注意：里料的色牢度要好，以免洗涤时褪色；里料的透气性、吸湿性要好，要有一定的保暖性；里料要光滑，易于穿脱；里料的缩水率应与面料大体相当；应根据面料的档次，选择相应档次的里料。

7.2.2.3 服装填料

服装填料指服装面料与里料之间的填充材料，主要用于冬季服装的防寒保暖，也有防辐射、降温、卫生保健等功能。用于保暖的填料有棉絮、丝绵、化纤絮、羽绒、驼绒等絮填料；毛皮、人造毛皮等材料填料。近年来，冬季服装趋向轻便、薄爽，各种质轻、保暖、易定型的化纤喷胶棉大量使用，这些填料与面料合为一体，用其加工服装，不但工艺简便快捷，而且成型后的服装体积小，外形美观、俏丽。

7.2.2.4 其他辅料

其他辅料有纽扣、拉链、挂钩、环、尼龙搭扣、绳带等各种服装紧固材料；有花边、珠边等各种装饰材料；有尺码带、商标、吊牌等标志材料。这些辅料虽在服装整体中所占比例不大，但就其功能来说样样不可或缺。

7.3 服 装

7.3.1 服装的功能

服装的最基本功能为实用功能。服装的实用功能主要体现在防寒保暖、防暑隔热、适应气候变化等基本功能，人们因季节变化而更换衣物就是实现这一功能。随着文明的进步，服装概念的内涵不断丰富，它的社会、文化生活的功能得到丰富和强化。

7.3.1.1 实用功能

服装的实用功能还体现在保持皮肤清洁、维护身体健康方面。一方面，服装在人体与环境中形成了一种屏障，有效阻隔了生活环境中不洁物质及各种有害微生物与人体的接触；另一方面，服装也能将人体内分泌到皮肤表面的排泄物如汗液吸走，从而使人体感觉舒爽。服装的实用功能还体现在对人体的安全防护方面，如劳动保护等。

7.3.1.2 美化功能

在物质生活丰富到一定程度后，人们着装的目的凸现为追求服装的美化功能，而逐渐淡化了服装的实用功能。当然，无论到什么情况下，服装的最基本功能——实用功能是不会消失的。

单从物质方面看，服装的美要通过服装材料、款式、色彩等因素构成，但这只是单纯的材质美。完整的服装之美是服装材质美与着装者状态美的一种完美结合，是服装的材料、款式、色彩等与穿着者个人条件、穿着环境达到协调一致的一种特殊的美的表达方式。静态的服装会因着装者的修养、风度而获得一种动态的美，即所谓"衣在人穿"。

7.3.1.3 标志功能

标志功能是指通过服装的外观形态来区别着装者所属职业行业、社会地位、社会角色的功能。

7.3.2 服装的分类及其性能特点

7.3.2.1 按服装的穿着场合分类

1. 礼服

（1）男子礼服。按西方的习惯，男子礼服分为第一礼服、正式礼服、日常礼服三级。这其中有些繁文缛节虽随时代的发展有所简化，但其基本规范现今仍为国际社会接受，成为社交着装的国际惯例。

第一礼服属最高级别，分为夜晚穿的燕尾服和白天穿的大礼服。如今第一礼服现已基本不再出现，过去必须穿第一礼服的场合现已改穿正式礼服。正式礼服式样为枪驳领或青果领，有缎面覆盖。门襟一粒纽扣，圆下摆，口袋为缎面双开线无袋盖形式，后摆不开衩。裤子与上衣同料。衬衫为白色双翼领礼服衬衫，配黑领结，春、秋、冬季常用黑色或深冷色调，夏季上衣用白色。日常礼服是形式变化较多的一类礼服，黑色为常见颜色，通常采用双排四扣枪驳领式。在礼仪性较明显的场合，如对服装没有做特别要求时，现在一般都着日常礼服。

在我国中山装也是使用频率较高的礼服。

（2）女子礼服。女子礼服分晚礼服和晨礼服。晚礼服是女子夜间社交场合穿着的礼服，具有豪华、袒露、标新立异的特点，整体风格追求雍容华贵。晨礼服一般是高雅的裙服或套装，配以考究的首饰以及与服装风格一致的鞋、帽、手袋、手套等。晨礼服追求的整体风格是典雅、庄重。中式旗袍在女子礼服中独树一帜，在性质不同的正式场合都可穿着。

2. 生活服装

生活服装分为家居服和外出服。

（1）家居服。家居服指在家庭环境中穿着的服装，包括家常服装、围裙衣、浴衣、睡衣、晨衣等。家居服追求的风格是舒适、方便、随意、温馨。

（2）外出服。外出服指闲暇户外活动时穿着的各式服装。这类服装在穿着上可以自由表达、自由搭配，是能体现穿着者个人修养和品位的服装。在日常生活中，在各种没有统一着装规定的职业群和工作场所，人们也常穿此类服装。这也是现如今的一种时尚。

3. 工作服

工作服一般包括防护服、标志服和办公服三大类。

（1）防护服。防护服即劳动保护服，是一类保证特殊环境下工作的从业人员操作方便和生命安全的服装，如钢铁工人的石棉服、宇航员的宇航服、潜水员的潜水衣等。

（2）标志服装。标志服装是有明显标志作用的服装，分职业服和团体服。

①职业服是指公职人员按有关惯例和国家制度规定穿着的一定形式的服装的总称，亦称制服，如军服、警服、海关服等。此类服装的特点是造型严肃大方，款式统一醒目。服装整体风格适合职业特点，并配以专用标志标明穿着者的职业权限和身份。

②团体服是某些集团内部相对统一、具有鲜明特征的服装，广泛用于商业、餐饮业、证券业等行业以及学校、公司和其他集团。团体服追求的风格是整体美、秩序美，目的在于通过统一的着装树立团体形象，并唤起成员的责任感、自信心。

（3）办公服。办公服是一类没有统一固定款式的服装，泛指白领阶层上班时穿着的服装。这是一类集大众要求与个人爱好为一体的服装。办公服总体风格追求端庄、简约，又不失时尚与实用。

4. 运动服

运动服装包含职业运动装和休闲运动装。

（1）职业运动装。职业运动装指运动员和裁判员在训练和比赛时穿着的服装。其特点是简练、舒适、美观，既适合不同运动的特点，又有防护作用。

（2）休闲运动装。休闲运动装指品种多样、大众化的运动服，笼统地适合各种运动时穿着，而不再细分项目。一般色彩艳丽，尺码宽大。用料多选用有一定弹性、易洗免熨、吸湿爽身的面料。

7.3.2.2 按经营习惯分类

1. 西装

西装亦称洋装，一般指男西式套装，是男子必备的国际性服装，有两件套（上下装）、三件套（上下装和背心）和单上装（上下装异料或异色）等组合。西装选料要求织物平挺洁净，手感丰满，弹性好，尺寸稳定性佳。

  小思考

三件套（上下装和背心）的西装是正装还是休闲装？

2. 中山装

中山装是我国有代表性的服装。近年来，正宗的中山装少了，但变形的中山装很多。这种服装实用性强、四季皆宜，选择衣料时可用各色卡其、花呢、中长华达呢等。

3. 羽绒服

羽绒服是一种新型防寒服装。鹅、鸭羽绒可提供较传统絮料更为良好的保暖性能，而且质轻，不易被水浸湿，不易黏结，便于清洗。羽绒服已逐渐取代了传统的棉衣，成为主要的冬季御寒服装。现在通过面料、絮料的改进，又增加了许多以短纤维织物做面料，并以锦纶和涤纶絮片为填充材料的新型羽绒服，它已不含羽绒成分了，可改称为防寒风衣。

4. 风衣

风衣是流行的御风外衣，是带有装饰性的、可防风寒且美观实用的夹大衣类服装。风衣衣料要求手感厚实柔软，有弹性，身骨紧密结实，保暖防风性能好，保形性好，抗折皱性好，具有挺括、新颖、美观等风格特点。

5. 旗袍

旗袍是我国富有民族特色的女装，既可作为礼服，又可作为日常便服。四季适宜，尤其是夏季，旗袍更为轻便凉爽。旗袍整体修长，但款式也有变化，有中袖、短袖，又可镶嵌、滚边等，一般要求紧身合体，突出女性体态美。旗袍颜色以平素为主，也有印花、织花，但忌格型。如果作为礼服穿着，面料选用十分讲究，一般以丝绒和各类真丝为宜。

6. 夹克

夹克是流行的中青年服装，老人穿的也很多，属日常便服，也有做工作服用的。由于式样大方，适合男女穿着。衣料可选用府绸、细支纱卡、灯芯绒、中长花呢以及混纺织物、毛织物，衣料颜色以中浅为宜，如米黄、浅棕、银灰、栗色、蜜黄等。

7. 大衣

大衣的种类很多，款式变化多样，有春秋大衣、冬大衣和风雪大衣等，按长度又分长大衣、中长大衣、短大衣等。大衣选料一般要求厚实、柔软、挺括、保暖，以毛料较为合适。

8. 女士套装

套装是近年女性穿着最广泛的服装，包括西服套装、时装套装，款式千变万化，可归纳为上短下长（上衣短小、裙子长大）、上长下短（上衣肥大宽松、裙子狭短）和上下适中三种类型。面料选用十分广泛。

9. 裙子

裙子款式丰富，式样多变，花色繁多，常见的有喇叭裙、直筒裙、连衣裙、开襟裙、斜裙等。裙子四季均可穿着，面料选用也很广泛，夏季裙料要求舒适飘逸，冬季裙料要求保暖。

7.3.2.3 按年龄及性别分类

1. 成人服装

有男装、女装和中老年服装之分。一般男装款式、色彩变化不多，注重用料与做工。时下男装的大品种有西服、夹克、衬衫、T恤衫及休闲装。女装款式、色彩、用料丰富且千变万化，流行趋势明显。套装、裙装、休闲装应有尽有，而且各种功能服装现今界线模糊，使各大类的品种更趋丰富。

2. 儿童服装

儿童服装分婴儿服、幼童服、中童、大童服等。儿童服装款式、色彩鲜明活泼，用料以纯天然为主流。

3. 青年服装

在国内青年服装市场前景广阔，值得研究的课题很多。青年人既逐潮流而动，又是消费潮流的创造者。青年服装在款式、色彩及用料上均以追求新、奇、异为主流。

7.3.3 服装的质量要求及检验

从广义上来说,服装的质量包括了服装的产品质量、服装产品赖以形成的工作质量以及服务质量。从影响服装产品的基本因素来看,有人(生产全过程的参与者)、设备、材料、方法、检验与环境六个方面。因此,服装的质量评价,是个很宽泛的概念。在此,所集中关注的是材料、方法与检验三个方面。

7.3.3.1 服装的各项质量标准

1. 服装号型标准

我国现通用的服装号型系列,依据的是 1992 年 4 月 1 日实施的 GB 1335—1991《服装号型系列标准》(以下简称《标准》)。《标准》是在对全国各类消费者体形进行大量抽样调查基础上,将我国消费者的体形规律进行科学分析而制定的。号型标准是为适应服装工业化生产的要求和消费者需要而制定的服装尺寸统一标准。标准内容主要有服装号型定义、号型标志、号型系列和号型应用。号型标准分男子、女子、儿童三部分。

(1) 号型定义。号指人体的身高,以厘米为单位,是设计和选购服装长短的依据;型指人体的胸围或腰围,以厘米为单位表示,是设计和选购服装胖瘦的依据。依据人体胸围与腰围的差数,《标准》将体形分为四类,如表 7-2 所示。

表 7-2 体形分类代号

体形分类代号		Y	A	B	C
胸围腰围落差	男	22～17	16～12	11～7	6～2
	女	24～19	18～14	13～9	8～4

(2) 号型标志。《标准》规定,服装上必须标明号型。表示方法是号与型之间用斜线分开,后附体型分类代号,如 170/88A。

(3) 号型系列。服装号型系列以各体型中间体为中心,向两边递增或递减组成。《标准》规定,身高以 5 厘米分档组成号系列,胸围和腰围可分别选择以 4 厘米、3 厘米、2 厘米分档组成型系列,由身高和胸围、腰围搭配分别组成 5.4、5.3、5.2 号型系列,以适应不同地区人们穿着习惯的需要。

(4) 号型应用。由于每个人的身体尺寸与服装号型划分的档次不完全吻合,这就存在靠档问题。消费者对服装号型的选择应向接近自己总体高、净体胸围和腰围的服装号型靠档。例如,总体高 163～167 厘米的人就向 165 号靠档,168～172 厘米的人就向 170 号靠档,胸围 86～89 厘米可向 88 靠档;再由胸围、腰围之差确定体型,消费者即可买到适体的服装。

(5) 针织服装的规格。针织服装除有男、女、儿童之分外,还有内衣、外衣之分。针织外衣规格一般参照服装号型规定。针织内衣、羊毛衫、运动衫一般以胸围、臀围作为规格依据。我国采用公制规格以圆筒形计算,每档相差 5 厘米。例如,50 厘米、55 厘米、60 厘米的为儿童规格,65 厘米、70 厘米、75 厘米为少年规格,80 厘米以上为成人规格。

2. 服装的技术标准

对服装产品的质量要求除了色彩流行、款式新颖、符合时尚外,还要求其具有适宜性、可靠性、经济性、安全性。对于不同品种、不同材料、不同档次的成衣,制定的质量要求和指标就是成衣的技术标准或质量标准。服装的技术标准既是生产者与销售商订货、交货的依据,又是服装厂生产、检验该产品的依据。服装技术标准包括以下六个方面的内容。

(1) 号型规格系列。必须按照《标准》规定设计号型,主要部位规格不能超过标准中允许的公差范围。

(2) 辅料规定。使用衬布要与面料的性能相适宜,有收缩性的衬布必须预先进行缩水处理。缝线要与面料的颜色、缩水率等相适应。纽扣的色泽质地要与面料相称。

(3) 技术要求。这是标准的重点。一般也包括六个方面:对条、对格;倒顺毛使用的规定;表面拼接范围;色差情况;外观疵点情况;缝制规定;整烫外观。这些要求是服装质量评价中最重要的因素。

(4) 等级划分。等级划分是衡量产品质量优劣的一把尺子。成品等级以件为单位,分为合格品、不合格品。产品必须要符合所有技术要求指标。

(5) 检验规定。这一条包括检验工具、规格测定、缝制测定、外观测定、等级标志、抽验规定六个方面的内容,是检验时的具体步骤和检验方法。

(6) 包装标志。成品必须有号型标志;必须有商标、产地等标志;包装要整齐、牢固,数量准确,注明各项内容;外包装符合合同规定。未列入标准的可另行规定。

3. 服装的使用说明标准

服装的使用说明标准的采用,主要是为了保护消费者的利益。

(1) 服装使用说明的主要内容包括:商标和制造单位;服装号型规格;采用原料成分,必要时还应标明特殊辅料的成分;产品的特殊使用性能,如阻燃性、防蛀、防火、防缩等;洗涤条件,包括说明能否水洗、水洗的方法及水温;洗涤剂的选择及脱水的方法;是否干洗和干洗剂的选择;熨烫方法和温度;穿用或使用时的注意事项;储藏条件、方法等。

(2) 使用说明的基本图形及含义。GB 8685《纺织品和服装使用说明的图形符号》对此有明确规定,如表7-3所示。

表7-3 纺织品和服装使用说明的图形符号

名称	图形符号与说明				
水洗	不可水洗	可水洗	最高水温:95 ℃(常规)	最高水温:95 ℃(小心)	
氯漂	不可氯漂	可以氯漂			
熨烫	不可熨烫	可以熨烫	蒸汽熨烫	熨斗底板	最高温度:150 ℃垫布熨烫
干洗	不可干洗	可以干洗			
水洗后干燥	悬挂晾干	滴干	平摊干燥	阴干	不可拧干

表7-3中的图形符号可根据不同对象选择使用。当基本图形满足不了要求时，可以用简练的文字辅助说明。服装的使用说明标准还对使用说明的表达传递方式、在商品上的附着位置、尺寸大小等做了明确规定。

4. 服装的质量标志

有商标、使用说明标志、质量认证标志、吊牌等。

（1）商标。商标是标明商品"身份"的法定标志，无论国内还是国际，无商标的服装商品一律不准上市。商标可表示商品出处，向消费者传递有关服装商品质量保证方面的信息，既可保护企业信誉，又能维护消费者利益。如今服装商品极其繁多，同用途、相近外观的服装，给消费者选购带来一定的困难，这就需要用人们信得过的商标作为选择依据。

（2）使用说明标志。使用说明标志，即在成品服装或服装包装上以不同方式标注的使用说明及图形符号。使用说明标志是商品质量标志的重要组成部分。标志的制定是针对具有一般常识但缺乏专业知识的消费者，同时也考虑到社会服务部门，如洗染店等。作为质量标志，使用说明标志必须与产品质量实际相符。使用说明标志在欧、美、日等国也属法定标志，没有使用说明标志的服装不准上市。

（3）质量认证标志。质量认证不是所有服装生产厂家都履行或都有能力通过的，因此质量认证标志是推荐性质量标志，非强制使用。纯羊毛标志即属认证标志，通过认证的毛纺织品及服装可以使用此标志。这是由国际羊毛局为保持天然优质羊毛纤维身价，于1964年推出的标志，由3个绒线团构成，如图7-1所示。

图7-1 纯羊毛标志

（4）吊牌。吊牌是对商品进一步说明的标志，若商标和使用说明标志难以表达的产品特性说明、合格水平、规格、使用方法、条码等，吊牌可以帮助消费者获得更多的有关商品质量特性的信息。吊牌的使用，也是一种促销手段。

7.3.3.2 服装质量的检验

这里所说的服装质量检验，是指产品进入市场销售之前，生产企业或订货方根据质量标准或订货合同对服装的质量评价。这样的工作需严格按照服装技术标准在特定的环境条件与设备上、按规定的方法与程序完成，从抽样开始，直至评出质量等级。其基本程序及核心内容分述如下。

1. 检验顺序

在很短时间内，要对服装的质量做出准确评价，就必须遵循科学合理的检验顺序：先上后下，先左后右（或先右后左），从前到后，从面到里。基本操作要求是不漏检，动作不重复、多余，达到既好又快的工作效果。

2. 检验项目

服装质量检验的项目主要有规格检验、疵点检验、色差检验、缝制质量检验和外观质量检验。

（1）规格检验。用卷尺测量成衣各部位的尺寸，对照质量标准来判定是否符合要求。通常测量的方法和部位有：领大，领子摊平横量，立领量上口，其他领量下口；衣长，由前身左侧肩缝最高点垂直量至底边；胸围，扣好纽扣或拉好拉链，将衣服前后身摊平，沿袖窿底缝横量；袖长，从袖最高点量至袖口边中间；总肩宽，由肩袖缝交叉处横量；裤（裙）

长,从腰上口测侧缝摊平垂直量到脚口或下摆边;腰围,扣上裤扣,以门襟为中心握持两侧,用软尺测量裤腰的中线尺寸;臀围,从侧缝袋下口处前后身分别横量。

(2) 疵点检验。服装成品的疵点可以分为三大类:原料疵点、尺寸偏差及其他。疵点按其对服装质量的影响大小可再分为三大类,即次要疵点、主要疵点和重要疵点。次要疵点可被接受,它们对服装可用性及销售价格等影响不大。主要疵点的存在会影响服装的可用性及售价,必须进行修补或当作次品出售。重要疵点的修补非常困难,甚至不能修补,只能做次品处置。

(3) 色差检验。色差规定是对原料的要求,即对衣服面料的要求。根据有关国家标准对色差的规定,服装的上衣领、袋面料、裤侧缝是主要部位,色差高于四级,其他表面部位四级。服装产品的色差检验,其工具是借用"染色牢度褪色样卡"。该样卡是原纺织工业部制定的国家标准之一。样卡用5对灰色标样组成,分为5个等级。5代表褪色牢度最好,色差等于零,4级至1级代表褪色相对递增的程度,1级表示最严重。

(4) 缝制质量检验。在针距密度中规定明线(包括不见明线的暗线)的针距,每3厘米14~18针。面料的品种很多,为保证产品的外观和牢固,不同的面料应选不同的针距。例如,硬质面料的针距一般可以稀一点,质地松软的面料一般针距可以密一点。线路顺直是指各缝制部位的线路不准随便弯曲,要符合服装造型的需要;线路要整齐、不重叠,无跳针、抛线,针迹清晰好看,缝制的起止回针要牢固,搭头线的长度要适宜,无漏针、脱线现象,缝线松紧要与面料厚薄、质地相适应。缝制质量中的对称部位要求基本一致。对成衣缝制质量的检查除看针迹外,还应看拼接和夹里。拼接主要看裤腰、下裆拼角处拼接是否合理,再看内部如挂面、领里等拼接是否符合要求。对有夹里的衣服应检查夹里的长短和肥瘦,以及里、面是否平伏。

(5) 外观质量检验。这一检验项目主要完成从整体上对服装的造型要求做出评判。检验与判断时主要看产品整洁、平伏,折叠端正,左右对称,各部位熨烫平整,无漏烫,无死褶,产品无线头、无纱毛,各部位符合标准要求。线与面料相适应,包括色泽、质地、牢度、缩水率等方面,两者应大致相同,以能保证服装的内在质量与外观质量为准。纽扣的色泽应与面料色泽相称。

由于服装种类广泛,进行不同类型的服装外观质量鉴别评价时,应按各自具体要求进行。

7.3.4 服装的选购

7.3.4.1 服装的选购

1. 粗懂选购常识

要想买到称心如意的服装,消费者必须具备以下常识。

(1) 要懂一点面料知识。不同面料,其质感、用途、价格不同。如能懂得一点面料知识,既能根据自身的需求选择相应面料的服装,又能防止不法商贩以次充好、以假乱真的欺骗行为,避免上当。

(2) 要懂一点服装制作知识。知道控制服装整体质量的一些关键部位是什么地方,尺寸如何把握。要会查看做工,局部要仔细检查服装针脚是否均匀、细密;整体要查看领、袖、口袋是否对称;衣袖、裤脚长短肥瘦是否一致;要看整体熨烫是否平整等。

（3）要检查各种质量标志、标签。正规的厂家产品应有商标，一般附在上衣领下和下装的腰间。随商标应说明服装规格、厂名、厂址，等等。在上装的摆缝处还应缀有标签，注明服装面料的成分、服装洗涤保养方法等。可以根据商标标签的有无及其标明内容的可信度、与服装实际情况的相符度来辨别服装真伪。

（4）要会定号型。统一服装号型，不可能一人一型，一人一号，还存在靠档的问题。因此，要自己买衣服，若是外衣，一定得试穿；若为内衣，得清楚自己的号型，选准规格。

（5）问准价格。目前服装价格不统一，这属于正常现象。选购时最好能"货比三家"，慎重挑选。在小商品市场和集贸市场要能把自己掌握的服装与面料方面的知识综合起来加以运用，在"砍价"中争取主动权。

（6）要有主见。穿衣戴帽，各有所好。选购服装要根据消费者的自身条件，全面周到地考虑。自身条件如体形、肤色、气质、爱好以及经济承受能力等，是决定服装规格、色彩、款式、档次等的主要因素。总之，选购服装是"系统工程"。

2. 细查服装内质

以上衣、裤子为例，在此做简要介绍。

（1）上衣。应以试穿目测为好，从前、后、侧三方面检查。前看衣领两个尖角是否对称，不能有高低不齐或歪斜现象，应挺括，领围大小合颈，领里不外露，看口袋位置是否正确，袋盖是否平舒。后看后身是否整齐，肩胛部位是否宽舒，后叉是否平服。侧看肩缝是否顺直，腋窝袖子是否圆顺、均匀，不能有凹凸不平或瘪陷的毛病。再看摆缝是否顺直、平服。

（2）裤子。分平面、上部、立体三步检查。平面检查：先将挺缝对齐、摊平，看栋缝是否顺直、不吊裂；侧缝袋是否平服，袋垫不外露，裤脚是否服帖、大小一致，不吊兜。再将一只裤脚拉起，看下裆缝是否对齐、顺直、不吊裂，与后缝的交叉处是否平直，不回不紧，裆子、省缝是否对称；后袋是否服帖、平服；穿眼小襻是否平服，位置是否准确；门襟、里襟配合是否合格、圆顺；拉链是否灵活。立体检查时，将裤腰按穿着时形状提起，看前后栋缝是否圆顺，四格挺缝、裤片、缝子是否平整、不吊裂。

（3）面料、花纹检查。看面料有无明显疵点、色差及虫蛀、鼠咬等破损；看有格、条及其他图案的面料在拼紧处的对接有无偏差；看绒、毛面料光泽有无因倒顺毛引起的不正常的反差等。存在以上缺陷的均不能选购。

7.3.5 服装的洗涤、熨烫和保管

7.3.5.1 服装的洗涤

服装在裁剪缝制、商品流通、日常穿着等和周围环境的接触中必然要被外来污物、灰尘及人体皮肤分泌物所污染。服装一旦玷污，如不及时清洗，不但有损服装外观，而且时间长了，织物的孔隙会被污垢阻塞，造成透气性下降，使人穿着不适，同时滋生的微生物会使织物的机械性能发生变化。服装洗涤的目的就是将置留在衣物缝隙和纤维内部的污垢清除掉。洗涤方式可以分为湿洗和干洗两种。

1. 湿洗

湿洗也就是一般常说的水洗，是一种常规的洗涤方式，即将清洗剂溶于水中来清洗衣物，这种洗涤方式适用于多种织物。

2. 干洗

干洗是用有机溶剂（如苯、四氯化碳、四氯乙烯等）作为洗涤剂而去污的洗涤方式，适用于不耐碱、易缩绒的高级呢绒服装及其他易变形、易褪色的高档服装，但这种方式去除水溶性污垢效果较差，而且溶剂易燃、有毒、价高。

7.3.5.2 服装的熨烫

熨烫就是给服装热定型。熨烫的作用是使服装平整、挺括、折线分明，合身而富有立体感。它是在不损伤服装、其材料的服用性能及风格特征的前提下进行的。在常温下服装及其材料纤维内部的大分子比较稳定，但对其施以一定的温度、湿度（水分）和压力时，纤维结构就会发生变化，产生纤维的热塑定型和热塑变形。

1. 温度

不同面料因耐热性不同所需的熨烫温度不同。服装熨烫时，温度控制很关键。温度偏低，达不到定型目的；温度过高，会损伤纤维。服装熨烫温度选择时还要把织物的色牢度与厚薄等情况考虑进去。适当降低熨烫温度，可以减少染料的升华和材料颜色的变化。对同一纤维的服装，厚的，熨烫温度可适当高些；而薄的，温度则可以适当低一些。此外，对于混纺或交织面料缝制的服装，其熨烫温度的选择原则就低不就高。各类纤维织物的熨烫温度如表7-4所示。

表7-4 各类纤维的熨烫温度表

℃

服装纤维种类	直接熨烫温度	垫干布熨烫温度	垫湿布熨烫温度
棉	175~195	195~220	220~240
麻	185~205	205~220	220~250
羊毛	160~180	185~200	200~250
桑蚕丝	165~185	190~200	200~230
柞蚕丝	155~165	180~190	190~220
涤纶	150~170	185~195	195~220
腈纶	115~135	150~160	180~210
锦纶	125~145	160~170	190~220
维纶	125~145	160~170	—
丙纶	82~105	140~150	160~190
氯纶	45~65	80~90	—

2. 湿度

服装熨烫时，湿度发挥了重要作用，直接影响着服装定型的效果。服装遇水后，纤维就会被润湿、膨胀、伸展，这时服装就易变形和定型。在手工熨烫时给湿的方法是垫布喷水，或用喷汽熨斗水蒸气喷湿。在机械熨烫时，是靠上下模头分别或同时喷汽，并通过控制喷汽时间和抽汽时间来控制给湿量。

3. 压力

服装熨烫时有了适当的温度和湿度后，还需要压力的作用。一定的熨烫压力有助于克服喷汽时间对服装定型保持率的影响、纤维纱线间的阻力，使衣料按照人们的要求进行定型。熨烫压力在手工熨烫时靠熨斗重量，或通过熨斗施加压力。而在机械熨烫中，熨烫压力则是重要的控制参数之一。

由此可见，服装熨烫时的温度、湿度、压力与时间以及冷却的方式与时间等因素，是相互影响并同时作用于服装及其材料上的。要取得好的熨烫效果，必须统一考虑和统筹选择这些工艺参数。

7.3.5.3 服装的保养

服装在穿着时，由于人的活动而受到多种力的作用，甚至由于经受反复张弛而产生疲劳。因此，一件服装不宜长期穿用，而应该轮换使用，以便服装材料的疲劳得以恢复。这样就可保持服装的良好状态，延长服装寿命。服装保养中要特别加以重视的是各类天然纤维类服装、天然类裘皮类服装的保养。

1. 丝绸服装的保养

丝绸服装保养的中心内容是防潮防霉。丝绸衣服比棉麻织品"娇气"，洗涤时注意轻搓、轻揉、少挤、不拧；不宜日光暴晒，宜晾干。织锦缎、古香缎、软缎、丝绒服装一般不水洗，收藏时应折叠好，用布包好置于干爽清洁箱柜中，不宜挂藏，以免因自重导致变形，白色或浅色绸服装收藏时不宜置放樟脑丸，也不能放入樟木箱，以免泛黄。

2. 棉麻服装的保养

棉麻服装保养一定要注意防潮防霉，收藏前需洗净、晾干。分深浅色折叠收藏，避免久藏中因受潮而互相染色。久藏不穿的衣物每年夏季要"晒霉"。

3. 呢绒服装的保养

呢绒服装收藏前要洗净（多数干洗）、熨烫、晾干待充分干燥、凉透，再收存。宜放在通风阴凉处晾干，暴晒会引起褪色和光泽、弹性、强度的下降。高档呢绒服装最好悬挂于衣柜中以免叠放时因重压而变形。呢绒服装收存时，要在衣服的口袋里及箱柜内放入用纸包好的樟脑丸，以防虫蛀。

4. 皮革服装的保养

皮革服装不宜在雨、雪天穿用，收前晾晒时宜在上午9—10时，下午3—4时。不可暴晒，否则会使皮革老化。收藏时以挂藏为宜，并放置以纸包好的樟脑丸。为增加皮革柔润，可用布在表面轻敷一层甘油或保养皮革衣物专用制剂，穿用前晾晒一下即可。收藏期间要注意防潮防霉。

5. 裘皮服装的保养

裘皮服装，尤其是细毛类和名贵毛皮服装穿着时应尽量避免玷污和雨淋受潮。受潮会导致脱鞣变性而脱毛。裘皮服装收藏不当，会出现虫蛀、脱毛、绒毛纠结或皮板硬化等。存放时，最好用"美人肩"之类宽衣架挂起来，并在大衣袋内放上用纸包好的樟脑丸。如放在箱内，折叠时应将毛朝里平放，宜放在箱子最上层，以免重压。在伏天，可取出晒晾、通风，以防虫蛀及霉变。

其他各类服装的保管方法，则相对简单。但不论何类服装均应清洁、干爽地收存。存放各项细节要按照服装的结构及面料的理化性质来定。

项目小结

纺织纤维分天然纤维和化学纤维两大类。其中天然纤维有棉、麻、丝、毛，化学纤维有人造纤维和合成纤维。天然纤维中，棉纤维的天然捻曲、毛纤维的天然卷曲和缩绒性、麻纤维的高强度和凉爽性、丝纤维的纤细和华贵性都是与生俱来的优良性能，这些性能决定了天然纤维面料的身价和质量品性。化学纤维中的人造纤维究其成分，与天然纤维相近，因此其理化性能也接近天然纤维。各种合成纤维均为矿物原料制成，共同的优点是强度普遍高于天然纤维，各具特殊品性，但综合性能不如天然纤维。不断改进生产工艺、提高综合性能，使之卫生和穿着性能接近甚至超过天然纤维，是化纤制造业的努力方向。

服装面料的性能还取决于纱线质量。评价纱线质量要从细度、捻度、强度等方面着手。在各种纱线的质量指标中，重点内容有细度指标。

要正确选用服装面料，学一点服装面料分类知识，了解常见面料性能特点是必不可少的。服装制作中，使用量大的面料主要是各种纺织品（包括针织品），其次为裘皮、皮革等。应重点了解各类纺织品面料的性能、特点、外观风格和用途。服装辅料有衬料、垫料、里料、填料等。辅料的选择应服从服装整体质量的要求。

服装商品的质量鉴别及选购、穿用知识是本章总结性的内容，首先要掌握的内容有服装的各项质量标准，它是服装商品制作与形成的依据。其主要内容涉及号型标准、技术标准和使用说明标准等。其中号型知识的掌握是选购服装的最基本的知识。其次要掌握的内容是评价、鉴别服装质量的必备常识——服装质量检验的程序及内容。

复习思考题

一、选择题

1. 劳动布又称（　　）。
   A. 的确良　　　　B. 平布　　　　C. 牛仔布　　　　D. 迪卡
2. 干洗是用（　　）作为洗涤剂而去污的洗涤方式。
   A. 无机溶剂　　　B. 烘干剂　　　C. 洗衣粉　　　　D. 有机溶剂
3. 纺织品具有防止人体热量向外界流失的性质叫（　　）。
   A. 保温性　　　　B. 保湿性　　　C. 装饰性　　　　D. 观赏性
4. 西装亦称洋装，一般指男西式套装，是男子必备的（　　）。
   A. 流行服装　　　B. 国际性服装　C. 休闲装　　　　D. 便装

二、简答题

1. 服装的功能有哪些？
2. 服装按经营习惯分可分为哪几类？
3. 服装辅料有哪些？
4. 纺织品商品的物理性质有哪些？

三、实训题

1. 技能题

你认为男式西服在生产过程中，在面料、款式、颜色的选择上应注意哪些问题？

2. 案例分析

俗话说，百货迎百客，而北京王府井大楼则亮出新招，把南京羽绒厂的充绒"车间"

搬进了商场。果然，羽绒服的日销售额由 3 000 元上升到万元以上。

这个现场充绒"车间"有 15 平方米，透过全封闭铝合金封闭墙，3 位工人称绒、充绒、缝纫的一举一动，顾客一目了然。含绒量有 50%、70%、90% 三种，重量可多可少，高密度防绒布带有 7 种颜色和图案可供选择。"车间"外，围满了驻足的顾客，记者现场采访了数位购买者。

62 岁的焦光辉是听熟人介绍从十公里外赶来的。"一位熟人半月前在这里买了一件羽绒服，他说这玩意儿灵得很，暖和！我寻思自己也到该享受一下的年纪了。这不，就骑着自行车来了。"外地出差来的张化昌说："当地虽然也有卖的，但买现成的，只能摸摸捏捏，弄不清里面到底是啥玩意儿，心里老犯嘀咕，现在眼见为实，花钱买了放心。"当他数出 860 元交款时，自言自语道："这是计划外开支，超支了。"还有一对约 50 岁的夫妇则是为儿子买的。一问，父亲不无幽默："眼下不是时兴'孝子'嘛！"一位中年妇女买了两件含绒量 50% 的羽绒服，他对记者说："这羽绒服虽说含绒量不高，但价格较便宜，也挺暖和。"

虽说也有些顾客买含绒量较低的羽绒被，但大多说顾客还是买含绒量 90% 的。一致的回答是："要买就买个好的，想想就觉得舒坦。"

据已有 10 年工龄的王光介绍，南京羽绒厂是家外贸企业，因引进生产线扩大生产量，才有部分产品内销，现在场里是两个市场一起抓。百货大楼毛织组组长刘嘉琪说："我们对所谓市场疲软进行了调研，认为疲就疲在品种上，软就软在质量上。我们和工厂联合开展充绒销售，就是提高产品质量和服务质量的浓度，实践证明是成功的。"

26 日是星期天，这一天，共有 40 位顾客高高兴兴的从这里买去了羽绒服，价值是 2.5 万元。这些顾客在开票前一般要经过半小时的观察和选择，作出"决策"并开票后，又要经过半小时才能充制完成。有的人说："这家厂子真会做生意！"也有的人说："生意就该这么做！"

问题：

请你分析上述案例中几位消费者的购买行为模式，说明货真价实是能够给企业带来利益的。

项目八

日用商品

知识目标
认识日用商品的组成和结构,了解有关日用商品的分类品种。

技能目标
掌握有关日用商品的性能特点、质量要求与选用。

能力目标
能够运用所学的知识和技能,进行日用商品的质量鉴别、挑选使用和咨询服务。

课程导入案例

商品的推销

2001年5月20日,一个叫乔治的推销员把一把斧头卖给了布什总统。

布鲁金斯学会得知这个消息后,把刻有"最伟大的推销员"的一只金靴子赠与了他。这是自1975年该学会一名学员成功把一台微型录音机卖给尼克松以来,又一位学员获此殊荣。

布鲁金斯学会创建于1972年,以培养世界上最杰出的推销员而闻名。这个学会在每期学员毕业时,都要设计一道最能体现推销员能力的习题。

在克林顿当政期间,布鲁金斯学会出的题目是:把一条三角裤推销给现任总统。在克林顿执政的8年时间里,有无数个学员想方设法完成这道习题,但都没有成功。布什当选总统后,布鲁金斯学会把习题改成了:请把一把斧头卖给现任总统。

因为过去多年的失败,许多学员都知难而退,很多人甚至连尝试的勇气也没有,他们认为:总统应有尽有,即使缺少什么,也用不着亲自购买,退一万步说总统兴趣来了要亲自购买,也不一定能够让你碰上。

乔治是怎样做的呢?

他先了解到布什总统在得克萨斯州有一个农场。农场种了很多树木。然后，他给总统写了一封信，信中说：总统先生，我很有幸参观了你的农场，发现那里种着许多矢菊树。可惜有的已经死了，木质也变得松软了。我认为，你一定需要一把小斧头。但从你现在的体质来看，小斧头是太轻了，因此你需要一把不甚锋利的重一些的斧头。现在，我这儿正好有这样一把，是我祖父留给我的，很适合砍伐枯树。假如你有兴趣的话，请按这封信的地址，给我回复。后来，布什给乔治汇去了15美元。

问题： 你怎样看待商品的价值和使用价值？

日用工业品是指供人们日常使用的工业产品，俗称日用百货。日用工业品种类繁多，性能各异，用途广泛，主要包括硅酸盐制品、日用金属制品、洗化商品、塑料制品、皮革制品、钟表眼镜、照相器材、文体用品、儿童玩具等，是人们生活工作中不可缺少的商品。

8.1 塑料制品

塑料具有质量轻、强度高，化学稳定性好、绝缘性好、着色性好、具有一定的透明度等优点，但有易变形、尺寸稳定性差、导热性、耐热性差、易老化等缺点。近些年来，塑料的环保问题也越来越被人们所关注。塑料是以合成或天然的高分子材料为主要成分，可在一定温度和压力下塑制成型，而在常温下保持形状不变的材料。

8.1.1 塑料的组成与分类

8.1.1.1 塑料的组成及其作用

日用商品

1. 树脂

构成塑料的一般是合成树脂。合成树脂是以煤、石油、天然气以及一些农副产品为主要原料，由具有一定条件的低分子化物，通过化学或物理方法结合而成的高分子化合物。塑料中合成树脂的含量一般可达 40%～100%，也是决定塑料工艺性质和性能特点的内在因素，树脂的成分结构不同，其性质也各不相同。

2. 塑料助剂

在塑料中加入助剂的目的主要是改善加工性能，提高效能和降低成本。常见的助剂有：

（1）增塑剂，能增加塑料的柔软性、延伸性、可塑性，降低塑料流动温度和硬度，有利于塑料制品的成型，但会造成塑料的抗张强度、弹性模量、介电性质则有所降低。

（2）稳定剂，塑料制品在加工、储存和使用过程中，在光、热、氧的作用下易老化，为了延缓和阻止老化现象的发生，必须加入稳定剂，主要有热稳定剂、光稳定剂和抗氧剂等。

（3）发泡剂，是一类能使塑料产生微孔的物质，这类物质多为随温度变化可气化或产生气体的化合物，前者称为物理发泡，后者称为化学发泡。

（4）着色剂，能改变塑料固有的颜色，美化塑料制品。

（5）阻燃剂，是一类能提高塑料着火温度、延缓燃烧速度或阻止燃烧的物质。

（6）抗静电剂，是一类能消除或防止塑料表面静电的物质。

（7）润滑剂，是一类能改善塑料加热成型时的脱模和提高制品表面光洁度的物质。

（8）增强材料和填料，为改善塑料性能、降低塑料成本，扩大塑料应用范围而加入的物质，常用的有玻璃纤维、石棉、碳酸钙、滑石粉、纤维素等。

8.1.1.2 塑料的分类

（1）按塑料的成型性能分为热固性塑料和热塑性塑料两大类。

①热固性塑料经加热成型后，形成质地坚硬、不溶于任何溶剂的塑料，即使再加热也不能使其软化，只会碳化，它们的大分子为网状结构。常见的热固性塑料有酚醛塑料、脲醛塑料、密胺塑料等。

②热塑性塑料是一类加热软化、冷却变硬的塑料，即使成型后，也可通过再次加热，使其软化，重新成型。常见的热塑性塑料有聚乙烯、聚丙烯、聚氯乙烯、聚苯乙烯、有机玻璃等。

（2）按塑料的应用范围，分为通用塑料和工程塑料两大类。

（3）按可燃程度，分为易燃性塑料、可燃性塑料和难燃性塑料三大类。

（4）按塑料毒性，分为无毒和有毒塑料两大类；按塑料是否呈微孔结构，可分为泡沫塑料和非泡沫塑料两大类。

案例　鉴别塑料袋的毒性

目前，塑料袋应用的范围十分广泛，而对食品进行包装的塑料袋，尤其要注意质量。塑料袋一般是由两种塑料薄膜制成：一类是由聚乙烯、聚丙烯和密氨等原料制成的；另一类则由聚氯乙烯制成。前者无毒，后者有毒，不能包装食品。塑料袋有无毒性可用下列简便方法鉴别。

水中检测法。首先把塑料袋放入水中，无毒塑料袋放入水中后，可浮出水面，而有毒塑料袋则不向上浮。

手触检测法。用手触摸塑料袋，有润滑感者无毒，否则有毒。

抖动检测法。用手抓住塑料袋一端，用力抖一下，发出清脆声者无毒，反之则有毒。

火烧检测法。可以把塑料袋剪去一条边，用火烧，有毒的不易燃烧，无毒的遇火容易燃烧。

请结合实物进行鉴别实验。

8.1.2 塑料主要品种的性能特点及制品

8.1.2.1 聚丙烯（PP）塑料

聚丙烯塑料是乳白色半透明状，是最轻的一种塑料，比重为 0.9~0.91，无毒、无味，机械性能比聚乙烯高；耐冲击、耐磨、耐腐蚀、绝缘性好，并具有良好的拉伸强度、耐热性和气密性，使用温度可达 110℃，在没有外力作用下，即使温度达到 150℃时也不会变形，但耐自然老化和耐寒性较差，适于制造撕裂薄膜、各种容器、家电外壳等。

8.1.2.2 聚苯乙烯（PS）塑料

聚苯乙烯属硬塑料，敲击时会发出铿锵的金属音响，硬度高、表面光滑、富有光泽，无毒、无味，透光率仅次于有机玻璃，具有良好的耐水、耐光和耐化学性能，特别优异的电绝缘性和低吸湿性，但强度低、脆性大、耐热性低，并易于燃烧，适于制造牙刷柄、电器外壳等。

8.1.2.3 聚乙烯（PE）塑料

聚乙烯塑料具有质轻、不易脆化、无臭、无味、无毒、化学稳定性强、绝缘性好、有一定的透气性等特点。聚乙烯按密度可分为高密度、中密度和低密度三种。

低密度聚乙烯质地较软，外观呈乳白色半透明状，使用温度在80℃～100℃，比重为0.91～0.92，具有较好的柔软性、伸长率和耐冲击性，适用于制造较柔软的制品，如奶瓶、杯子、薄膜等；中密度聚乙烯性能介于低密度和高密度之间，适用于制造热水瓶壳、水桶、面盆等；高密度聚乙烯质地刚硬，耐热性、耐寒性较好，外观呈乳白色不透明状，比重一般为0.94～0.96，使用温度可达100℃，抗拉强度较高，适用制造较刚硬的制品，如衣钩、管道等。

8.1.2.4 聚氯乙烯（PVC）塑料

聚氯乙烯塑料的主要特点是：色泽鲜艳、不易破裂；耐腐蚀，气密性好，硬度和刚性比聚乙烯大；耐老化，电绝缘性好，有较大的机械强度，有很好的阻燃性；耐热性差，使用温度最好在40℃以下，遇冷出现变硬发脆现象；耐光性较差，遇热易变形等。聚氯乙烯塑料在日用品方面主要是制造肥皂盒、鞋底、薄膜等；在工业品方面主要制造管材、板材、建筑材料等。

8.1.2.5 聚酰胺（PA）塑料

聚酰胺塑料呈白色半透明状，无毒、无味、强度高，最大特点是耐磨性好，但耐酸性和耐光性较差，除用于纺织、机械外，大量用于各类刷子、球网、拉链等。

8.1.2.6 有机玻璃（PMMA）

有机玻璃系聚甲基丙烯酸甲酯塑料，最大的特点是既透明又结实，透光率可达92%，比普通玻璃还高，质轻、强度好、脆性小、耐气候性好，外观极为美观，但表面硬度低，耐磨性、耐热性差，使用时超过100℃即软化变形，适于制造纽扣、文具、眼镜、标牌等。

8.1.2.7 酚醛（PF）塑料

酚醛塑料有较好的耐热、耐寒性，不易燃烧，表面硬度高，电绝缘性好，耐热可达110℃；耐腐蚀性也好，不易老化，对各种油类和溶剂具有较强的抵抗力；但色泽比较深暗、脆性较大，吸水性也较大，适于制造纽扣、电器零件等。

8.1.2.8 脲醛（UF）塑料

脲醛塑料色泽鲜艳，表面硬度高，耐热、耐寒、耐磨性、电绝缘性好，但不耐酸。其耐热性、耐水性和化学稳定性比酚醛塑料差，适于制造纽扣、电器开头插座、贴面板等。

8.1.2.9 密胺（MF）塑料

密胺塑料无毒、无味、耐酸碱，表面硬度和耐冲击强度都比较高，制品不易破碎，吸水性低，耐热性好，能长期在110℃左右使用，污渍沾污后易清洗，但破损后难以修补，适用于制造各种食具、电器的绝缘零件等。

8.1.2.10 硝酸纤维素（CN）塑料

硝酸纤维素塑料本身无色透明，着色性能好，最大特点是质轻，弹性特别好，最大缺点是易燃，适于制造乒乓球、文具、眼镜架等。

8.1.3 塑料的外观质量要求及鉴别

1. 塑料的外观质量要求

塑料品种很多，结构与造型各异，一般要求外形完整且无缺陷，表面光洁平滑，无凹凸现象，无皱纹、裂痕、小孔麻点等，有色制品要求光泽均一，不可混有杂色或深浅不均。透明制品必须去杂彻底，有一定的透明度和光泽度，装配类塑料品尺寸规格必须符合要求等。

2. 塑料制品的外观鉴别

从各种塑料的外观特征如色泽、透明度、光滑性、手感、表面硬度、敲击声及将其放入沸水中和放入水中等来区分和判断塑料种类。

3. 塑料的燃烧鉴别

不同塑料燃烧时，会产生不同的化学反应，表现出不同的反应状态：有的熔融；有的产生浓烟；有的会发出强烈的气味等。根据不同塑料的燃烧特性，可以进行塑料种类的鉴别。此法具有简单迅速的特点，但需选取小块试样。

用燃烧法进行塑料检验时，必须采用无烟火焰。检验时用镊子夹小块塑料，放在火焰中燃烧，然后离开火源，仔细观察塑料在燃烧过程中的各种状态和气味，如表8-1所示，进行检验。

表8-1 塑料的燃烧特征

塑料名称	燃烧难易	离火后是否自熄	火焰的特点	塑料的变化状态	气味
聚氯乙烯	难	离火即灭	黄色、下端绿色，有白烟	软化	刺激性酸味
聚乙烯	易	继续燃烧	上端黄色、下端蓝色	熔融滴落	与燃烧蜡烛的气味相似
聚丙烯	易	继续燃烧	上端黄色、底部蓝色，有少量黑烟	熔融、滴落膨胀	石油味
聚苯乙烯	易	继续燃烧	橙黄色、浓黑烟	融化、起泡	特殊臭味
有机玻璃	易	继续燃烧	浅蓝色、顶端白色	融化、起泡	有水果香味
尼龙	缓慢燃烧	慢慢熄灭	蓝色、顶端黄色	熔融、滴落	特殊羊毛、指甲烧焦味
硝酸纤维素	极易	继续燃烧	黄色	迅速完全燃烧	无味
电木	难	熄灭	黄色火焰	颜色变深有裂纹	木材和酚味
电玉	较难	熄灭	黄色、顶端蓝色	膨胀、有裂纹，燃烧处变白	特殊的甲醛刺激气味

8.2 洗化用品

8.2.1 洗涤用品

8.2.1.1 合成洗涤剂

合成洗涤剂是以合成表面活性剂为主要成分，并配有适量不同作用的助洗剂而制成的一种洗涤用品，有良好的去垢性和耐硬水性，不受水温限制，节省时间，用途广泛，属于人工合成制品，有利于保护自然资源。

1. 合成洗涤剂的组成及作用

合成洗涤剂包括表面活性剂、助洗剂和辅助剂。

（1）表面活性剂。表面活性剂是一种能在低浓度下降低溶剂表面张力的物质。其分子由两个不同部分构成，一端是由一个较长的烃链组成，能溶于油但不能溶于水，因此称为憎水基或亲油基；分子的另一端是较短的极性基团，能溶于水而不能溶于油，称为亲水基。

（2）助洗剂和辅助剂。为了提高和改进合成洗涤剂的性能，常加入各种各样的助洗剂和辅助剂以产生协同效应。助洗剂、辅助剂种类很多，常见的如下：

聚磷酸盐，主要作用是增加洗涤剂的综合性能，是一种良好的助洗剂；硅酸钠，在洗衣粉中与其他助洗剂同时使用，能起到协同效应的作用；碳酸钠，在碱性条件下具有良好的助洗作用；硫酸钠，一般作为一种辅助助洗剂和填料来加以使用，主要作用是降低成本；抗再沉淀剂，主要作用是阻碍污垢重新沉积于被洗织物；过氧酸盐，利用活氧，有除斑、漂白作用；荧光增白粉，主要作用是增加被洗织物的白度，使有色织物洗后更显鲜艳悦目；酶制剂，酶在一定温度下对血渍、奶渍、肉汁、牛乳、酱油斑渍等具有分解破坏作用，将酶制剂加入洗衣粉中可提高洗涤溶液去污力30%~60%。

2. 合成洗涤剂的去污原理

洗涤剂的去污过程和原理是比较复杂的，一般可简单表示为

$$织物·污垢+洗涤剂\rightarrow 织物+污垢·洗涤剂$$

（1）污垢的种类及特点。根据污垢的特性，可分成四类：第一类为油质性污垢，它们对衣物、人体黏附比较牢固，而不溶于水；第二类为固体污垢，这种污垢颗粒较大，它们或单独存在，或与油水混在一起，但不溶于水；第三类是水溶性污垢，它们溶于水或与水混合成液体溶液；第四类污垢往往是互相结合成一体，在外界条件影响下还会产生复杂的化合物。

（2）洗涤剂的性质。表面活性剂具有润湿、渗透、分散、乳化、增溶、泡沫等作用。润湿、渗透作用，表面活性剂降低了水、固体之间的界面张力，使水容易吸附扩展到固体表面，并渗透到织物内部，既破坏了衣物和污垢间的吸引力，又破坏了污垢微粒间吸引力；分散作用，活性剂在固体微小粒子周围形成一层亲水的吸附膜，使固体离子均匀分散在水中形成分散液；乳化作用，与分散作用类似，使油粒均匀分散在水中形成乳浊液；增溶作用，洗涤表面活性剂使疏水性液体或固体在水溶液中的溶解度增加；泡沫作用，洗涤表面活性剂降低了水、空气之间的表面引力，空气分子分散在水中形成泡沫。

（3）洗涤剂的去污原理。洗涤剂去污，首先是降低和削弱污垢与被污物之间的引力，润湿、渗透作用就能起到使它们之间引力松脱的作用，也使污垢被破坏为微小粒子，这时经过机械力的作用，使污垢脱离被污物大量卷离到洗涤液中，固体微粒借助分散作用，油脂污垢借助乳化、增溶作用，而不再沉积于被污物表面。因此，洗涤剂的去污作用，实质上是润湿、乳化、分散、增溶等作用的综合效用。

3. 合成洗涤剂的分类与合成洗衣粉

合成洗涤剂的种类繁多。

（1）合成洗涤剂的分类。按商品的外观形态可分为粉状、空心颗粒状、液体状、浆状、块状等；按用途可分为人体用、织物用、厨房用、食品用、住宅用；按活性物含量分为20

型、25 型、30 型；按泡沫多少分为无泡型、低泡型、中泡型、高泡型；按助洗剂特点分为无磷型、加酶型、漂白型、增白型、加香型等。

（2）合成洗衣粉。这是合成洗涤剂用品中的主要品种，为空心颗粒状，具有相对密度小、易溶解、干爽结实、流动性好，便于包装、储存等特点。合成洗衣粉一般以一种洗涤表面活性剂为主体，也可采用两种以上的复配方，并加有相当量的助洗剂和辅助剂。洗衣粉的品种很多，各有特点：丝毛洗衣粉，具有洗后手感柔软、光泽度好，强度不受损失，去垢力强，易漂洗等优点，适于洗涤丝、毛或混纺等精细织物；杀菌洗衣粉，特点是既洗涤去污，又能消毒、杀菌，是一种双功能高效洗衣粉；浓缩洗衣粉，特点是用量少（是普通洗衣粉的 1/4 左右）、去垢力强、泡沫低、易漂洗，适合洗衣机使用；无磷洗衣粉，用沸石等替代聚磷酸盐，是环保类洗衣粉。

4. 合成洗涤剂的质量要求

评价合成洗涤剂的质量依据不同的指标。

（1）合成洗涤剂的感官品质指标。优质的洗涤剂应色泽均匀、无异味，受一般外界因素影响应无变质情况；液态洗涤剂则要考虑其透明度、稠度、保存性等；洗衣粉应颗粒均匀，流动性好，没有发黏结块，受潮结块现象。

（2）合成洗涤剂的理化质量指标。表面活性剂的含量以百分比表示，其含量高低涉及洗涤剂类型和去污力大小，不皂化物含量越小越好，pH 值丝毛型应呈中性，棉麻型则呈碱性，但小于或等于 10.5；去污力、生物降解率越大越好；对人体无害，对皮肤刺激性小等。

8.2.1.2 肥皂

肥皂是用油脂与碱经皂化作用制成的高级脂肪酸盐，并辅以各种辅助原料制作而成的产品。肥皂一般为块状，其特点是溶解度好，去污力强，有一定硬度，使用方便，起泡迅速而丰富等，但不适于在硬水中洗涤。

1. 肥皂的组成及作用

组成肥皂的原料分为主要原料、辅助原料、填充原料。

（1）主要原料。肥皂的主要原料为油脂和碱，油脂是制皂的基本原料，要求含量纯净、无杂质、无臭、无味、无酸败；碱在制钠皂时用苛性钠，制钾皂时用苛性钾。

（2）辅助原料。加入辅助原料的目的是为了提高其特有的性能，如加入香料不但可增加香味，而且具有良好的杀菌消毒功效；加入色料的目的是增加美观；药料主要是消毒剂和防腐剂，但必须适量。

（3）填充原料。即填充肥皂体积与增加重量的材料，主要包括水溶性填充料，如水玻璃、碳酸钠等；水不溶性填充料，如洗涤陶土、碳酸钙、石膏、滑石粉等，这类填充料以填充体积和降低成本为目的。

2. 肥皂的品种

洗衣皂指用于洗涤衣物的块状肥皂，根据脂肪酸含量分为 42 型、47 型、53 型、60 型等；透明皂总脂肪酸含量在 72% 左右，具有耐用、碱性小、溶解度大、泡沫丰富等特点；香皂的总脂肪酸含量达 80% 以上，用于清洁皮肤，属于化妆洗涤用品，其特点是组织紧密细腻、易于溶解、泡沫丰富、去污力强、对皮肤刺激小、质地纯洁、气味芳香长久、总脂肪酸含量高；药皂是加有杀菌剂的肥皂，不但可以作为一种洗涤剂，而且可以作为一种消毒杀菌剂，总脂肪含量也在 72% 左右；液体皂是以肥皂的主要成分和质量优良的合成表面活性剂复配而成的，集中了肥皂和合成洗涤剂的优点，特点是能软化硬水，pH 值在 10 以下，性能温和、使用方便、泡沫力低、去垢力强。

3. 肥皂的质量要求

判断肥皂的质量依据两种质量指标。

（1）肥皂的感官质量指标。从外观上看，洗衣皂应硬度适中，不发黏，不分离，不开裂；香皂应为干硬，细腻均匀，无裂纹、气泡、斑点、剥离、冒汗等现象。从色泽上看，洗衣皂颜色均匀洁净；香皂色泽均匀而相对稳定。从形状上看，洗衣皂形状端正、收缩均匀，不得有歪斜、变形、缺边、缺角等现象；香皂可以压成各种形状，同样不得有歪斜、缺裂或字迹模糊等现象。从气味上讲，洗衣皂无不良气味；而香皂应具有各种天然或合成香料配成一定类型的持久香味。

（2）肥皂的理化质量指标，如表 8-2、表 8-3 所示。

表 8-2　洗衣皂的理化质量指标

指标名称	53 型	47 型	42 型
总脂肪酸含量/%	53	47	42
每块总脂肪酸实际质量不低于标准重量/%	95	95	95
游离碱（NaOH）不大于/%	0.3	0.3	0.3
脂肪酸凝固点/℃	37.0~45.0	37.0~45.0	37.0~45.0
硅酸钠用 SiO_2 表示不小于/%	2.0	2.0	2.5
泡沫（40 ℃）最高点不小于/mm 过 5 分钟后不小于/mm 40 ℃±1 ℃时溶解度/(mg·cm^{-3})	170 160 20~35	170 160 20~35	160 150 20~40

表 8-3　香皂的理化质量要求

指标名称	优级	一级	二级	三级
总脂肪酸含量/%	80	80	80	80
总脂肪酸含量允许不低于/%	78.5	78.5	78.5	78.5
游离碱（NaOH）不大于/%	0.05	0.05	0.05	0.05
开裂（级）不大于	2	3	4	5
糊烂（20±10 ℃）不大于/mm	2.0	2.0	3.0	3.0
剖面白心气泡（级）不大于	1	2	3	4
脂肪酸凝固点/℃	37.0~43.0	37.0~43.0	37.0~43.0	37.0~43.0
泡沫（40 ℃）最高点不小于/mm 过 5 分钟后不小于/mm	180 175	175 170	170 165	165 160

8.2.2　化妆用品

化妆品是以涂抹、喷洒或其他类似方法，施于人体表面任何部位，起到清洁、保养、美化或消除不良气味作用的日常用品。它有令人愉快的香气，能充分表现人体的美，给人以容貌整洁、讲究卫生的好感，有利于人们的身心健康。

8.2.2.1 化妆品的种类

1. 按化妆品的物理性状

化妆品物理性状可分为：膏霜类，有雪花膏、香脂、润肤霜、防晒霜、洗发膏等；粉质类，有香粉、爽身粉、香粉饼、胭脂等；液体状类，有香水、花露水、冷烫水、生发水等；胶状类，有指甲油、清洁面膜等；笔状类，有眉笔、唇线笔等。

2. 按化妆的用途

（1）护肤类的，有保护皮肤类的雪花膏、香脂、奶液、防冻霜等；营养类的人参霜、珍珠霜等；药疗类的粉刺霜、祛斑霜等。

（2）发用类的，有保护头发类的发乳、护发素等；营养类的营养头水、奎宁等；美发类的染发剂、冷烫水等，药用类的去屑水、止痒水等。

（3）清洁卫生类的，有洗发类的洗发膏、洗发精等；洗面类的清洁霜、清洁奶等；卫生类的香水、痱子粉等。

（4）美容类的，有美容皮肤类的修面整容水、香粉等；美化指甲类的指甲油、去光水等。另外还有儿童用、男用等类化妆品。

8.2.2.2 化妆品的主要品种及性能特点

1. 雪花膏

雪花膏是硬脂酸、甘油和水在乳化剂作用下而形成的水包油乳化体，是一种半固体膏状化妆品，白似雪花，涂在皮肤上遇热融化，像雪花一样消失，故得名雪花膏。其特点是：搽在皮肤上不油不腻，使皮肤有滋润、滑爽舒适的感觉；水分蒸发后，在皮肤上留下一层透明薄膜，能隔离外界干燥空气与皮肤接触，防止皮肤中的水分过快地挥发。

2. 香脂

香脂又名冷霜，是油类物质在乳化剂的作用下形成的油包水型乳化体，外观与雪花膏相似，也是半固体膏状化妆品。其含油多于雪花膏，具有抗寒润肤性能，防止皮肤干燥、冻裂的功能比雪花膏强，适合冬季或干性皮肤的人使用。品种与雪花膏类同。

下面介绍四种常用的营养霜及其营养成分、主要功能，如表8-4所示。

表8-4 营养霜主要品种的营养成分与主要功能

主要品种	营养成分	主要功能
人参霜	人参提取液中含有多种维生素、激素、糖类等	促进皮肤血管末梢的血液循环，强化新陈代谢，有活化、滋润和调理皮肤的功能
珍珠霜	珍珠粉中含有多种氨基酸（20多种）	促进皮肤新陈代谢，组织再生，使皮肤细嫩，并有防治皮肤病的作用
蜂王浆	蜂王浆中含有蛋白质、脂类、维生素、酶等	能增强皮肤的抵抗力，防止皮肤粗糙，增强皮肤的弹性和新陈代谢
灵芝霜	含有多肽与酰胺类物质、甘露醇、麦角甾醇等	有滋润皮肤的作用，促进皮肤的新陈代谢，减缓皮肤衰老

3. 洗发液

洗发液又名香波，是一种以表面活性剂为主体配方而成的，具有清洁人的头皮和头发，并保持其美观作用的液体洗发用品。其特点是洗涤力温和，无碱性刺激作用，洗后易于梳理和冲洗，可加入营养和药性物质，使洗发、护发、美发融为一体，有去头屑、减皮脂和治头癣等效果。

4. 香水类

香水的基本成分是酒精和香精，一般香精含量多（15%～25%）且香精质量高的称为香水；香精含量少（3%左右），香精质量较次，且加的香精中有防蚊虫效果的称为花露水。高级香水用天然动物香料和经陈化酒精配制，香味持久；花露水也是一种卫生用品，洒在身上可以除汗臭，防蚊叮、虫咬。

 小思考

香水内含有酒精和香精，这种说法对吗？

8.2.2.3 化妆品的质量要求

化妆品的包装应整洁、美观、封口严密，没有泄漏；商标、装饰图案、文字说明等应清晰、美观、色泽典雅、配色协调；使用说明书中应写明商标、品名、生产许可证编号、产品用途、生产日期、保质期、厂家厂地、容量或重量、香型、主要原料、使用方法、使用注意事项及安全警告、产品储存条件及方法等。从色泽上讲，无色固状、粉状、膏状、乳状化妆品应洁白有光泽，液状应清澈透明，有色化妆品应色泽均匀一致，无杂色；从组织状态上讲，固状化妆品应软硬适宜，粉状应粉质细腻，膏状、乳状应稠度适当、质地细腻，液状应清澈、均匀、无颗粒杂质；从气味上讲，化妆品必须具有芬芳的香气，没有强烈的刺激性；从安全卫生性上讲，要求外观良好，没有异臭，对皮肤没有刺激和损伤，无感染性，使用安全等。

8.2.2.4 化妆品的选用与保管

1. 化妆品的选用

化妆品的选用有不同标准。

（1）根据各自皮肤、发质选用。皮肤的性质可分为油性、中性、干性、混合性四类，选用护肤性化妆品应根据自己的皮肤性质来确定。如干性皮肤者就选用油质性护肤品，油性皮肤者应选用水质性护肤品。发用类化妆品适用也应根据自己的发质来确定。

（2）不同季节、不同时间应选用不同化妆品。一般冬天应选用油包水型化妆品，夏季使用水包油型化妆品；白天用日霜，晚上用晚霜等。

（3）药疗类化妆品根据说明书慎用。药物化妆品对皮肤有一定的疗效作用，但因人体皮肤的吸收功能有限，所以药物化妆品的疗效也有限，属防病型。

（4）新品牌使用前应试用。当买到一种新品牌化妆品时，不妨自己做一个皮肤试验，用少许化妆品涂在耳根等部位，经48小时后，如感到皮肤出现不适，则说明皮肤不适合这种化妆品，不宜使用。

（5）香水类化妆品的使用。选用香水类化妆品时应注意性别，男性宜选用男用香型，女性应选用女用香型。香水含酒精和香精较多，不宜用于脸部和皮肤破裂处，花露水则可直接涂抹于皮肤。

(6) 防晒霜选择应考虑 SPF 值。SPF 值亦指防晒系数，SPF 的意思是皮肤抵挡紫外线的时间倍数。一般黄种人皮肤平均能抵挡阳光 15 分钟而不被灼伤，那么使用 SPF20 的防紫外线光用品，便有约 300 分钟（15×SPF20）的防晒时间。SPF 值过高的防晒霜中掺有过多的紫外线吸收剂，会导致一部分人出现过敏反应，因此日常护理、外出购物、逛街等可选用 SPF5~8 的防晒用品；外出游玩时可选用 SPF10~15 的防晒用品；游泳时用 SPF20~30 的防水性防晒用品。

2. 化妆品的保管

化妆品属于易变质、易损耗商品，储存期一般不宜超过一年。保管中要求库房干燥、阴凉、通风，适宜温度为 5~30 ℃，相对湿度不应超过 80%；搬运中必须轻装轻卸，堆码不宜过高，切勿倒置，远离热源、电源；经常检查有无破损、变质现象，及时采取补救措施。

8.3 皮　鞋

皮鞋是用猪皮、牛皮、羊皮、马皮或合成革等主要材料做鞋帮，以皮革、橡胶、塑料等材料做鞋底，鞋底与鞋帮采用模压、硫化、胶粘、线缝和注压等工艺加工制成的鞋类。皮鞋在鞋类产品中属于比较高档的商品，不但要求穿着舒适，而且要求造型美观。

8.3.1 皮革的种类及特点

8.3.1.1 皮革的种类

皮革的种类很多，按原皮种类可分为牛皮革、猪皮革、羊皮革、马皮革、麂皮革等；按整饰加工可分为正面革、绒面革、修面革、多脂革等；按皮革用途分为鞋面革、服装革、箱包革、沙发革、皮带革，以及工业革、装具革等。

8.3.1.2 皮革的性能特点

皮革与纺织品以及橡胶、塑料比，有以下优点：

1. 具有良好的耐热性和耐寒性

皮革制品一般在热水中的收缩度都在 60 ℃ 以上，有些皮革甚至在沸水中也不收缩，通常热至 120~160 ℃ 时也不变形；在冰雪严寒的冬天，甚至在 -50~-60 ℃ 时，仍保持一定的柔软性和坚固性。

2. 具有较高的机械强度

其耐磨强度、抗张强度、拉伸强度和耐折度等在一定的程度上都比橡胶、塑料好；其延伸性和变形性都好于橡胶、塑料。

由于皮革属于多孔性的变性物质，因此具有保温性、透气性、透湿性和卫生性。

皮革具有很好的着色能力，因此它具有鲜艳的颜色和很好的光泽。

皮革的主要缺点是耐水性差。因为皮革里填充着可溶性物质，当这些可溶性物质遇到水，就会被水溶出来，这样皮革就变得疏松而不耐磨，也容易破裂。此外，皮革的耐酸碱能力较差。又由于皮革的原料主要来源于动物皮，价格也较贵。

8.3.1.3 鞋用革的外观质量要求

1. 鞋面革

要求有一定的延伸性和可塑性，革身柔软、丰满、有弹性；穿用时，鞋面要受反复的拉伸、曲折作用，要求有耐拉伸、耐曲折、耐碰擦的性能，不易断裂；为穿用时舒适，要求有良好的耐水性、透气性和透水汽性。

2. 鞋底革

外底革要求耐磨性能特别好，抗压缩和耐弯曲变形能力强，身骨好，吸水性小，受潮干燥后变形小，革面平整光滑细致，不裂面，无管皱龟纹，颜色均匀一致；软底革则要求厚度均匀一致，不应有发脆、僵硬、延伸过大、不牢等缺点；内底革要求耐汗性和耐温热稳定性好。

3. 鞋里革

要求平整细致，质地薄而柔软，略有光亮，不能喷染溶于水的色料。

8.3.2 皮鞋的结构

皮鞋是由鞋帮和鞋底两部分构成的，下面以包头式皮鞋为例，了解它的结构。

8.3.2.1 鞋帮

皮鞋鞋帮的式样变化最多，各式各样的皮鞋区别也就在鞋帮的式样、结构的不同。鞋帮一般包括包头、中帮和后帮三个部分，包头与中帮又合称为前帮。

1. 包头

包头即鞋尖部位，是皮鞋最显露的部位。包头的作用是保护脚趾不受外物碰撞。为了使皮鞋美观耐用，包头部位用革应选择表面平整、无伤残、色泽光亮、厚薄均匀、结构紧密挺括的面革制成。

2. 中帮

中帮也称前帮，是皮鞋的主要部分。要受体重的撑压和反复的伸曲作用，是鞋帮承受外力最大部分。中帮所用革要求柔软密致，机械强度（耐折和拉伸）高，延伸性好，不应有伤残和裂痕。

3. 后帮

后帮由内外侧两块皮革缝合而成。后帮的作用是端正托住脚后跟，后帮不负荷过大的压力，穿用时也不显露（尤其内侧后帮更不显露）。后帮应使用面革质量较次的部位，厚度可薄于前帮。后帮里层沿脚后两侧垫有用硬革切制的重跟，用以托住脚后跟，保持后帮的形状，又保证后帮不被脚跟磨坏；最里层是后帮里子，此部位要经常摩擦，须使用较密致的鞋里革；两块后帮结缝的革条称为保险皮，保险皮需要承受较大的张力，革料质量应高于后帮。

8.3.2.2 鞋底

鞋底由大底、膛底、沿条、鞋跟、垫心和勾心等部分组成。女鞋鞋底有平跟、中跟和高跟之分，一般30毫米左右为低跟，60毫米为中跟，超过60毫米为高跟。

1. 大底

大底也叫外底，是鞋直接与地面接触的部位，是皮鞋的主要组成部分。穿用时，需反复承受重压、弯曲、摩擦作用。由于大底与地面直接接触，常有潮湿和干燥的变化，所以要求大底选用结构紧密、质地坚实、耐摩擦的革作为原料。一般要求男鞋大底厚度在3.5毫米以上，女鞋大底在3毫米左右。厚底靴鞋常在大底前部加前撑，对前撑的要求与大底相同。装有前撑大底的靴鞋，其外底仅起衬托的作用，并不与地面接触，故对其质量要求可适当降低。用做皮鞋大底和前撑大底的原料有皮革、橡胶、塑料等。有关研究表明，鞋子每减轻1克，相对人体背部负荷减轻6克。因此，近些年来橡塑鞋底以其轻便、耐磨、弹性好而深受人们青睐。

2. 膛底

膛底也叫内底。它是鞋底的最上层，即与脚掌直接接触部位。它的作用是保持皮鞋内部固定的底形，使脚掌接触在一个平整舒适的底面上。膛底承受着体重压力和行走时的弯曲作用，经常受汗液的侵蚀，故要选择坚实紧密且有一定透气性的原料。

3. 沿条

沿条是连接鞋帮、膛底和大底的革条，围在鞋帮的外沿，沿条的上层是膛底和鞋帮，下层是大底。它具有承上启下的作用，负荷着上下两层的作用力，故需使用坚实的底革或沿条革来裁切。皮凉鞋所用的沿条是为了加固缝口和装饰边沿，可采用较次的革料；单底鞋不用沿条，大底与鞋帮和膛底直接缝合。

4. 鞋跟

一般男鞋、女鞋的平跟或半高跟均由多层皮组成（即由多层跟里皮和跟面皮所构成）。跟里皮是用零碎的底革拼成，跟面皮要求与大底料相同。高跟鞋的鞋跟采用木制和塑料制，表面用皮革包裹，下面钉有跟皮。

鞋跟是承受人体压力最大的部位，不但在走路时受到很大摩擦力，而且在人体转动时也将受到最大的摩擦作用。鞋跟在全鞋中的作用是使体重均匀地分布在鞋底上，达到站时平稳、行走时舒适的效果。因此，要求鞋跟要高矮一致，平稳匀称。

5. 垫心

在膛底与大底之间存在空隙，垫心是填充在空隙之间的材料，常用纸板或棉花碎料作为垫心的原料。垫心料要求柔软而有弹性，耐弯曲并有吸湿性，其作用是增加弹性。

6. 勾心

勾心指用来支撑鞋底弓形部位的材料。要求有较高的硬性和弹性，常用的有钢勾心、铁勾心和竹勾心。铁勾心要求镀刷防锈物。钢勾心一般用65号锰钢制作，硬度和弹性极值非常理想，结构合理，重量轻，并且符合制鞋工业标准化、系列化的要求。

8.3.3 皮鞋的分类、品种、号型与质量要求

8.3.3.1 皮鞋的种类

皮鞋的花色品种繁多，分类方法很多，常见的有以下五种：按穿用对象可分为小童鞋（13～16号）、中童鞋（16$\frac{1}{2}$～19$\frac{1}{2}$号）、大童鞋（20～23号）、女鞋（21$\frac{1}{2}$～25号）、男鞋（23$\frac{1}{2}$～30号）；按用途可分为皮单鞋、皮凉鞋、皮棉鞋、皮单靴、皮棉靴、皮马靴、运动鞋、劳动保护鞋等；按式样可分为高帮鞋、低帮鞋、坡跟鞋、厚底鞋等；按帮面原料可分为牛皮鞋、羊皮鞋、猪皮鞋、合成革鞋等；按加工成型方法可分为粘胶皮鞋、线缝皮鞋等。

8.3.3.2 皮鞋的品种

1. 牛皮鞋

以牛皮为面革做成的各种皮鞋统称牛皮鞋。其特点是：鞋面光亮、平滑，质地丰满、细

腻、坚实，手感硬而有弹性，毛孔细圆而均匀，外观平坦而柔润。牛皮又有黄牛皮、水牛皮之分，水牛皮不如黄牛皮丰满细致。鞋的大底有成型橡塑底和水牛皮革底等多种，成型橡塑底多采用黏合剂黏合而成，水牛革底多采用线缝法成型。

2. 猪皮鞋

以猪皮为革面制成的各种皮鞋统称猪皮鞋。猪皮光面鞋外观效应不好，粒面粗糙，耐水性能差，吸水后易膨胀变形，但由于皮纤维粗壮、坚韧，故耐磨强度好，透气性好。为了改变其粒面的缺点，进行了猪皮粒面的美化工作，改变了外观效应，成品鞋质量有很大提高，已成为颇受欢迎的皮鞋之一。

3. 羊皮鞋

羊皮鞋主要以山羊革为主要原料，厚度为 0.4~0.6 毫米，质地柔软，伸缩性好，穿着舒适方便，可染成各种鲜艳的颜色，并且不易褪色，但其强度低，牢度差。羊皮有山羊皮和绵羊皮之分，山羊皮质地和粒面不如绵羊皮柔软细致，但成革坚实，强度较大。

4. 麂皮绒面皮鞋

麂皮绒面皮鞋是各种绒面鞋中质量较好的一种，外观效果好，绒面细腻而有光泽。麂皮由于皮面粗糙，斑痕较多，所以不宜制正面革，多用于制作绒面革。其厚度为 0.5~1.2 毫米，纤维组织细密而柔软，弹性、强度、韧性、耐磨等性质都比羊皮革好。

8.3.3.3 皮鞋的号型系列

鞋号和型号是表示鞋子大小和肥瘦的一种特征。

全国统一鞋号以脚型作为制定鞋的基础，包括号和型两个数据。鞋的长度以"号"来表示，单位为厘米，一厘米为一号，半厘米为半号，如 23、23½、24½、24½等。

鞋的肥瘦以"型"来表示，肥瘦以踝围的大小为标准。分（一）~（五）型，表示为（一）、（二）、（三）、（四）、（五）。其中，（一）型最瘦，（五）型最肥。型间距为 7 毫米，例如，22 号（一）型鞋比 22 号（二）型鞋的踝围小 7 毫米。

我国成年男女皮鞋系列为：女 21½~25 号，男 23½~27½号，28 号~30 号为特号鞋。童鞋设（一）~（三）型，成人鞋设（一）~（五）型。

8.3.3.4 皮鞋的质量要求

皮鞋的质量须从原材料和加工制造两方面来鉴定。鉴定范围一般是从外观来检查，缝结强度、耐压强度等物理机械指标只用于特定的条件。皮鞋的质量应符合穿着舒适、外表美观、坚固耐久三方面的要求，各级皮鞋应有其相适应的质量。

对于鞋帮的主要要求是：前帮不能有明显的伤痕，包头应细致光亮，颜色一致；后帮的非显露部位可允许有轻微伤残，但不能有裂面、掉浆脱色等缺陷；跟型要有似鹅蛋形的弯势，后帮高低适当，不卡痛踝骨；鞋里应无皱褶、明伤、油污；鞋跟的距离相等，左右均匀对称，无破裂不平现象；主跟和内包头需要下部坚硬，上部柔软而有弹性。

对于鞋底的主要要求是：膛底无露线或露钉尖等现象；沿条平整，宽均匀；大底无裂面或其他明伤，槽口整齐，无破裂露线等缺点；鞋跟平整，高度一致；大底、沿条、鞋跟的厚度都必须符合规定。此外，缝线均匀整齐，针码符合标准，每双鞋的左右两只应具有相同的质量。

8.3.4 皮鞋的选购与保养

8.3.4.1 皮鞋的选购

1. 造型优美

皮鞋的跟型和皮鞋的整体造型要好看。随着国内外流行式样的变化，皮鞋不断推陈出新，选购时应挑选线条舒展、造型具有立体感、式样新颖、色彩雅致的鞋。皮鞋的色泽多样，挑选时要注意与自己的服饰整体协调。

2. 要适合脚型

皮鞋楦的肥瘦分一型半、二型、二型半、三型、三型半、四型、五型。一般男鞋是肥型的，女鞋是瘦型的。皮鞋跟的具体尺寸很多，常见的有平跟、坡跟、酒杯跟、调羹跟、中跟、中高跟、粗跟、高跟等。选购时，一定要经过试穿，还应注意预防高跟鞋综合征、松糕鞋综合征等。

3. 选择尺码时宜宽不宜紧

如脚长 25 厘米，则宜选择 26 的鞋厘米（特别是尖头皮鞋），否则脚趾会轧痛，走路也不方便。

4. 规格质量

皮鞋上一般有五种标记。

（1）尺码，是标明皮鞋长度的。

（2）编号，同双编号一致，防止错对。

（3）型号，是标明鞋楦肥瘦的。

（4）产品等级和检验工号，一般用同一个戳号。产品等级有一级、二级，也有标正品、副品，它说明产品质量的不同和价格的区别。检验工号是检验员的代号。

（5）商标，是商品的标记和信誉的象征，同时也是质量的承诺。

这五种标记各有重要作用。

8.3.4.2 皮革的外观特征

1. 猪皮革

表面毛孔圆而粗大，毛孔以倾斜方向伸入革内，而且每 3 个毛孔排列成一组，呈品字形，每组相隔较远，革面比较粗糙，成革机械强度较高。

2. 黄牛皮

表面毛孔细小而呈圆形，分布均匀而紧密，但排列不规则，好像满天星斗，革面丰满细致，手感坚实而富有弹性，毛也较直地伸向里面。

3. 水牛皮

表面毛孔比黄牛皮粗大而稀少，革面较松弛，成革粒面比黄牛皮粗糙，但成革机械强度大。

4. 山羊皮

表面毛孔清楚，呈扁平圆形，革面细致，纤维紧密，粒纹是在半圆形的弧上排列 2~4 个针毛，周围有大量的细绒毛孔，形成有形粒纹，成革坚实，强度较大。

5. 绵羊皮革

革面较松，毛孔细小，呈扁圆形，由多个毛孔构成一组，排成长列，似鱼鳞形或锯齿形，分布均匀，手感柔软，但坚牢度不如山羊皮。

6. 马皮革

表面毛孔不明显，仔细观看时能发现椭圆形，比牛皮毛孔略大，有规律地排列呈山脉形状，革面较为细致、柔软，但色泽昏暗，不如牛皮光亮。

7. 再生革

再生革是将皮渣、皮纤维磨碎，经高压用黏合剂黏合，形成片状，然后经片机片到需要厚度，再进行涂饰，使它具有一定皮革特性的革。其特征为：粒面经修饰，然后压上花纹，花纹种类为牛、羊、猪皮等，但花纹无毛孔眼，花纹浮在皮表层上，表面光泽亮，塑料感强。

8. 人造革

人造革是在布底基上涂饰聚氯乙烯树脂，经处理成的革。其特征为：质地柔软，富有弹性，不易燃烧，耐热温度低，透气性差，遇低温发硬，塑料感强，光泽亮，冬天摸有冷凉感。

9. 合成革

合成革是在布底基上涂饰聚氨酯微孔弹性体生成的复合材料。其特征为：表面硬度高，机械强度、耐磨性、弹性等都优于人造革，透气性接近天然皮革，低温下质地同样柔软，塑料感强，光泽亮，各部位纹理规则一致。

8.3.4.3 皮鞋的养护

1. 防热

皮革除含有一定量的水分外，还需含有一定量的油脂，以保持其柔软和光泽。若保管环境温度过高，皮革水分蒸发，革面纤维干枯发脆，可能出现裂面和变形的现象；若积热不散，又将引起油脂的分解变质，降低皮革的强度和韧性，同时也易引起橡胶和塑料配件的老化。所以，保管和陈列的皮鞋，不应受日光照射；不应靠近炉火、暖气管、电热器具等。

2. 防酸碱

皮革接触到带有酸碱性的物质，会由于腐蚀作用而使皮面产生裂纹、折断，降低韧性和弹性，因此不能和肥皂、碱面、化工原料以及一些副食品等放在一起。

3. 防虫蛀和鼠咬

皮革本身含有动物蛋白质纤维和油脂成分，很容易被虫蛀或鼠咬，保管皮鞋必须注意防虫防鼠。

4. 防潮湿

皮革含水量16%~18%，在正常温度条件下能保持平衡。当湿度增高时，皮革将吸收水分，水分过大就容易发霉。不仅表面产生难以消除的霉斑，革质强度也会降低。因此，保管皮鞋首先注重防潮，存放和陈列的地方要干燥通风。

5. 防尘

尘埃落附在鞋面上能吸去表面层油脂，使革面变得粗糙和僵硬。当油脂含量降低后，皮革表面更易吸潮发霉，保管时必须注意保持皮鞋的洁净。

6. 防挤压

皮鞋不可挤压，以免变形走样。不能受硬物摩擦，堆码时也不能过高，防止重压变形。

总之，皮鞋应妥善存放，对库房的要求是：阴凉、干燥和密封，库内温度以不超过

30 ℃为宜，相对湿度宜保持在 50%～80%。为了防止发霉，可在皮鞋表面喷刷防霉剂；为防止生虫，应加放樟脑丸等。

阅读材料　　　　　　　　　　　　**真皮标志**

真皮标志是在国家工商行政管理局注册的证明商标，凡佩挂真皮标志的皮革产品都具有三种特性：该产品是用优质真皮制作的；该产品是做工精良的中高档产品；消费者购买佩挂真皮标志的皮革产品可以享受良好的售后服务。不是用真皮制作的产品就不能佩挂真皮标志，欲佩挂真皮标志，需经过中国皮革工业协会严格的审查，批准后，方可佩挂。中国皮革工业协会每年都要对其进行质量检测，以保证产品质量。

真皮标志的注册商标是由一只全羊、一对牛角、一张皮形组成的艺术变形图案。整体图案呈圆形鼓状，图案中央有 GLP 三个字母，是真皮产品的英文缩写，图案主体颜色为白底黑色，只有三个字母为红色。图案寓意：牛、羊、猪是皮革制品的三种主要天然皮革原料，图案呈圆形鼓状，一方面象征着制革工业的主要加工设备转鼓，另一方面象征着皮革工业滚滚向前发展。

真皮标志是在国家工商行政管理局注册的证明商标。证明商标是市场经济发展的产物。我国商标法对证明商标的实施做了明确规定。证明商标是经国家工商行政管理局批准注册，用以证明产品的原料、制作方式、质量或其他特点的一种标志。证明商标与普通商标的主要区别在于证明商标不表明产品的来源，而只表明产品具有某种特定品质。

证明商标的使用是对公众消费的一种引导，既能让消费者方便地选择自己需要的商品，又能切实保护消费者的利益，有利于促进企业提高产品质量，同时也是打击假冒伪劣产品的有力措施。

真皮标志标牌是真皮标志产品的唯一标志，皮革制品上挂有真皮标志标牌，表明此产品是真皮标志产品。消费者在购买真皮标志产品时，请注意该产品是否挂有真皮标志标牌。消费者只有购买佩挂真皮标志的皮革制品，才能享受经销商、生产厂家和中国皮革工业协会三方的售后服务。

8.4　照相机

照相机不仅可以用来拍摄人像和风景、新闻图片，从事摄影艺术创造；还能通过人造卫星，把宇宙间和地球上的实况拍摄下来；通过显微镜，拍摄到肉眼看不到的微生物；能将海底的情景真实地记录下来；能翻拍各种图案、文物资料和实物；也是公安司法部门用来侦破案件、采取罪证的一种重要手段。

8.4.1　照相机的工作原理

照相机的照相原理和人眼看景物的道理差不多，主要是利用了凸镜成像原理。照相机的前部有镜头，相当于一个凸透镜，后部有底片，能记录摄像，照相机拍摄景物的时候，景物的生成通过镜头会聚到底片上，形成缩小的倒立实像，经过冲洗和印相就得到了相对应的照片。由于景物千变万化，有亮有暗、有远有近，因此照相机除了镜头和底片外，还需其他的调节、控制等装置。

8.4.2 照相机的结构

照相机由镜头、光圈、快门、取景器、测距器、卷片、机身（暗箱）等主要部件构成，图 8-1 为凤凰 205E 照相机。

图 8-1　凤凰 205E 照相机

8.4.2.1　镜头

镜头的作用是通过光线把景物集结成影像并投射到感光片上，使感光片接受清晰的影像，它的好坏直接决定了照相机的性能。

最早的镜头是由单片凸透镜制成的，也叫新月形镜头，现在最简单的低级照相机上，偶尔也会使用这种镜头。

后来又发明了一种灭色镜头，由一片凸透镜和一片凹透镜组合在一起，也称消色镜头，它的色散差已得到较好的纠正，适合拍摄风景，也叫风景头，但成像质量不理想。现在，除装在普及型低级照相机的镜头外，其他镜头都由多片多组的不同材料制成，并在每一块与空气接触的镜面上，加上一层紫色、米黄色或深蓝色的增透膜，因而大大降低了光线的干扰和反射，使通光量增加。

照相机镜头上有两个很重要的参数，一个是镜头焦距，另一个是镜头的有效口径。

1. 镜头焦距

镜头焦距是镜头焦点到镜头中心的距离。不同用途的照相机，镜头焦距差别很大。一般按焦距长短可分成标准镜头、远摄镜头和广角镜头三种。

标准镜头指镜头焦距和所用底片对角线长度大体相等的镜头。使用标准镜头拍的照片，符合人们的视觉习惯，看起来比较舒服，所以一般都采用标准镜头。

远摄镜头指镜头焦距比所用底片对角线长的镜头。在同一地方拍摄同一个物体，使用远摄镜头所得的像比标准镜头大。

广角镜头是镜头焦距比所用底片对角线短的镜头。广角镜头拍摄到的角度范围大，标准镜头的视角大约为 53°，而广角镜头在 75°~110°。在同一个地方拍摄景物，使用广角镜头拍的景物范围比标准镜头宽。

2. 镜头的有效口径

有效口径是用来表示镜头最大通光量的，即镜头通过光线的能力，一般用镜头口径同镜头焦距之比表示：

$$镜头的有效口径 = \frac{镜头口径}{镜头焦距}$$

照相机镜头边框上都刻有有效口径的比值，有效口径越大越好，如 1∶2.8 的就比 1∶3.5 的好。有效口径大的镜头能够拍比较暗的景物。

8.4.2.2 光圈

为了调节通光量的多少，在镜中间装一个虹膜式的可以收缩的光孔，这个调控装置叫光圈。

光圈能调节镜头的景深范围，光圈缩小，景深延长；光圈放大，景深缩短。景深就是景物前后的清晰范围，因此光圈对摄影有很重要的作用。光圈值的刻度，就是各级光孔口径通光量多少相比较的数据，每一级光圈的通光量恰好相差一倍，它们有几种不同的排列。我国生产的相机排列顺序是 1、1.4、2、2.8、4、5.6、8、11、16、22、32，数字越大，光圈越小。光圈口径是可以连续改变的，光圈一般是用 5 片或 5 片以上的薄钢组成，中心随着差拨杆放大或缩小。光圈的调节收缩，有手动收缩、半自动收缩和全自动收缩 3 种形式。

8.4.2.3 快门

快门是控制曝光时间的装置，快门开启的时间以秒为单位，一般设有慢至 1 秒，快至 1/1 000 秒等多级速度，按照相差 50% 的序列递减，以适应各种拍摄情况的需要。此外，还有两个手控曝光时间标记——B 门和 T 门。B 门是手按下快门打开，手抬起快门关闭；T 门是手按一次快门按钮快门打开，手抬起后仍不关闭，需要再一次按下快门按钮，快门才关闭。快门只能一挡一挡改变，千万不要把快门放在两挡之间使用，这样容易损坏快门。快门按构造不同，可分为机械快门和电子快门两大类。

8.4.2.4 取景器

取景器是用以观看被摄景物范围的装置。从取景器中所看到的景物，一般都比底片上的略小，以保证所看到的景物完全可以拍出。取景器有以下三种。

①框式取景器，由前后可以折叠的方形柜架构成，通过方框直接取景。多装于最老式的相机上。

②光学平视取景器，它由取景窗口、目镜等构成。取景的时候，眼睛平视观察，观察到的景物上下左右都和实物相同，用来拍摄运动的物体很方便。

③反射式取景器，有俯视和平视之分，它由镜头、毛玻璃和一块 45°角的反光镜共同构成。俯视反射式取景器观察物和实际景物上下一致，但左右相反，用来拍摄运动物体有一定困难；平视五棱镜反射式取景器所观察到的景物和实际景物上下左右都一致，并且无论换用何种焦距镜头，在取景器中所看景物和拍摄的景物范围，基本上保持一致。单镜头反光照相机基本上采用这种取景器。

8.4.2.5 测距器

在拍摄各种景物时，应根据被摄物体的远近，随时调整照相机镜头的焦距，保证感光片上能获得清晰的影像。照相机上的这种装置就是测距器，也叫调焦器。

调焦器有固定式、目测式、光测式等。现在采用的基本上是光测式，常见有的重影式、截影式、俯视反光式、平视五棱镜反光式和自动式等。重影式是以虚实重叠或分离为依据；

截影式是以两截景物合成一个整体为准；俯视和平视五棱镜反光式以景物在磨砂玻璃上成像清晰为完成调焦过程；自动式是利用电子技术进行自动调焦，操作简便。

8.4.2.6 卷片和机身

卷片结构从外表看，有旋钮、扳手、摇柄、发条和电动机等几种形式。在构造上，主要分为机械卷片和电动卷片两类。机械卷片有红窗计数、自动停片和自动计数、发条卷片三种结构。电动卷片为自动输片，有内藏和外配两种款式。

机身是照相机的主体，有了它才能装置其他机件。机身又起到暗箱的作用，制造机身的材料有胶木、塑料、金属等。

8.4.3 照相机的分类、质量检查、使用与保养

8.4.3.1 照相机的分类品种

1. 135 帘幕快门照相机

它的特点是体积小，镜头口径大，速度快，拍片多，能更换镜头，经久耐用，在 30～50 年代深受人们喜爱。主要品种有国产的上海牌 58-Ⅰ型、红旗Ⅱ型及进口莱卡、康太克斯等。由于这种照相机校正视差能力差，操作麻烦，现在已基本被 135 单镜头反光照相机取代。

2. 120 双镜反光照相机

它的特点是有两个镜头，上镜头取景，下镜头拍摄景物。拍照时测距取景容易掌握，取景框内看到的景物与实拍照片画面相同，深受广大摄影爱好者欢迎。主要品种有国产的海鸥 4 型系列、珠江 4 型、牡丹 2 型及进口的雅西卡 124、禄来等。

3. 135 平视取景照相机

它的特点是小型轻便，自动决定曝光参数，有各种曝光方式。有的还把微型闪光灯组装在照相机内成为一体，并能自动记录拍摄日期，是一种适合业余摄影爱好者使用的中低档相机，主要品种有国产凤凰 205、东方 S2、长城 S2-1、西湖 PT-4 及进口的柯达 35、阿克斯等。

4. 单镜头反光照相机

有 135 和 120 两种，是一种适合专业和业余摄影者使用的较高级照相机。其性能优越，设备齐全，自动化程度高，能适合各种复杂场合摄影的需要，使用较为方便。主要品种有国产的海鸥 DF 型、凤凰 MD 型、孔雀 DF 型、珠江 201 型及进口的佳能、尼康、美能达、富士、理光、宾得、亚西卡等。120 的性能特点与 135 相近似，只是它使用的胶卷和拍摄的底片稍大一些。由于 120 体积大、价格高，其品种、产量和使用面等均没有 135 广泛。主要品种有哈斯、布朗尼卡、禄来、玛来雅等。

5. 傻瓜照相机

这种相机只需按快门，一切不用调，使用极为简便。低档机多采用简易型设计，快门速度固定，光圈固定或仅有两三档可调，固定焦距，结构简单，价格低廉；中档机多有电子程序快门，目测区域调焦，手动或电动卷片；高档机同时具有自动曝光、自动调焦和自动输倒片功能，使用方便，价格稍高；超级机在上述基础上又增加了双焦（如 30 毫米与 80 毫米）或变焦（135 毫米～70 毫米）功能，结构复杂，价格昂贵。柯尼卡 EEP、POP、玛米亚 M 为低档机，柯尼卡 EFS、美能达 SD 属中档机；理光 XF-30 属中高档机；尼康 L35AF、PA

是较高档的相机；国产的百花 EF、甘光、凤凰、海鸥等属中低档机。

8.4.3.2　照相机的质量检查

1. 检查外观

外观应具有以下三个特征：
（1）照相机的外表没有裂缝、没有划伤。
（2）电镀表面无泛黄、剥落的现象。
（3）镜头与机身联结紧密无松动。

2. 检查镜头

打开后盖，按下 B 门，光圈开到最大一挡，镜头对着光亮外，即可检查镜头。检查以下内容：
（1）镜头表面是否有划伤，镜头边缘是否有破碎现象。
（2）镜头是否有尘埃和金属屑。
（3）光圈的调节环、调焦环和变焦环等，手感量是否均匀。
（4）镜头是否有气泡。假如在中心部位有较大气泡是不允许的，若气泡在镜头边缘也可以选购。
（5）镜片是否明显脱胶与有水泡。
（6）观察最小两挡光圈是否有区别，没有区别是不符合要求的。
（7）光圈叶片是否有锈斑和油渍。
（8）逐级拨动光圈，检查各挡光圈收缩的形状是否一致，严重不规则的会影响光圈值的正确性。

3. 检查快门

可以从三个方面检查：
（1）释放快门时，声音要清脆，铿锵有力。
（2）低速度快门如 1 挡、1/2 挡、1/4 挡、1/8 挡，凭听觉检查它们有无明显差别，后一挡时间是前一挡时间的一半。
（3）检查 B 门的好坏，因它影响高速度快门的稳定。按下 B 门，从听到轻快的齿轮声为正确。

4. 检查自拍机装置

正常的自拍机装置，使用时运转声音清脆，频率稳定，自拍延长时间为 8~12 秒。自拍机刚开始运行时，快门叶片不应打开。

5. 检查调焦装置

磨砂玻璃或五棱镜反光式调焦装置，拨至无限远标志，无限远处的景物必须清晰。重影式调焦装置，双影必须明显，调至无限远时，上下左右必须重叠。检查近距离调焦时，可以用尺测量验证。

6. 检查闪光同步

先将闪光灯的同步连线接在照相机上或者接插入触点，将闪光灯充电，把光圈开到最大；打开后盖，闪光灯和照相机都对着白墙；透过镜头观看，再按下快门钮；闪光灯闪亮，快门开启时，看见闪光灯反射光入镜头，说明快门与闪光是同步的。

7. 检查计数器

观察计数器在卷片时，是否变动数字。打开后盖时，应自动复零。

8. 检查电子自动装置

装上电池，观察各种自动功能是否有效、可靠。

8.4.3.3 使用与保养

照相机是由光学、机械、电子等部件构成的比较精密的摄影工具，它的种类繁多，造型各异。即使同一品牌的照相机，如型号不同，其使用方法也可不同。在照相机的使用过程中，首先要仔细阅读产品说明书，熟悉所用照相机的性能，掌握正确的使用方法。要了解怎样找开和关紧底盖，怎样装卷、卷片、倒片，了解光圈、快门、自拍机、调焦装置、取景装置、景深表的位置和调节方法，并要实际操作一下。看看各种装置是否正常，然后装上胶卷，进行取景，定光圈和快门、调焦距、按快门、卷片，最后取出胶卷，及时冲洗。对于装有电子装置的照相机，装上胶卷后，要根据胶卷的感光度调定好片速调节装置，注意弄清曝光系统是快门先决式、光圈先决式，还是程序式自动曝光或多功能式。及时更换新电池，长时间不用的照相机，应将电池取下。对于外接闪光灯的相机，要特别注意配套，不要随便使用其他闪光灯，不然会烧坏相机。

镜头的镀膜和镜片质地较嫩，极易损伤，要注意不要碰撞镜头，尽量防止镜头污染。不拍时，随手盖上镜头盖，不要让镜头暴冷暴热，防止镜头发霉。使用推拉式变焦镜头或转动式变焦镜头，不要轻易用擦镜头纸或脱脂棉擦拭镜头表面，不要用擦眼镜布、手帕、衣服等物擦拭镜头。镜头表面上的灰尘，可用橡皮吹气球或驼毛刷轻拂，不能用嘴吹。镜头表面的手印痕、浊污，先用吹气球吹，再用脱脂棉沾微量乙醇、乙醚混合液轻擦，最后用未沾溶液的脱脂棉擦去余迹。整机的保养要注意避免摩擦、碰撞和强烈震动，长时间不用的照相机，应将相机与皮套分开保存。保存时，擦净相机，快门与自拍机释放，快门速度到B门，光圈开到最大挡，计数器复零，电子照相机还须取出电池，最后把相机放在盛有干燥剂的玻璃器皿或塑料袋内密封好。还要注意，照相机不宜在高温和严寒下长期使用。

8.4.4 数码相机

8.4.4.1 数码相机的概述

数码相机是以电子存储设备作为摄像的记录载体，通过光学镜头，在光圈和快门的控制下，实现在电子感光设备上的曝光，完成被摄图像的记录。数码相机的结构形式和工作原理与传统相机差不多，主要差别在摄像记录和储存上，传统相机记录和储存在胶片上，数码相机以数码信息的形式记录和储存在存储器上。像素是数码相机的命根子，像素越高的数码相机，拍出来的照片清晰度越高。数码相机的像素一般在几十万到几百万之间，主要品种有索尼、尼康、柯达、奥林巴斯、卡西欧、佳能、富士、三星、海鸥、凤凰等。用数码相机记录的影像，不需要进行复杂的暗房工作就可非常方便地用相机的液晶显示屏、电视及个人计算机再现出来，也可通过打印机完成硬拷贝的输出。数码相机与传统相机各有特点，如果你想拍几张高质量的照片或做精美广告，那么最好还是选择传统相机；如果你想做新闻报道，拍些普通的生活照或想把照片插入网页中，就选择数码相机。

8.4.4.2 数码相机的分类

1. 按照分辨率分类

可分为普及型、专业型、高级型三种。

(1) 普及型。

普及型数码相机的分辨率至少应为 640×480。这种分辨率的照片在电视或显示器上输出的效果还是不错的，用于因特网网页制作或是制作家庭照片光盘也不成问题。

在其他功能上，普及型相机虽然不及其他两个档次，但仍具备了 LCD 显示屏和可插拔存储卡。如果只想利用数码相机记录画面，而不苛求画面质量，不需要打印输出的话，选择这类相机十分适合。

(2) 专业型。

专业型数码相机的主要用户是新闻记者，超高分辨率是这类机型的首要标志。其 CCD 包含的像素数在百万级，分辨率至少在 1280×1024 之上，而其色彩深度应为 24 位或是 36 位。

此外，这种相机将可互换镜头、先进的自动对焦和曝光系统、快速的数据存储、可选择的高容量存储卡等优势综合到一起，使其满足了专业要求。

(3) 高级型。

这类数码相机主要针对一般商业用途和对画质要求较高的家庭用户。其 CCD 包含百万以上的像素，最高分辨率一般是 1280×1024 或 1024×768，而一些新型号则高达 1536×1024，这种等级的分辨率可以确保 5 英寸×7 英寸（1 英寸=2.54 厘米）或更大的输出效果。

此外，它们具有自动对焦的光学镜头（许多型号还是变焦镜头）、清晰的 LCD 显示屏、灵活的存储卡，拍摄起来更像是使用一部高档傻瓜照相机，足以满足日常拍摄的需要。

2. 按照技术特点分类

可分为面阵 CCD 数码相机、线阵 CCD 数码相机、CMOS 数码相机三种。

(1) 面阵 CCD 数码相机。

面阵 CCD 数码相机是采用面阵 CCD 作为图像传感器的一种数码相机。它由并行浮点寄存器、串行浮点寄存器和信号输出放大器组成，三色矩阵排列分布，形成一个矩阵平面。拍摄影像时由大量传感器同时瞬间捕捉影像，且一次曝光完成。因此，这类数码相机拍摄速度快，对所拍摄景物及光照条件无特殊要求。面阵 CCD 数码相机所拍摄的景物范围很广，不论移动的还是静止的，都能拍摄。目前，绝大多数数码相机都属于面阵 CCD 数码相机。

(2) 线阵 CCD 数码相机。

线阵 CCD 数码相机也称作扫描式数码相机。与面阵 CCD 数码相机不同，这种相机采用线阵 CCD 作为图像传感器。这类相机拍摄一般都由计算机进行控制，并且在曝光的同时，将所生成的文件数据实时地通过数据电缆传输到计算机的存储设备中进行存储。这种特殊的工作原理还使得其实际拍摄时曝光时间非常长，一般在十几分钟左右。当然，所拍摄的图像质量是最高的，这类相机通常只在专业领域中使用。由于其曝光时间过长，线阵 CCD 数码相机无法用来拍摄运动的景物，并且对光源的要求也十分苛刻。这也使得它的应用范围相当有限，一般只能用来拍摄连续光源的静止物体。

(3) CMOS 数码相机。

CMOS 数码相机采用 CMOS 作为图像传感器。CMOS 实际上是一种互补金属氧化物半导体集成电路，它是近些年来发展起来的新型集成电路。CMOS 有结构简单、成本低廉、能耗低和集成度高等特点，在 CMOS 中甚至可以把数码相机的其他功能集成进来，这些优点使得 CMOS 越来越被人们看好。虽然 CMOS 在清晰度方面还有差距，但由于 CMOS 制造成本较

CCD 相比降低了许多，所以 CMOS 数码相机的价格一般家庭都能够接受，加之其功耗小，非常适合普通家庭使用。

3. 按照储存能力分类

可分为联机型数码相机和脱机型数码相机两种。

（1）联机型数码相机。

联机型数码相机本身并不带有存储设备，这类相机在使用时必须与计算机相连，将计算机作为其存储设备，将所拍摄内容直接存储到计算机的存储设备中。这类相机设有 RS-232 串行数据接口，并附有与 PC 机和 MAC 机连接所需的并行、串行电缆。

（2）脱机型数码相机。

脱机型数码相机顾名思义就是相机自身带有存储器，使用时可以脱离计算机独立拍摄，目前市场上的数码相机基本上都属于这一类。这类相机由于所带的存储器方式不同，又可分为固化式和可移动式两种。

脱机型固化式数码相机的存储器是与数码相机固化在一起的，不能另外再接其他存储设备，也不能更换，这使得相机的存储能力受到很大的限制。一旦存储器空间被占满后只能先进行删除，再进行拍摄，因此这类相机不适合连续的大量拍摄。

另一种脱机型可移动式数码相机的存储形式是采用存储卡或其他可更换存储器作为存储设备，当存储设备存满后，可以像计算机的软盘一样随时更换。因此，只要有足够的存储卡，就可以进行任意的拍摄，不会有任何存储容量上的限制，这类数码相机是市场发展的方向。

此外，还可以根据取景器的特征分为单反型数码相机、双镜头数码相机和仅 LCD 取景相机；可以根据数码相机的操作程度将它们分成全自动数码相机、半自动数码相机和手动数码相机；可以根据组成结构分为集成式数码相机和非集成式数码相机；甚至还可以根据传输方式不同分为 USB 数码相机、PCI 数码相机和 PP 数码相机等。

8.4.4.3 数码相机的选购

现在，电子产品更新换代很快，要想在众多琳琅满目的数码相机中选择一款既适用又不会很快被淘汰的数码相机，并非易事。所以，在购买前，可以从购买相机的目的、需要什么样的功能、使用的难易和经济承受能力等几个方面来考虑。

1. 图像质量与分辨率

像素和分辨率是选购数码相机时首先应注意的因素。在经济允许的情况下，像素当然是越高越好。因为数码相机分辨率的高低主要受像素多少的影响，而它又直接影响图像的清晰度。分辨率越高，所拍摄的图像质量就越好。

对图像质量的要求，我们应该与图像的使用目的结合起来考虑。在选择时应该根据不同的使用目的，确定出最合适的图像质量要求。

2. 存储能力

内置内存的容量当然越大越好。除了内置的内存之外，如果还有插入存储卡的扩展槽就更好。使用可移动存储卡，不管使用的是全尺寸的 PC 卡还是微型卡，都可以很方便地扩展相机的图像存储能力，在将相机中的照片下载到计算机之前可以拍摄更多的图像。使用可移动存储卡对笔记本用户来说尤为适合，这使得下载图像非常方便。

可根据拍摄的具体情况，合理选择存储器。如果偶尔拍摄少量景物，可使用内置式存储器；如果外出但并非大量拍摄，可使用一般容量的 CF 卡或 SM 卡；如果外出大量拍摄，可使用高容量的 CF 卡、PC 硬盘卡或 XD 卡。

3. 色彩深度

数码相机的色彩深度反映了其对色彩的分辨能力，它取决于"电子胶卷"的光电转换精度，用"位"来表示。色彩深度值越高，正确记录色彩的能力就越强，就越能真实地反映景物亮部和暗部的细节。通常，数码相机的色彩深度为 24 位或 36 位，即三原色中的每种原色的色彩深度都是 8 位或 12 位。目前几乎所有的数码相机的颜色深度都达到了 24 位，可以生成真彩的图像，某些高档数码相机已达到了 36 位。

4. 电池

电池是选择数码相机时易忽略的问题，实际上这却是非常重要的。在数码相机的运作过程中，电池消耗构成了相机长期运行过程中的主要花费。使用充电的电池可降低长期使用的费用，特别是带有 LCD 显示屏及内置闪光灯的机型，其电池消耗多，就更为明显，所以在价格与功能相差不多的情况下，应该选购带交流电源适配器的机型。

5. 选购时应注意以下几个问题

（1）过高的像素会加重存储器的负担。

一般来说，600 万像素已经可以满足普通 10 寸以下照片的冲印要求，而 800 万像素则可以满足 A4 纸张大小照片的冲印。但使用普通消费级数码相机的用户，对于 10 寸以上照片的冲印需求是非常小的。因此，对于一般消费者来说，600 万像素足以满足日常冲印的要求，没有必要过分追求高像素。过分追求高像素，存储卡容量势必要增加，512MB 的存储卡对于 800 万像素的数码相机只能拍摄 150 张左右，而 600 万像素的数码相机就能拍得更多。

（2）有些功能少选为妙。

如今的数码相机功能越来越多，有的能听歌，有的能打游戏等。但当你只能靠指甲才能控制的 4 个按钮来打游戏时，恐怕就没有了游戏的性质，也就是图个一时的新鲜，这其实是厂商的一个卖点。

验货时要仔细。镜头、LCD 显示屏上是否留有指纹。如果不是全新的，这些地方往往容易暴露马脚。锂电池是否已经有使用过的触点痕迹。如今大多数数码相机都采用锂电池，全新的锂电池触点为金黄色，没有任何杂色。使用过的锂电池就会有和电池仓接触的触点痕迹。

8.4.4.4 数码相机的使用、保养和维护

数码相机在使用、保养和维护方面与传统照相机一样，存在着防水、防尘、防震等方面的要求。不仅如此，数码相机由于其结构和功能的特点，对于使用、保养和维护还构成了许多新的要求。为了使数码相机能够发挥良好的使用效果，对于日常的使用、保养和维护知识一定要加以了解，并给予足够的重视。数码照相机的使用、保养和维护应注意以下几个方面。

1. 掌握正确的操作规程

数码相机是精密的仪器，操作精细。因此，必须严格按照说明书的操作步骤进行操作，在更换电池和存储卡的时候，一定要关闭数码相机的电源开关，否则极易出现故障。在将数码相机中的图像下载到电脑上时，需要将数码相机与电脑用导线连接起来，在连接之前一定

要关闭数码相机,以免带电操作而损坏数码相机。在掌握正确操作规程的基础上,一般来讲,数码相机在使用中还有以下三忌:

(1) 高温高湿的环境。

比方说,不要在盛夏时节将相机长时间存放在被阳光暴晒的汽车中;相机在雨天使用后不要马上放入摄影包中,否则水汽会进入到镜头和照相机内部,应当及时通风干燥后再存放。

(2) 灰尘颗粒的侵蚀。

如果说潮湿是数码相机的头号杀手,那么灰尘就是数码相机的二号杀手。CCD等影像传感器一旦落入灰尘,灰尘颗粒就会在今后拍摄的每一幅影像的固定位置上形成一颗颗的黑点,即使在后期可以处理掉,也是非常不方便的。

(3) 冲击震动的损伤。

数码相机简化了照相机的金属机械结构,提高了电子化程度,由于影像传感器的成像器件直接安装在数码照相机内部,因此对精度有更高的要求。比方说,将装有数码相机的包置于摩托车或自行车的后座上,强烈的冲击和频繁的震动无疑会影响和降低数码相机的精密度,因此是非常忌讳的。

2. 影像传感器的使用和维护

影像传感器是数码照相机成像的核心部件,对于不能够交换镜头的普通袖珍数码照相机来说,影像传感器是不暴露的,而是封装在数码照相机的内部,不需要对其进行刻意的维护。而对于经常需要更换镜头的数码单反照相机来说,影像传感器就位于反光镜的后面,如果有灰尘进入到机身内是非常容易落在影像传感器上的,因此数码单反照相机在交换镜头时,要将机身的镜头接环面朝下安装镜头,尽量避免灰尘的进入。

首先,在外拍摄时应尽量避免不必要的操作。比如,回放和观赏已经拍摄的影像,或者挑选删除已经拍摄的影像都是非常耗电的,如果存储卡有足够的容量,这个工作完全可以留待回去后再进行。其次,尽可能地少用耗电较多的器件,如闪光灯等。最后,当电池的电量实在有限的时候,可以关掉LCD显示屏,改用光学取景器取景拍摄。

3. 存储卡的使用和维护

数码相机的存储卡都很小而且很薄,极易折断,存储卡片基上的金属触点极易被污染和划伤,所以最安全的方法就是将存储卡放入专用包装盒内或照相机内。平时一定要将存储卡保存在干燥环境中,已存有图像文件的存储卡还要尽量避磁、避高温存放。

在数码相机内拔插存储卡时,必须关闭数码相机的电源,而且在拔插时要保持卡与插槽的平行状态,否则容易损坏数码相机与存储卡连接的针脚。

存储卡中影像的删除最好在数码相机上进行,尽量不要通过电脑对存储卡的影像进行删除处理,因为有的数码照相机在这种情况下会对存储卡难以识别,这时必须将这张存储卡拿到能够识别的其他数码照相机上进行格式化后才可以继续使用。

多数数码相机有录音功能,可将拍摄时的注释性解说及现场声音记录下来,以备查询。应该注意的是,记录声音也是要占用存储空间,而且存储卡的存储容量有限,因此不要记录无关紧要的声音。

此外,必须注意的是,删除存储卡上的全部影像和对存储卡做格式化是有区别的,对存储卡的损耗也是不一样的。前者是对存储卡存有影像的区域进行处理,能够删除全部的影像文件；后者则是对存储卡的全部区域进行处理，能够删除影像文件和其他各种文件形式，对于存储卡的损耗也会更大一些。

4. 液晶屏的使用和维护

数码照相机的液晶显示屏是观看浏览照片和取景构图的显示器件，是数码照相机十分重要的配件。它不但价格昂贵，而且由于使用的频率相当高，容易受到损伤。在使用和存放时，要注意不要让 LCD 屏幕表面受到挤压，更要防止失手将 LCD 碰坏或摔坏。

在使用过程中，若粘上一些不易拭去的指纹或者其他污垢，千万不要用有机溶剂去擦洗。除了用软布轻轻擦拭外，还可用专用的透明薄膜粘贴在液晶显示屏上，以免屏幕被刮伤而影响到图像的观看。

5. 电池的使用和维护

将数码相机买回来后，第一件事情就是拿出备用的电池进行充电，因为一般来说一块新的电池里面的电量很低或者干脆就是没有电的。在最初 3 次给电池充电时，必须有足够长的充电时间，为名义充电时间的 2~3 倍。一般来说，锂电池的充电时间要在 6 小时以上，镍镉、镍氢电池的充电时间则必须在 14 小时以上，这样才可以激活电池的性能。如果不经过足够时间的充电，电池的使用时间则会变短。一般来说，一块新的电池要经过 3~5 次充电/放电的过程，电池的续航能力才能发挥到最佳状态。如果有相当长的一段时间不使用数码相机，就应该将电池从相机中取出，存放到一个干燥、阴凉的地方。

项目小结

洗涤用品中的肥皂和合成洗涤剂，是人们常用的生活必需品，它们的主要成分是表面活性剂，不同种类的表现活性剂及其组合，构成了众多性能各异的洗涤用品。洗涤用品的质量可以从用途、配方、感官指标和理化指标方面来考察，还必须考虑其环保性。

化妆品的种类很多，主要起清洁、美化、保护、营养人体皮肤和毛发的作用。护肤类化妆品可分为油质性和水质性两大类。化妆品的质量可从包装、说明书、色泽、组织状态和安全卫生性方面来检查，选用时应根据人的皮肤、发质及季节等来进行，保管库房应干燥、阴凉、通风，有适宜的温湿度。

塑料是以树脂为主要成分的高分子化合物，树脂不同，其制品的性能和用途也不同。塑料常见的有十大品种。塑料的外观质量要求，不同的制品要求不一样。塑料制品的鉴别主要有外观鉴别法和燃烧鉴别法。

皮鞋的原料皮来源于动物界，人造革、合成革已成为其重要组成部分。皮革独具特色，种类很多，制品也很多。皮鞋质量可以从结构、用途、外观和内在质量来评价，皮革质量也可以从种类和外观特征来鉴别。皮鞋保管时，应注意防潮、防热、防酸碱、防虫、防挤压等。

照相机的照相原理与人眼看景物的道理差不多。照相机种类很多，检查和评价照相机质量主要从结构入手，照相机使用保养时要认真阅读说明书，掌握正确的使用方法，保管时应放在干燥和密封的环境中。

复习思考题

一、选择题

1. 为了调节通光量的多少，在镜中间装一个虹膜式的可以收缩的光孔，这个调控装置叫（　　）。

　　A. 光圈　　　　B. 镜头　　　　C. 物镜　　　　D. 目镜

2. 组成肥皂的主要原料为油脂和（　　）。

　　A. 盐　　　　　B. 碱　　　　　C. 水　　　　　D. 淀粉

3. 数码相机按照分辨率分类，可分为普及型、专业型和（　　）。

　　A. 普通型　　　B. 特殊型　　　C. 高级型　　　D. 一般型

4. 香水的基本成分是香精和（　　）。

　　A. 水　　　　　B. 香料　　　　C. 酒精　　　　D. 油脂

二、简答题

1. 按化妆品的物理性状可分为哪些？
2. 塑料制品主要有哪些？
3. 皮鞋的养护应注意哪些问题？
4. 照相机有哪些种类？

三、实训

1. 技能题

找一个数码照相机，学会如何调试和使用。

2. 案例分析

"上帝"越来越难以满足了

近年来，我国的手机市场在激烈竞争中稳步发展。消费者的消费观念日趋成熟，购买行为呈现出层次性、个性化的趋势。这种现象的出现，使一些商界老总感到难以应付。他们惊呼：现在的"上帝"越来越难以满足了！

某市商场的王总经理却独有一番见解，对消费者购买情况作了归纳：

（1）有经验的购买者，要先看手机的质量和价格，货比三家。

（2）年轻的购买者就高不就低。当今城市的"上帝"选购手机时，有高档不购中档，有中档不购低档，这已成为一种时尚。

（3）价廉物美，质量可靠、方便时尚的手机，深受消费者的喜爱。

（4）进大不进小。大型综合性商场更能招揽顾客，这是因为大商场品种齐全、环境舒适、管理规范、服务周到，消费者不仅能购得满意的商品，同时还能获得精神上的享受。

问题：

你认为手机在生产和销售中应注意哪些问题，来满足消费者的需求？

项目九

家用电器

知识目标

掌握家用电器商品有关品种的结构与工作原理。

技能目标

掌握家用电器商品的质量要求与检验，选用和维护。

能力目标

能够运用所学知识和技能，对家用电器商品进行质量鉴别，选购调试和有关服务。

课程导入案例

电视机的购买问题

2019 年 5 月 8 日，赵建设在宏大商场购买了一台进口电视机，20 天后要求退货，并且不同意调换同型号、同规格的商品。

问题：
1. 按国家规定，此事应如何处理？可以收取折旧费吗？
2. 如果这台电视机为"特价商品"或"处理品"，应如何进行"三包"处理？

9.1 家用电器的基础知识和分类

9.1.1 家用电器基础知识

9.1.1.1 电声学基础

1. 声波

声波指机械振动或气流振动引起的周围弹性媒质发生的波动现象。它具有波的一切特

家用电器

性，如反射、绕射、折射、干涉等。

2. 声音的三个特性与交流电的三个特性一一对应

（1）响度与交流电的振幅相对应。

（2）音调与交流电的频率相对应。

（3）音色与交流电的波形相对应。

3. 声波的四个基本参量

声波的四个基本参量为：声速（V）、声强（I）、声压（P）、声功率（W）

（1）声速。声速也叫音速，指声波在媒质（介质）中传播的速度。其大小因媒质的性质和状态而异。

（2）声强。声强是单位时间内通过垂直于声波传播方向的单位面积的能量（声波的能量流密度）。声强的单位是（W/m^2）。

（3）声压。声压就是大气压受到扰动后产生的变化，即为大气压强的余压。声压的单位是帕斯卡（Pa）。

（4）声功率。声功率是声源在单位时间内发射出的总能量。声功率的单位为瓦（W）。

4. 声音的三个特性

（1）音调。表示声音的高低，和频率（f）有关，频率高则声音尖，频率低则声音粗。

（2）响度。音量的大小主要取决于振幅的大小，振幅大音量大，反之亦然。音量大小一般用声压来表示，单位是微巴（μb）。

（3）音色。表示某种乐器或声源所发出声音的特点，例如，钢琴同奏一首曲子时，虽让它们发出同样的音调和响度，但人耳仍能区分它。音色与许多因素有关，主要取决于声波的波形。

9.1.1.2 人耳的听觉特性

1. 可闻域

可闻域即人可以听到的区域范围。人的耳朵能听到的声音频率为 20~20 000 Hz。在这个范围内的噪声是可闻噪声，在这个范围外的噪声是不可闻噪声。

2. 双耳效应

人们听声音时用双耳，双耳间的距离大约20厘米，由于声音在时间、强度和相位等方面有差别，尽管这种差别比较微小，灵敏的人耳还是可以反应出来。由此可以判断出声音的方向，确定声源的位置。立体声就是根据人的双耳效应研究出来的。

既然声源的定位主要是双耳效应，人们自然就想到利用两个传声器来代替双耳，以达到传送立体声的目的，所以一般把双声道录放系统发出的声音，称为双声道立体声。如果用多个声道录放系统，发出的声音则具有把聆听者包围起来的一种重放效果，称为多声道环绕立体声。

3. 对声音的强弱感觉与声压和声强成对数关系

人们根据人耳的这一特性，采用了一种简便的计量方法来表示声音的强弱，即把声音的强弱划分为12级，然后又把每级划分为10个分级，这样用120个分级就能把声音强弱表示出来。分级有一个专用的名词，就是我们常说的分贝，用 dB 表示。

人耳具有一种不寻常的能力，能在噪声环境下有选择地分出他感兴趣的某些"信号"。

这是因为人耳对声音除了有方位感外,还有注意力集中的心理因素。当然,这只能在噪声与信号相比不大时。一般来说,人耳只有在适当混响的空间里,才能听到声音的明朗、响亮、层次丰富、浑厚有力及悦耳动听。

9.1.1.3 光的特性

1. 光的本质

光和实物一样,是物质的一种,它同时具有波的性质和微粒的性质。在这里我们主要涉及光所具有的波性质,所以我们可以认为光是电磁波的一种。

2. 可见光

可见光的范围为 380~780 纳米。

3. 三基色原理

自然界大多数颜色可分为红、绿、蓝三种基本颜色。这三种基本颜色又可以按不同的比例混合得到各种颜色。彩色正是利用了这一原理。

$$红光+绿光=黄光 \quad 红光+蓝光=紫光$$
$$绿光+蓝光=青光 \quad 红光+绿光+蓝光=白光$$

4. 光源

光源分为热光源和冷光源。

(1) 热光源。当物体被加热到一定程度时所发出的热辐射现象。一般物体被加热到 500 ℃左右,开始辐射一部分暗红的可见光,大约加热到 1 500 ℃时开始发出白光,其中还有相当多的紫外线。例如,太阳光,早上为 2 000 K,中午为 6 500 K,上下午为 3 000~4 000 K。常见的热光源有钨丝灯、太阳。

(2) 冷光源。常见的冷光源有荧光、磷光、日光灯、液晶、等离子体。

9.1.1.4 人眼的特性

1. 生理特性

人眼的生理特性包括两方面:盲点;人眼视野上下、左右的比例为 3∶4。

2. 分辨力

人眼对于彩色的分辨力大大低于黑白的分辨力。如果离开电视屏幕一定距离处辨别出白色衬底上大小为 1 毫米的黑色细节部分来,那么在同样的条件下,在红色衬底上的绿色细节部分在大小为 2.5 毫米时才能辨别出来。在蓝色衬底上的绿色细节部分在大小为 5 毫米时才能辨别出来。

3. 亮度感觉与亮度成对数关系

4. 彩色三要素

亮度即明亮程度的感觉。色调为颜色的感觉。饱和度指彩色色泽深浅的感觉。

5. 视觉惰性原理和闪烁感觉

实践证明,光线闪烁达每秒 50 次以上时,人眼感觉不到闪烁变化,看到的是无闪烁的光线。

实践得出,临界闪烁频率 $f_c=48~50$,电影就是利用这一原理,将一些固定的图像变成连续活动的画面的。电视也是如此。

9.1.2 家用电器的分类及特点

9.1.2.1 家用电器的分类

家用电器是指用于家庭和类似家庭使用条件的日常生活用电器。家用电器一般按用途大致可划分以下九类产品。

（1）空调器具。其主要用于调节室内空气温度、湿度以及过滤空气之用，如电风扇、空调器、加湿器、空气净化器等。

（2）制冷器具。它利用制冷装置产生低温以冷却和保存食物、饮料，如电冰箱、冰柜等。

（3）清洁器具。清洁器具用于清洁衣物或室内环境，如洗衣机、吸尘器等。

（4）熨烫器具。其用于熨烫衣服，如电熨斗等。

（5）取暖器具。它通过电热元件，使电能转换为热能，供人们取暖，如电加热器、电热毯等。

（6）保健器具。其用于身体保健的家用小型器具，如电动按摩器、负离子发生器等。

（7）整容器具，如电吹风、电动剃须刀等。

（8）照明器具，如各种室内外照明灯具、整流器、启辉器等。

（9）家用电子器具。它是指家庭和个人用的电子产品。它不仅门类广，而且品种多。

9.1.2.2 家用电器的特点

（1）家用电器一般在有电能的条件下才能正常运转作用。

（2）家用电器要求寿命长、可靠性高。

（3）家用电器要求耗电少、经济费用低。

（4）家用电器的安装、使用和维护都直接影响着家用电器的质量。

（5）家用电器一般都要带电工作和操作，因此安全性是这类商品的首要指标。

（6）家用电器结构比较复杂，要求电器元件可靠性高，要达到质量需要的规定值。

（7）家用电器既是家庭用品，又是美化家庭环境的装饰品，要求造型美观、装饰新颖、色调柔和、外形结构合理。

9.1.2.3 家用电器安全标准概述

家用电器产品安全标准，是为了保证人身安全和使用环境不受任何危害而制定的，是家用电器产品在设计、制造时必须遵照执行的标准文件。严格执行标准中的各项规定，家用电器产品的安全才有可靠的保证。

安全标准涉及的安全方面，分为对使用者和对环境两部分。

1. 对于使用者的安全

（1）防止人体触电。据统计，每年我国因触电造成死亡人数均超过3 000人，其中因家用电器造成触电死亡人数超过1 000人。因此，防触电保护是安全标准中首先应当考虑的问题。

（2）防止过高的温度。过高的温度不仅直接影响使用者的安全，而且还会影响产品其安全性能，如造成局部自燃，或释放可燃气体造成火灾；高温还可使绝缘材料性能下降，使塑料软化造成短路、电击；高温还可使带电元件、支承件或保护件变形，改变安全间隙引发短路或电击的危险。

（3）防止机械危害。家用电器中像电视机、电风扇等，儿童也可能直接操作。因此对整机的机械稳定性、操作结构件和易触及部件的结构要特殊处理，防止台架不稳或运动部件倾倒。防止外露结构部件边棱锋利、毛刺突出，直接伤人。

（4）防止有毒有害气体的危害。家用电器中所装配的元器件和原材料很复杂，有些元件和原材料中含有毒性物质，它们在产品发生故障，发生爆炸或燃烧时可能挥发出来。常见的有毒有害气体有一氧化碳、二硫化碳及硫化氢等，因此，应该保证家用电器在正常工作和故障状态下，所释放出的有毒有害气体的剂量要在危险值以下。

（5）防止辐射引起的危害。辐射会损伤人体组织的细胞，引起机体不良反应，严重的会影响受到辐射人的后代。家用电器中电视机显像管可能产生 X 射线，激光视听设备会产生激光辐射，微波炉会产生微波辐射，这些都会影响到消费者的安全，因此在设计这些产品时应使其产生的各种辐射泄漏限制在规定数值以内。

2. 对于环境的安全

（1）防止火灾。起火将严重危及人们生命财产安全。据统计，北京市每年平均因家用电器引发火灾 66 起。由于使用劣质"热得快"，造成触电、火灾时有发生。由于劣质电热毯引发火灾每年达 700 起，烧毁民居、商店损失达数千万元。因此家用电器的阻燃性防火设计十分重要。在产品正常或故障甚至短路时，要防止由于电弧或过热而使某些元器件材料起火，如果某一元器件或材料起火，应该不使其支承件、邻近元器件起火或整个机器起火，不应放出可燃物质，防止火势蔓延到机外，危及消费者生命财产安全。

（2）防止爆炸危险。

家用电器有时在大的短路电流冲击下会发生爆炸，电视机显像管受冷热应力或机械冲击产生爆炸。安全标准要求，电视机显像管万一发生爆炸，碎片不能伤害在安全区内的观众，安全区是指正常收看位置（最佳收看距离为屏幕高度的 4~8 倍），以及离电视接收机更远的地区。

家用电器的使用寿命是由其设计寿命决定的。各种家用电器的功能、使用环境和使用率不同，决定了它们的使用寿命各有差异。除设计、工艺和材料等因素外，使用寿命受实际使用环境的影响。恶劣的使用环境和不正确操作，会影响家用电器的局部或整机使用寿命，如受潮、经常骤冷骤热，强烈震动等都对家用电器使用寿命产生影响。

当一件家用电器接近使用寿命时，由于整体老化会不断出现故障，从安全和经济角度考虑，应尽早弃旧更新。

 小思考

经常使用、接触微波炉、电磁炉对人体有害，这种说法对吗？

9.2 电子类家用电器

电子类家用电器是应用较多的家用电器，品种很多，型号很多，彩色电视机和组合音响是它们的典型品种，也是电子类家用电器学习、研究的代表性品种。

9.2.1 彩色电视机

9.2.1.1 彩色电视机的分类

(1) 按彩色电视机的广播制式可分为 NTSC 制（美、日、加拿大、韩国等国采用）、PAL 制（德、英、意、中国等国采用）、SECA 制（法国、苏联、东欧各国采用）。

(2) 按屏幕尺寸可分为 14 英寸（35 厘米）、18 英寸（46 厘米）、21 英寸（54 厘米）、25 英寸（64 厘米）、29 英寸（74 厘米）、34 英寸（86 厘米）等。

(3) 按电视屏幕显像方式可分为荧光显示、液晶显示和等离子体显示等。

(4) 按电路工作原理可分为模拟电路电视机、数字电路电视机等。

(5) 根据屏幕曲率半径和四角弧度可分为圆角曲面、直角平面、超平面、纯平面电视机等。

(6) 按功能可分为普通电视、高清晰度电视、遥控电视、卫星电视、多画面电视、立体电视、背投电视、平板电视、语言多重电视、交互电视等。

9.2.1.2 彩色电视机工作原理

1. 把景物变成电信号

先将景物摄像，并根据三基色原理，将自然界千差万别的颜色分解成红、绿、蓝三种单色光，把这些不同色光转换成图像电信号，再由电视台加工后发出。

2. 图像的分解与传递

从新闻图片中可以发现，图片是由许许多多明暗及疏密不同的小点子组成的，这些小点子叫像素。因此，任何图像都是由像素构成的。图像中的像素越小，数目越多，则图像越清晰。报纸上的图像，每平方厘米内有 1 000 多个像素，35 毫米的电影片每幅图像有 100 多万个像素。我国电视标准规定，每幅电视图像有 625 行，画面宽与高的比是 4∶3，因此在垂直方向的像素的数目就等于行数，为 625 个，在水平方向的像素的数目为 4/3×625＝833 个，所以整个画面的像素数目为 625×833＝520 625 个，这样多的像素就能传送出较高质量的图像了。高清晰电视每幅图像 1 125 行，宽与高的比为 5∶3，则每幅图像的像素为 1 125×5/3×1 125＝2 109 375，这样不但图像高度清晰，而且有宽银幕效果。

3. 显像

彩色显像管实际上是三合一管，它的荧光屏是由大约 120 万个荧光粉点组成。其中 1/3 是红的、1/3 是绿的、1/3 是蓝的，这些相继交错的微小彩色荧光粉点很小，其直径只有 0.4 毫米左右，而且相互靠得很近，构成 40 万个像素。3 个电子束以各自的强弱轰击红、绿、蓝荧光粉点时，这些光点就使屏幕上出现了电视台所送的彩色图像。

显像管是电视机中最大、最重，也是最关键的一部分，它将电视信号转换成电视图像。显像管由电子枪、荧光屏及玻壳三部分组成，玻壳里抽成真空，电子枪位于圆柱形的管颈内，它发射出很细、高速的电子束穿过铝膜轰击荧光屏粉，使之发光。

4. 电视信号的放大与解码

从天线来的电视高频信号经高频头变成中频信号，再经公用通道检波，分离为彩色全电视信号和伴音信号。彩色全电视信号分成三路，一路送同步分离电路分离出行、场同步信号，分别控制行、场扫描；另两路分别送亮度信号和色度信号，经矩阵电路得到红（R）、绿（G）、蓝（B）三个基色信号，并放大显像所需的幅度。

9.2.1.3 彩色电视机的质量要求和检验

1. 彩色电视机的质量要求

（1）图像重现率。图像重现率指电视机能够完整地重现电视台发送图像的能力。标准规定，水平与垂直方向的图像重现率不低于90%。

（2）亮度鉴别等级。亮度鉴别等级指不同的图像调制度与屏幕亮度之间的关系。亮度等级多，则图像层次丰富，画面柔和，伴音效果好。一般要求亮度鉴别等级不低于8级。

（3）图像分辨力。这是电视机清晰度指标，反映电视机接收图像细节的能力。图像分辨力线数越多，则图像越清晰。

（4）白平衡。白平衡指彩色电视机所接收的黑白图像或彩色黑白图像部分不带任何色调的底色。

（5）同步灵敏度。同步灵敏度指电视机保持图像稳定的情况下，接收微弱信号的能力。

（6）选择性。选择性指电视机对邻近频道电视信号的抑制能力。

（7）自动增益控制（AGC）作用。自动增益控制作用指在接收强弱不同的电视图像和伴音信号时，电视机自动调整增益，以保证有稳定的输出的能力。要求输出电平变化±1.5分贝时，输入电平变化不小于60分贝。

（8）色纯度。色纯度指在电视机工作中，某一种基色不受其他两种基色混杂的程度，就是要求红、绿、蓝三束电子束分别击中其对应的荧光粉，而不能击中其他颜色的荧光粉。

（9）保持同步的电源电压变化范围。在图像仍能保持稳定同步状态时，电源电压相对于标称值的最大正负变化范围，一般要求不小于标称值的10%。

2. 彩色电视机的质量检验

（1）外观检验。查看外观有无划伤或破损，各装饰件是否完整无缺、牢固，荧光屏表面是否干净平滑，有无气泡和划痕，荧光屏内的荧光粉是否均匀，有无局部颜色不匀，然后检查各种开关、旋钮、天线等是否完好、灵活有效。

（2）光栅检验。在检验光栅时，将频道置于空频道上，把对比度、色饱和度旋小、音量调在正常工作位置，这时荧光屏应发光部分出现的一条条水平扫描线即为光栅。当人靠近观察光栅时，应能分辨出一条条水平亮线，这种扫描亮线应当平直，边缘部分不出现倾斜及波浪线，线间距离应相等，没有半亮半暗或暗角、黑条等。线数越多电视图像越清晰。

（3）可靠性检验。要求电视机各部分之间连接可靠，不允许出现虚焊、漏焊，最简单的办法是轻拍电视机，这时图像、伴音均正常则可靠性良好。

（4）消色和色饱和度检验。当接收彩条信号时，将色饱和度调至最小位置，荧光屏上应呈现出不同等级的灰度条块，任何一条中都不应呈现颜色，则消色效果好。如再将色饱和度由最小调到中间位置，这时每条灰度都应加上颜色，变成按白、黄、青、绿、紫、红、蓝、黑顺序的彩条，然后再将色饱和度调至最大位置，这时荧光屏上的彩条除了有浓淡变化外，其他稳定不变，则说明色通道的自动控制性能优良。

（5）图像、伴音质量的检验。电视机的首要任务是使观众在荧光屏上能看到高质量的重视图像，即画面上的图像应与被送的实际景物一致。一般要求图像清晰，色彩逼真，层次丰富柔和，如观察到人的皮肤眉毛、头发等细节都很清楚、逼真，则说明图像质量好。如用方格观看时，方格不方；用测试卡观看时，大圆不圆，则图像就会失真。对伴音质量，检验其声音是否洪亮、优美；噪声是否很小，音量开大，应无机振声，无明显失真，音量关小，类似交流噪声的声音应很小。

（6）灵敏度检验。检验灵敏度时，可用几台电视机做比较。先看图像的浓淡程度，接着可将天线去掉，此时如图像仍能清晰、稳定、色彩无变化，伴音好，噪声小，则灵敏度高。也可以借助观察噪声颗粒来判断，即将电视机放在无信号位置，此时在荧光屏上出现的噪声颗粒多，则灵敏度高。当然这种噪声颗粒太多，容易受干扰。

（7）选择性检验。将频道开关置于欲收频道的上一个频道或下一个频道，这时不应收到欲收频道的电视信号，反之则选择性不佳。

（8）抗干扰性检验。当存在汽车、日光灯、机器等干扰源时，看看电视机上的图像、伴音是否受到干扰，如图像是否出现局部扭曲、歪斜、跳动等现象。如仅在画面上出现黑白亮点线，只要不影响图像的稳定，可以认为是正常的。

9.2.1.4 平板电视

随着时间的推移、科技的发展，现在电视业的技术也突飞猛进。等离子电视、液晶电视都相继推出，它们以轻便轻薄的体形、美观时尚的时代气息、绿色环保的优越性能，深受消费者喜欢，现简单介绍如下。

1. 等离子电视

等离子电视，又称 PDP（Plasma Display Panel）电视。等离子面板也叫气体放电显示面板，它由数量众多体积很小的玻璃气室组成一个平板，气室中通常充有惰性气体（一般是氙气和氖气的混合体），每三个气室排成一行组成一个像素，三个气室内壁涂有红色、绿色、蓝色的荧光粉。在每个气室的上下各有一条横向 X 和纵向 Y 的电极导线，在驱动电路的控制下，每个气室的 X、Y 电极之间产生放电，而在惰性气体中放电产生的气体等离子体发射出紫外线，紫外线激发荧光粉发光，这就是等离子电视名称的由来。放电产生的紫外线强度与放电的频率有关，频率越高，该像素点的亮度越高。再根据三基色原理组合成想要的亮度和颜色。等离子由于仍然是荧光粉发光，因此它具有 CRT 一样丰富的色彩表现能力，而不需要阴极射线管和磁力偏转结构，因此不存在体积、球面、几何变形和受地磁干扰等问题。

2. 液晶电视

液晶电视，又称 LCD（Liquid Crystal Display）电视。在液晶显示面板中，最主要的物质就是液晶。液晶电视屏幕的构造是两块特殊的玻璃夹住液晶体，通过 8 比特驱动电路和高效背灯系统来调节成像。即液晶电视后方一组日光灯管发光，然后经由一组菱镜片与背光模块，将光源均匀地传送到前方，依照所接收的影像讯号，液晶画素玻璃层内的液晶分子会作相对应的排列，决定哪些光线是需偏折或阻隔的。组成屏幕的液状晶体有三种：红、绿、蓝，它们按照一定的顺序排列，这三种颜色就叫作三基色，通过电压来刺激这些液状晶体，就可以呈现出千变万化的颜色。

9.2.1.5 电视机的选用和保管

1. 选购

电视机选购时应根据自己的使用目的、环境合理选择，如边远地区的用户，可选灵敏度高的，小电网供电的用户可选宽电压电视机，城市用户选灵敏度适中的即可。

在具体选购时还须考虑品牌、尺寸、功能、价格、造型、色彩等因素，然后进行电视质量方面的检查。

2. 彩色电视机的使用

彩色电视机在使用过程中要注意以下三个问题。

（1）摆放位置。电视机的摆放地应通风干燥、避免强光直射，周围不能有强磁场性物体，摆放高度与人眼视觉高度一致为好，人眼观看距离以屏幕高度的5~7倍为佳。

（2）调试。先调清楚黑白图像再加彩为好，因人眼对彩色的分辨力低，会感觉到电视图像更清晰。

（3）环境光线。以8瓦灯光亮度为适宜，如环境背景太暗，电视图像稍有些变化也能被人眼感觉，反而显得图像不稳定、不清晰。

使用时前必须先仔细阅读说明书，弄清各部件的功能，然后再按说明书上规定的操作程序操作使用，注意不要将亮度开得太大，不要频繁开关机，以免影响电视机寿命。

3. 包装与储运

电视机体积大、重量也重，且为易损、易爆商品，因此，电视机的外包装一般用厚实的纸箱，整机应用防潮或塑料套包裹，并且泡沫塑料模压衬垫妥善填衬，不允许电视机在包装箱内晃动。外包装上应有明显的"防潮""向上""小心轻放"等标志。搬运时，必须小心轻放，避免碰撞与振动。储存时最好放在多层仓库的中层，如储存在一般库房的低层时，垛底必须垫高30厘米以上，以免潮气侵入。存放时不能贴墙堆垛，放置必须平衡可靠，可堆叠台数以包装标注为准。库房温度应为$-5\ ℃\sim35\ ℃$，相对湿度以50%~80%为宜。

9.2.2 组合音响

组合音响是收、唱、录、放等功能齐全的高保真重放系统，但是这种组合并非简单的机械性拼装，而是包括电路在内的重新设计和组合。

组合音响通常由调谐器、双卡录音座、立体声电唱盘、激光电唱盘（激光唱机）、图示均衡器、功率放大器和高保真音箱等几大部分组合而成。它能够如实地反映声音信号的本来面目，并使人有亲临音乐会现场的感觉。

9.2.2.1 组合音响的分类

1. 按性能分类

组合音响一般可分为普及型和高档型两种。普及型组合音响的内部电路简单，电声性能指标不高，但其价格较低，一般不带CD唱机和卡拉OK混响器；高档型组合音响的内部结构复杂，外形豪华，具有较多功能，通常均带有CD唱机，它的电声指标高，音质好。

2. 按结构特点分类

组合音响根据结构特点不同分为分体式和一体式两种。分体式组合音响把各个部分分成独立的单机，每个单机一般只能完成一种相应的功能，各单机的外形尺寸基本相同，可分层叠放，各单机之间用专用导线连接；而一体式组合音响，除了音箱单独分开外，其他各个部分都组合在同一机箱内。

3. 按式样分类

根据组合音响的式样可分为台式和落地式两种。台式组合音响体积较小，重量较轻，适宜放置在台面上；而落地式组合音响有两个很大的音箱，整机体积大，但音质较好。

9.2.2.2 组合音响的一般组成

1. 立体声唱机

组合音响的立体声唱机主要用于播放高质量的唱片，一般为半自动或全自动操作。立体声唱机是一种将记录在唱片上的信息转变为相应音频信号的装置，它由一套机械系统和一套电子电路组成，它由拾音器上的拾音头在匀速圆周运动的唱片声槽中做凹凸不平的位置移动，使拾音器产生机械振动导致拾音器中的换能器件（如晶体）产生与机械振动成正比的信号电流，然后送到前置放大器进行均衡放大，最后由扬声器还原成声音。

2. 激光唱机

激光唱机也叫 CD 唱机，它采用了激光、数字技术和微电脑技术，其音响效果达到目前家用音响装置的最高水平，是组合音响中最理想的音源。

激光唱机主要将记录在 CD 唱片上的坑点信号取出，然后解调（解码）还原成模拟的音频信号。激光唱机主要由激光拾音器及唱盘系统、伺服系统、信号处理系统、信息存储与控制系统等组成。

激光唱机由于采用了激光技术、数字信号处理技术、精密伺服技术和微电脑技术，并且其检音器与唱片是非接触式的。因此它的电声性能、唱片的永久性都是普通唱机所无法比拟的。表 9-1 列出了普通唱机、录音机与激光唱机的性能比较。

表 9-1　普通唱机、录音机与激光唱机的性能比较

品种 性能	激光唱机	录音机		普通唱机
		普及机	高级机	
放音频响	20Hz～20kHz	100～6.3kHz	60～18kHz	60～20kHz
动态范围	90dB 以上		70dB 以上	75dB 以上
信噪比	90dB 以上	35dB 以上	63dB 以上	60dB 以上
分离度	90dB 以上		60dB 以上	20～30dB
失真度	< 0.01%	0.3%～1%	0.3% 以下	0.1%～0.2%
抖晃率	仪器无法测量	0.2%～0.4%	0.15%～0.3%	0.03%

3. 调谐器

调谐器包括调频波段（FM）、中波（MW）和短波（SW）波段。调谐器在组合音响中用来接收无线电广播信号，并将其转变为音频信号送入功率放大器，最后由音箱还原成声音。

4. 双卡录音座

组合音响中的双卡录音座就是双卡录音机去掉音调、音量控制器、功放、音箱后的电路及机械传动系统。在组合音响中，双卡录音座的音响效果良好，高档录音座中还设有杜比降噪系统，使重放效果更加明显。

5. 卡拉 OK 混响器

卡拉 OK 功能可分为声频卡拉 OK 和声视频卡拉 OK 功能两种。声视频卡拉 OK 要与录像机、影碟机以及 VCD 机配合使用（有些组合音响中配有 VCD 机），当然还需与电视机配合使用。声频卡拉 OK 在机内即可实现，将话筒插入孔（MZC）中，录音座播放专门的卡拉 OK 磁带，将组合音响功能选择开关设在磁带位置，适当调节机器音量和话筒音量，使两者声音大小适中，平衡输出。同时调整混响时间，使高音清晰、低音浑厚，音质丰满、清晰、响亮。

6. 图示式音调控制器和频谱式电平指示器

图示式音调控制器有五段、十段等几种，用来对各频段信号进行提升或衰减处理，以满

足使用者对某一频域音响的偏爱。

7. 主功率放大器

组合音响的功率放大器按结构分为两种形式：一种是不带前置放大器功能的单纯功率放大器；另一种是带前置放大器的功率放大器，称为综合功率放大器。前置放大器主要用来控制放大、均衡各路输入段音频信号，调整信号的频响、幅度等，以美化音质；功率放大器的作用是将前置放大器输出的音频电压信号进行功率放大，以推动扬声器放音。

8. 音箱

音箱又称扬声器箱，它由扬声器、分频网络及箱体等组成。音箱的作用是获得高保真、立体声的放音效果，一般高保真的放音频率范围要求达到40~16 000赫兹，而单只扬声器很难重放整个频率范围，这需要有多只扬声器工作在不同频率范围，以给出均匀的频率特性和指向性；分频网络可完成对整个频率范围的划分，通过分频网络组成的扬声器系统（音箱）具有频响宽、效率高等特点。

9.2.2.3 组合音响的质量检验

1. 外观检验

组合音响的外观要求设计新颖、豪华、美观，各种指示要醒目大方，对外壳要求平整、光洁，不应有划伤、脱漆、锈蚀等现象，各开关、按钮等应操作灵活自如。

2. 性能检验

收音部分高低端频率的各电台信号强弱大体一致，大、小信号均无失真现象，距人耳1米处倾听应无交流声，无各种噪声、杂音，无混台串音、哨叫和自激振荡等现象，调谐指示器的反应灵敏，用电瓶表指示的表针摆动应平稳，用发光二极管指示的跳动应准确，颜色应明亮鲜艳。灵敏度越高越好，信噪比越大越好。灵敏度高，能收到微弱电信号能力强，收到的台多，声音清晰。

（1）录放音部分。选择一盘质量可靠的空白磁带，把音量开到最小，逐个按下放音、录音、倒带、快进等功能按键，分别观察磁带卷绕情况，磁带应卷绕整齐，没有上下参差不齐现象。同时倾听录音机械运转时发出的沙沙声，工作于录、放音状态时，声音应流畅而均匀；工作于快进和倒带状态时，由于速度较快，机械动转声稍大是正常的，但必须均匀，不应带有节奏的响声或其他撞击声，更不允许有转动呆滞或停转现象。随后把音量开至最大，重复上述各动作，此时除机械传动系统的沙沙声外，在扬声器内有轻微的哈声，在各种工作状态以及由一种工作状态转换成另一种工作状态时，在扬声器中均不应有其他杂声出现。再将短路插头插入话筒插孔，按下录、放音按键使录音机呈录音状态（实际处于消音状态），运转数分钟后，倒带至原起始位置进行放音功能，如噪声显著增大，则说明录放音部分消音功能不佳。最后进行录放试听，将音量开至适中位置，按下录音装置，距话筒半米至1米处讲几句话或唱一段歌曲，然后倒带放音，此时听到的声音应清晰、噪声小、有真实感，熟人能很快判断出谁的声音。如声音颤抖、混浊、噪声明显、变调等则说明该音响录放音或机械部分质量有问题。将音量开至最大放音略有失真是正常的。对于立体声检查，可放入一盘立体声磁带，观察两个声道是否平衡，检查时距音响1米远地方，检查者所在的位置对两组音箱的张角为40°~50°，调节声道平衡按钮，应能听到立体声。

（2）音箱部分，主要从以下四个方面鉴别。

一观工艺，从音箱外表的第一印象来判断该箱的档次和品质优劣，最好的音箱多用天然木材打造；现在一般用 MDF 中密度纤维板敷一层木皮做装饰，表面打磨得油光锃亮如乐器，可以算中档以上音箱；如表面敷的是 PVC 塑料贴皮，则为低档音箱。

二掂重量，好的音箱每只箱子可能有 10~20 千克，低档货多半重量比较轻。

三是敲箱，用指节敲击箱体上下左右发出坚实的脆响，说明箱体木质坚硬，内部有多根筋支撑，并有一定的吸音和驻波措施，可以认为是正规厂家产品。

四是认名牌，箱体背面有一块制作精致的铭牌，上面印有商标厂家、生产序号、各种技术指标等，可以说是音箱的身份证。一般来说试听时，好的音箱应该是很耐听的，具有明显的个性，能表现出音乐背景中最细微的变化。

（3）唱片、CD 唱片的播放效果。进行试听时，要求音响效果达到高音清晰明亮；中音丰满而舒适，并且有弹性；低音温柔而有力度，立体声效果强，真正体现出音乐厅演奏的真实感、空间感和临场感。

9.2.2.4 组合音响的使用方法

1. 音箱的摆放

音箱摆放是否合理，关系到是否聆听到完美的立体声。居室中正确的摆位一般是在左右主音箱距离 1.5~3 米调节，音箱离侧墙的距离不少于 30 厘米。如低音不足，可背贴墙放置，低音可增强一倍，置于墙角，则再次倍增。聆听者的位置与左右音箱成 40°~50°角为佳。

2. 装配方法

组合音响分层越多，则连线也越多，连接成的装配主要有输入、输出线的装配和音箱的连线装配，在装配前先详细阅读说明书中的接线图，切不可盲目乱接，装配错误有可能损伤机器。

一般组合音响配有左（L）、右（R）两声道音箱，高档机中除了左、右声道外，还配有两只重放环绕立体声的后方小音箱。在音箱连线时，连线尽可能不要太长，不要用普通的电线连接，最好采用双股平行音箱连接专用线。

9.3 电器类家用电器

空调器、电冰箱、和洗衣机是电器类家用电器的常见品种，电冰箱、空调器的工作原理有相似之处。

9.3.1 空调器

9.3.1.1 空调器的分类与型号

1. 空调器的分类

（1）按主要功能分为冷风型、热泵型、电热型、热泵辅助电热型四种。冷风型空调器只能制冷，不能制热，俗称单冷型；热泵型空调器在压缩和排气管上装有电磁换向阀，可以改变制冷剂流向，既可制冷又可制热，俗称冷暖两制式；电热型空调器采用电热元件制热；热泵辅助电热型空调器在制热时同时采用电磁换向阀和电热元件。

（2）按结构形式分为整体（窗式）、分体式、大型集供式（中央空调）三种。窗式空调结构紧凑、体积小、安装方便、使用可靠，并装有新风调节装置，能长期保持室内空气新鲜，但噪声较大；分体式空调最大的优点是室内机组噪声小，而且室内机组还可以做成多种式样，较为美观；大型集供式空调以上、下风道形成向某一区域房间提供冷气或暖气，适用于整幢建筑或某个单元房间等。

（3）按制冷量分为 18、20、25、32、40、50、60、70、100、200（千瓦）等。

（4）按特殊功能分为健康空调、燃气空调、静音空调、声音舒适度空调、节能空调、智能空调等。

（5）按冷却方式分为风冷式和水冷式。

（6）按调控方式分为普通式和变频式。变频空调器采用智能变频装置来改变电流频率，以实现自动增减空调输出功率的目的，随环境状况的改变，变频空调通过及时调整电流频率来保证电机以最佳输出功率运行。变频空调与传统空调相比，具有寿命长、省电、电压适应性强、快速制冷、超低温制热、舒适性好，低噪声运行、除湿功能合理等优点，但结构复杂、价格较高。

2. 空调器型号的表示

分体式室外机组代号，用 W 表示。

功能代号，冷风型省略、热泵型 R、电热 D、热泵辅助电热型 Rd。

结构代号，窗式为 C，分体式为 F。

房间空调器代号，用 K 表示。

分体式室内机组代号分别为，壁挂式 G、吊顶式 D、落地式 L、嵌入式 Q、台式 T 等。

例如，KFR—35GW/A 表示第一次改进设计、制冷量为 3 500 瓦的热泵型壁挂式分体空调。

9.3.1.2 空调器的结构和工作原理

1. 空调器结构

窗式空调器由制冷装置、空气处理装置和电路控制系统三大部分组成，主要部件有控制板、蒸发器、冷凝器、压缩机、毛细管和风扇等。

分体式空调器由室内、室外机组以及连接室内外机组的管路、管接头组成。分体式空调器的主要部件与窗式基本相同，只是为了减少室内噪声，满足室内多种安装形式的要求，把空调器做成了两部分。

2. 空调器工作原理

窗式空调器的制冷原理与电冰箱相同，空气循环主要是因为空气循环系统装有两个风扇，一个是离心扇，安装于室内一侧，另一个是轴流风扇，安装于室外一侧。轴流风扇从室外不断吸收稳定气流，进行热交换，于是冷凝的热能被带到室外；离心风扇不断从室内吸取空气，经过风栅进入箱内，过滤后经过蒸发器，降温为冷气，再经通风道从风栅送入室内，使室内得到净化冷气，如此循环，达到室内降温和净化空气的目的。在热泵型空调器中，蒸发器与冷凝器做得完全一样，并在压缩机排气管上装有一个四通电磁换向阀，当需制热时，可使电磁换向阀换向，这时制冷剂流向逆转，实现制冷的目的。分体式空调器工作原理与窗式空调器相同。

9.3.1.3 空调器的质量要求与检验

1. 空调器质量要求

空调器质量要求要参照以下五个指标。

（1）制冷量。制冷量是在空调器进行制冷时，单位时间内从密闭空间、房间或区域内除去的热量，单位为瓦。标准规定空调器的实测制冷量不小于额定制冷量的95%为合格。

（2）能效比。能效比是指空调器在额定工况和规定条件下进行制冷运行时，制冷量与输入功率之比，简单地讲，就是单位输入功率的产冷量。空调器能效标准规定共分5个等级，能效比要求不应小于2.6，1~5级的后两个等级的产品属于淘汰产品。

（3）噪声。噪声标准规定，窗式空调器的噪声应小于60分贝，分体式空调器的室内外机组额定制冷量小于25千瓦的应小于45分贝和55分贝，25~45千瓦的应小于48分贝和58分贝，45千瓦以上的应小于52分贝和62分贝。目前市场上的空调器已远远小于该值。

（4）空气循环量。窗式空调器的空气循环量应在600~1 100立方/小时。

（5）制冷消耗功率。空调器制冷运行时所消耗的总功率，要求实测值不大于额定值的110%。

2. 空调器质量检验

检查空调器的质量从以下四个方面进行。

（1）外观检查。外形美观大方，机壳平整光洁、无损伤、脱漆和锈蚀；各开关、旋钮动作灵活，操作自如；垂直、水平导风板，松紧适宜，拨在任何位置都能定位，进风滤网拆装方便，没有破损。

（2）启动性能检查。电源电压波动在220伏上下，正负不越过10%时，空调器均能正常启动和运转，每次停机后，间隔3分钟再重新启动，运行应正常。

（3）通电检查。接通电源，先启动风扇，再启动压缩机，均不应有较大的噪声和较强的振动；调节风速旋钮，应有不同的风速吹出。

（4）制冷性能检查。将温度调至最低，然后选择强冷挡运行5分钟后，应有冷风吹出。冷暖两用型空调器，将温度调至最高，然后再选择强热挡，几分钟后应有热风吹出。

> **小思考**
>
> 　　空调器能效标准规定共分5个等级，能效比要求不应小于2.6，1~5级中的2级产品属于淘汰产品，这种说法对吗？

9.3.1.4　空调器的选用与维护

1. 空调器的选购

例如，只考虑制冷，选购冷风型空调即可；需冬制暖、夏制冷，可选购冷暖两制式空调；在-5℃以上制暖，可选择热泵式；要求-5℃以下也能有较好的制暖效果，可选电热型或热泵辅助电热型；需保健、省电，可选健康、调频空调等。家庭经济条件好的，还可选户式中央空调。

空调器规格的确定，一般产品说明书上常有适用房间容积或面积这一项，用户可依此来选择空调器的制冷量。此外，用户还可以概略估算，一般按每平方米150~170瓦选用，若房间门窗多，日照强，可按每平方米160~200瓦选用，顶层房间可按每平方米220~280瓦选用。

2. 空调器的安装

窗式空调器一般安装在墙上或窗上，要求墙体和窗框结实牢固，墙洞平整。安装时空调器室外侧向下倾斜5~10毫米，以便于顺利排出凝水；应使墙洞外罩两侧的进风扇叶露在墙外，以保证通风流畅；空内侧要有利于空气循环流通，以防死角。室外安装高度应高于地面高度1米以上为宜。

分体式空调器除应遵守窗式的一般要求外，还由于分体式空调出厂时，室内机组、室外机组、连接管（线）分开包装运到用户，经现场组装连接、调试，才能形成一个完整的运行系统，所以分体式空调器的安装应由专业人员完成。另外，室内机组的安装部位要牢固、安全可靠，同时还应考虑操作方便，保持室内陈设的协调美观，排水管路的连接安放能够自然排水；室外机安装的地方要有坚实的底座，机组运行时发出的噪声和释放的热不要影响邻居。

3. 空调器的使用与维护

空调器安装完毕，不要马上通电，应按说明书规定注意事项仔细检查，待一切正常后才通电，接地须良好。开始先通风试转，然后逐一将各功能试转。空调器停止运转后，至少要过3分钟才能再次开机，否则容易损伤电机。

空调器应定期清洗过滤网，清洁面板及室内机壳，一般每年清洗1~2次；风扇、电动机要定期加润滑油。

4. 空调器简易故障排除

空调器简易故障及排除的方法如表9-2所示。

表9-2 空调器简易故障及排除的方法

故障现象	产生原因	故障排除方法
整机不启动	（1）无电源 （2）保险丝断 （3）有关继电器未复位 （4）电控系统部件上出了故障 （5）供电电压太低 （6）温控器旋钮置于高于室温的位置 （7）各开关、温控器等接触不良	（1）检查电源插头线与电源插座是否接触良好 （2）更换同规格保险丝 （3）等待一会儿，调整开关后再试启动，若还不行，应分段检查各个继电器 （4）用万用表按电器原理图分体分段检查或请专业人员维修 （5）用稳压电源供电 （6）将温控器旋钮置于适当的位置 （7）根据电器原理检查各开关是否接触良好

9.3.2 电冰箱

9.3.2.1 电冰箱的分类与型号

1. 电冰箱的分类

电冰箱可按以下七类不同的标准划分。

（1）按冷却方式分为直冷式和间冷式两种。直冷式电冰箱，又称有霜电冰箱，具有两个蒸发器，分别安置于冷冻室和冷藏室内壁，直接制冷形成低温，具有结构简单、冻结速度快、耗电省、寿命长、噪声小等优点，但冷冻室结霜，使用较麻烦；间冷式电冰箱，又称风冷式、无霜式电冰箱，只有一个蒸发器，安置于冷冻室与冷藏室之间的隔层背部的夹层内，靠专用风扇通过风道强制性制冷，具有箱内温度均匀，不结霜、冷却速度快等优点，但结构复杂、耗电量较大、噪声较大、存储食品干耗也较大。

（2）按制冷方式分为电机压缩式、电磁振荡式、吸收式、半导体式四种。以电机压缩式电冰箱应用最广，吸收式电冰箱小批量生产，其他两类应用较少。电机压缩式电冰箱制冷效率高、降温快、制冷量大、可靠性好、使用方便等，但噪声大；吸收式电冰箱是利用制冷剂汽化热制冷，且无噪声，还可利用电能以外其他能源制冷，但制冷效率低，主要用于小型船舶或无电源地区；电磁振荡电冰箱，它的制冷原理与电机压缩电冰箱基本相同，主要是利用共振弹簧扩大振幅，压缩制冷气体，达到制冷目的，它结构简单、工艺要求低，因此成本低，但工作稳定性差，一般仅适用50升左右的小型冰箱；半导体式电冰箱是利用两块不同金属片接触，通过直流电产生热端和冷端，以冷端为主，它结构简单，无噪声，但制冷效率低，适合制造小型冰箱。

（3）按星级的多少分为一星级、二星级、三星级、四星级等。一星级是指冷冻室温度不高于$-6\ ℃$，其他类推。

（4）按使用的气候环境分为亚温带型（SN）、温带型（N）、亚热带型（ST）、热带型（T）四种，它们分别适合的气候环境温度是 10 ℃～32 ℃、16 ℃～32 ℃、18 ℃～38 ℃、18 ℃～43 ℃。

（5）按有效容积分为50升、75升、100升、150升、180升、220升、300升等。

（6）按用途分为冷藏箱、冷藏冷冻箱、冷冻箱等。

（7）按功能还可分为绿色、无菌、智能、静音冰箱等。

2. 电冰箱型号的表示方法

改变设计序号，用大写英文字母顺序表示。

无霜冰箱用汉拼字母 W 表示，有霜省略。

有效容积 L 用阿拉伯数字表示。

用途分类代号，C 表示冷藏箱、D 表示冷冻箱。

产品名称代号，电冰箱用 B 表示。

例如，BCD—216WB 为第二次改进设计的 216 升无霜式冷藏冷冻电冰箱。

9.3.2.2　电冰箱的结构与制冷原理

1. 电冰箱的结构

电机压缩式电冰箱主要由箱体、制冷系统、控制系统三部分组成。

（1）箱体。一般由箱体外壳、隔热层、箱体内胆、门外壳、磁性密封门条、门内壁等组成。其作用是可保持箱内一定的低温、尽量减少热量的导入，同时为了适应人们生活中对冷冻冷藏食品的不同要求，把箱体分成冷冻和冷藏两个部分，有的还将两部分分成多个温区。

（2）制冷系统。由压缩机、冷凝器、干燥过滤器、毛细管和蒸发器组成。它们之间用空心管道连接，管道内充满制冷剂，构成一个密闭的制冷循环系统。其作用是使箱内温度降低，达到冷冻冷藏目的。

（3）控制系统，包括温度控制装置、除霜控制装置、电机过载保护装置等。其作用是确保控制系统按不同的使用要求，自动安全地运转。

2. 电冰箱制冷原理

电机启动后，电冰箱通过压缩机做功、吸入低压气态制冷剂、使制冷剂由低压气态压缩成高压高温气态，经排气管送到冷凝器。在冷凝器中，高压高温气态制冷剂通过管壁将热量传递给外界的空气，而降温为液体，成为高压液态制冷剂。高压液态制冷剂通过干燥过滤器除去杂质和水分后，通过毛细管节流降压，送入蒸发室。由于制冷剂沸点很低，加之压力骤然降低，液态制冷剂在蒸发室内迅速蒸发，吸取大量热量使冰箱内部温度下降，液态制冷剂又变成气态，再被压缩机吸入压缩。如此循环往复，达到制冷目的。

9.3.2.3 电冰箱的质量要求与检验

1. 电冰箱的质量要求

合格的电冰箱要考察以下七个质量标准。

（1）冷却性能。在规定的电压及频率波动范围内，当环境温度为 15 ℃～32 ℃时，电冰箱运行并达到稳定状态后，其冷藏室温度为 3 ℃±1 ℃，冷冻室温度应达到各星级标准的规定值。

（2）冷却速度。指在规定条件下，在环境温度为 32 ℃±1 ℃时，待箱内外温差大体一致的情况下，关上箱门，启动压缩机连续运行，使冷藏室温度降到 10 ℃、冷冻室温降到 -5 ℃所需的时间，标准规定冷却速度不应超过 3 小时。

（3）耗电量和输入功率。在规定条件下，耗电量和输入功率的实测值，不应超过标定的 15%。

（4）启动性能。在规定条件下，压缩机均能正常启动和运行。方法是开机停机各 3 次，每次开机 3 分钟，停机 3 分钟，各次启动均正常，无自动停机现象。

（5）耐泄漏性。以灵敏度为 0.5 克/年的卤素检漏仪检查制冷系统，不应出现制冷剂泄漏现象。

（6）负载温度回升速度。以分钟表示，它反映了电冰箱箱体的保温性能。在规定测试条件下，切断正常运转的冰箱电源，冷冻室从 -18 ℃上升到 -9 ℃的时间为负载温度回升时间，标准要求不应小于 300 分钟。

（7）噪声和振动。冰箱运行时，电冰箱振动振幅应不大于 0.05 毫米，不应产生明显的噪声。标准规定，250 升以下电冰箱不应大于 52 分贝，目前市场上的冰箱已远远小于该值。

2. 电冰箱质量检验

检验电冰箱的质量需从以下五个方面进行。

（1）外观检查。外表涂层应平滑光亮、色泽均匀、牢固，不应有划痕、流疤、皱纹、起泡、麻点、漏涂和尘粒集聚现象等缺陷；电镀件和装饰件应平整光亮，镀层应光滑细密、色泽均匀，不应有斑点、针孔、气泡和镀层剥落等缺陷；塑料件表面应平整光滑，色泽均匀，无明显缩孔和变形等缺陷；铭牌和一切标志齐全，冰箱体不应有明显的缺陷，搁架等完全平直不变形。

（2）气密性检查。门封应有良好的气密性，检查时，将一层厚 0.08 毫米，长 200 毫米的纸片放在门封条任意一点处，纸片不应自由滑动。开箱门的拉力应大于 5 千克。

（3）运行检查。冰箱在市电条件下应能无故障地启动并运行，压缩机无异常杂音出现；门开关应能控制照明灯亮、熄，并接触良好；温控器应能控制冰箱开、停，并且接触良好；通电 10 分钟应能制冷；手接触箱体能感觉到微微振动感，振动越小越好，人站在冰箱前方一米远的地方，以听不到声音为好。

（4）制冷性能检查。开机后 3～5 分钟，用手摸箱体两侧，应能感觉到箱体温度上升，升温迅速而均匀为好；开机 30 分钟后打开箱门，此时用手蘸水摸冷冻室内壁，应有冰黏的感觉；如有冰箱温度计，在冷藏室和冷冻室中间位置各放一支，将温控器旋至冷挡，关上箱门，开机 1.5～2 小时，冷冻温度达到各星级标准，冷藏室温度达到 5 ℃左右，说明冰箱制冷性能正常。

（5）冰箱节能性能检查。按照国家将要推出的"家用电冰箱耗电量限定值及能源效率等级"新标准规定，电冰箱的能效等级将分成 A、B、C、D、E 五个等级：A 级表示最高节能水平，B 级表示一般节能水平，C 级表示普通水平，D、E 级则属于国家将要强制性淘汰的产品水平。

国家相关部门将要求国内所有冰箱企业必须拥有通过此标准的"能效标志"标签才能进入市场销售。消费者通过贴在每台冰箱上的"能效标志"，即可对节能冰箱进行明明白白的消费。

9.3.2.4 电冰箱的使用和维护

1. 电冰箱的使用

电冰箱应放在室内通风良好、远离热源的地方，避免阳光直射及水浸，箱体周围应留 10 厘米以上的空间，以利于通风散热；电冰箱应平衡放置，如地面不平，可调整地脚螺纹使之平稳；电冰箱的使用电源应有良好的接地线。

2. 电冰箱的维护

冰箱门封处要经常检查，看是否清洁，若有脏物就应及时清除，以免影响门封性能；冰箱内外要经常用软布擦揩干净；电冰箱在搬运的过程中，不可倒置和过分倾斜，以免冷冻油进入制冷系统而影响制冷，特别是有的电冰箱压缩机在壳体的 3 根弹簧脱落而造成故障。

3. 电冰箱简易故障的排除

电冰箱简易故障的排除方法如表 9-3 所示。

表 9-3 电冰箱简易故障的排除方法

序号	异常现象	检查处理方法
1	新买的冰箱初次使用时，压缩机连续几小时不停机	并非故障，是由于箱内与室内温度相同造成的。新冰箱插上电源后，空箱持续运转 3～5 小时
2	新冰箱噪声大	正常情况下，冰箱压缩机的噪声不超过 50 分贝，即当人距冰箱 1 米远时，应听不到明显的压缩机运行声。噪声大可能有以下两个原因： （1）箱体未调平稳，重新调整平稳（最好用 2～3 厘米厚的 4 小块橡皮作垫子） （2）固定部件的螺丝松动或脱落，可重新紧固螺丝

9.3.3 洗衣机

9.3.3.1 洗衣机的分类与型号

1. 洗衣机分类

洗衣机根据不同的标准可以分为若干类型。

（1）按洗涤方式分类。

①喷流式。在桶侧装有叶轮，叶轮以每分钟 500～600 转的速度回转，以叶轮激起的水流进行洗涤。

②波轮式。类似于喷流式，把叶轮安装在桶底，轮速的方向可以改变。我国小型洗衣机属此类。

③滚筒式。衣料放入筒内，浸入水中。用类似敲打的方式进行洗涤。适合大型洗衣机。

④搅拌式。用搅拌的方式进行洗涤，桶内搅拌叶片反复运动，使洗涤水流动，此类型目

本最早使用。

⑤喷射式。按喷气泵的原理从喷嘴压出高压水，使容器中的水发生循环而进行洗涤。

⑥超声波振动式。将洗衣振动板产生的超声振动传导给水，用超声振动水进行洗涤。

（2）按自动化程度分为普通、半自动和全自动洗衣机三种。国家标准规定，洗涤、漂洗、脱水各功能的操作需用手工转换的洗衣机为普通洗衣机；在洗涤、漂洗、脱水各功能之间，只有其中任意两个功能转换不用手工操作并自动进行的洗衣机为半自动洗衣机；同时具有洗涤、漂洗和脱水各功能，它们之间的转换全部不用手工操作而能自动进行的洗衣机为全自动洗衣机。有些先进的全自动洗衣机还具有烘干、熨烫甚至折叠功能。

（3）其他分类还有手搓式、离心力式、离子洗净式、臭氧洗涤式、低噪声、多水流、变频、模糊控制、节能、智能洗衣机等。

2. 洗衣型号的表示方法

结构型式代号，单桶省略，双桶 S。

工厂设计序号，用阿拉伯数字表示。

规格代号，用额定容量（kg）×10 表示。

洗涤方式代号，波轮式 B、滚筒式 G、搅拌式 J。

自动化程度代号，普通 P、半自动 B、全自动 Q。

洗衣机代号，洗衣机 X、脱水机 T。

如 XQG 50—3，表示洗涤容量为 5 千克的滚筒式全自动洗衣机，为厂家第 3 代产品。

9.3.3.2 洗衣机的质量要求与检验

1. 洗净比

洗净比是指在标准规定的洗净条件下，洗衣机洗净率与参比洗衣机洗净率之比。波轮式洗衣机洗净比不小于 0.8。

2. 织物磨损率

织物磨损率是指在达到一定洗净度指标情况下，被洗衣物的磨损程度。用失重比率来表示，波轮式洗衣机应不大于 0.2%。

3. 漂洗性能

漂洗性能是指洗涤的衣物放在清水中漂洗，去除附着在衣物上的洗涤剂溶液及污垢，最后达到漂清、洗净的能力。漂洗性能通常用漂洗比表示，洗衣机的漂洗比应大于 1。

4. 脱水率

标准规定，全自动波轮洗衣机脱水率应大于 45%，普通和半自动洗衣机脱水率应大于 50%，滚筒式洗衣机脱水率应大于 45%。

5. 噪声

要求不高于 65 分贝。市场上的洗衣机已远远小于该值。

6. 消耗功率

应在额定输入功率的 115% 以内。

7. 节能环保性能

《家用电动洗衣机国家标准》已经正式实施。此次新国标按照洗净比、节能、节水、噪声、含水率、寿命六项指标，对洗衣机进行评级，并把洗衣机分为 A、B、C、D 四个等级，规定低于 D 级的产品不得上市销售。

8. 绝缘电阻

洗衣机带电部分与外露的非带电金属部分之间的绝缘电阻不小于 $2M\Omega$。

9. 接地电阻

洗衣机的外露非带电金属部分与接地线末端之间的电阻应不大于 0.2Ω。

9.3.3.3 波轮式洗衣机

1. 波轮式洗衣机的结构

洗衣机各种类型和机型的结构形式各异，但一般均由机箱部分、洗涤部分、脱水部分、控制部分、进排水部分等组成。

2. 波轮式洗衣机工作原理

洗衣机洗涤衣物是仿照人工洗涤方式，把衣物放在洗衣桶中，与水和洗涤剂一起，在机械力作用下使洗涤液剧烈地搅拌，衣物随水流不断旋转，上下翻流，衣物与衣物之间，衣物与水流之间，衣物与桶壁之间产生摩擦冲击，在这种机械的搅拌、揉擦、抛甩以及洗涤剂的化学作用下，使衣物上的污垢脱离下来卷入水中，达到洗净衣物的目的。

3. 波轮式洗衣机的质量检验

从以下四个方面进行检验。

（1）外观检查。要求外形美观大方，色调雅致，机壳表面光滑平整，无损伤，无锈蚀；各按钮、旋钮、开关完好无损，动作灵活可靠；洗衣桶内壁应光滑，洗衣桶盛水后不漏水。

（2）波轮检查。波轮表面光滑，波轮与洗衣桶之间的间隙应当均匀、平整、无松动，一般间隙以不超过 2 毫米为好，检查时可用 5 分硬币走一圈。如果间隙太大，衣物易进入间隙而使衣物遭损害；如间隙太小，波轮与洗衣桶易产生摩擦，产生尖叫。用手转动波轮，应比较轻快、均匀、无杂音。

（3）运转检查。洗衣机通电运转时，应无较大的振动和较强的噪声，也不能有异常音响。程序控制器、定时器、各种开关等控制部件的控制，应正确无误。脱水桶运转时，打开脱水桶盖，应能立刻切断脱水电机电源，并随机制动脱水桶，机体应有良好的绝缘性，不漏电。

（4）附件检查，检查进排水管、电源线、插头和说明书等是否齐全。

4. 波轮式洗衣机简易故障排除

波轮式洗衣机简易故障的排除方法如表 9-4 所示。

表 9-4 波轮式洗衣机简易故障的排除方法

序号	故障现象	产生原因	故障排除方法
1	洗衣机启动后电机不转	（1）保险丝熔断 （2）电源线插头与插座接触不良 （3）电容器无容量或短路 （4）定时器、洗涤开关触点接触不良 （5）电动机坏 （6）电源按钮没按下（全自动） （7）水龙头未打开（全自动） （8）规定量的水未进足（全自动） （9）排水管未放下（全自动）	（1）更换同规格保险丝 （2）将电源插座铜簧片拨紧 （3）接好线头或更换同容量的电容 （4）将定时器、洗涤开关重修 （5）送修 （6）将电源按钮按下 （7）打开水龙头 （8）进足规定水量 （9）将排水管放下

续表

序号	故障现象	产生原因	故障排除方法
2	洗衣机漏水	（1）主轴（波轮下面）圈密封失效 （2）排水管破裂 （3）排水管接头松动 （4）洗衣筒底部焊缝开裂 （5）排水阀拉带太紧	（1）更换密封圈 （2）用强力胶（102）黏接 （3）用强力胶（102）黏接 （4）用强力胶（102）黏接或更新筒 （5）重新调节拉带使之适当
3	脱水筒晃动严重	（1）3个减震簧松动1只 （2）脱水筒与电机连接轴紧固螺丝松动（上下各一） （3）地面不平	（1）重新紧固 （2）重新紧固 （3）放平稳
4	洗衣电机运转，脱水电机不转	（1）定时器开关触点未接触 （2）脱水筒掀盖制动开关触点未接上 （3）脱水电机、电容器坏	（1）重新拨紧触点使之接触良好 （2）重新拨紧触点使之接触良好 （3）更换新的同规格脱水电机、电容器
5	脱水筒制动性能不好	刹车拉杆与刹车挂板的连接太紧，刹车时刹车块与刹车圆盘接触面小不紧密	调整刹车拉杆与刹车挂板孔眼的位置，使其适当

9.3.3.4 滚筒式洗衣机

1. 滚筒式洗衣机的分类

滚筒式洗衣机按洗衣筒的安装方式不同，可分为立式滚筒洗衣机和卧式滚筒洗衣机两种。立式滚筒洗衣机由于需增加限位装置，结构较复杂，造价高，现在很少生产。目前国内、外常见的是卧式滚筒洗衣机，如图9-1所示。

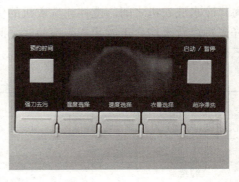

图 9-1 卧式前装滚筒式洗衣机

卧式滚筒洗衣机按装入衣物的方式不同又分为前装式和上装式两种。前装式滚筒洗衣机的正前方开有一处圆形可开闭的门，洗涤物由此门投入或取出。门上安装玻璃视孔。透过它可清晰地观察筒内衣物的洗涤情况。上装式滚筒洗衣机不设玻璃视孔，形状呈箱式，由箱顶部开门，洗涤物从洗衣机的顶部投入或取出。该种洗衣机的滚筒可由两个轴承支撑，工艺要求相对较低。

滚筒式洗衣机按洗涤水的温度来分有冷水洗衣机和热水洗衣机两种。冷水洗衣机是指没有加热装置的洗衣机，热水洗衣机是指配有洗涤水加热器的洗衣机。热水洗衣机的水温常控制在 40 ℃～60 ℃，必要时也可调到 90 ℃左右，用于消毒杀菌。

滚筒式洗衣机按有无烘干功能分类，可分为无烘干功能洗衣机和带烘干功能洗衣机两种。带烘干功能的洗衣机还可分"加温蒸汽烘干"和"蒸汽冷凝烘干"两种。

2. 滚筒式洗衣机的结构

滚筒式洗衣机主要由进排水系统、洗涤系统、传动系统、支撑系统、电气控制系统和加热干衣系统六部分组成。

9.3.3.5 洗衣机的选购

洗衣机的种类很多，常见的波轮式、滚筒式和搅拌式三种洗衣机各有特点，选购时可根据具体情况选择。

1. 波轮式洗衣机

它的优点是结构简单、洗涤速度快、省时省电、洗净度高且价格便宜。由于很多部件采用塑料制造，因而重量轻、噪声小。其缺点是缠绕率高，由于衣物缠绕，外部衣物洗得很干净，但绞在内部的衣物洗得不很理想，显得均匀性略差。波轮在底部，衣服压在波轮上，波轮高速转动，与波轮接触的衣物，其磨损较大，为减少磨损，提高洗净度，往往耗水量增大。

2. 滚筒式洗衣机

它的优点是洗涤均匀性好，缠绕率和损衣率极小。自动化程度高，耗水量很小。它的缺点是洗净度低。为了提高洗净度，往往采用热水洗涤，因而耗电量大。它的结构复杂，大多采用金属制造，重量重，不易搬动，价格较贵，为波轮式的 1.5～2 倍。

3. 搅拌式洗衣机

它表面上看起来像波轮式洗衣机，其实其运动方式不同。它的搅拌叶转角小于 360°，洗衣桶底部不高速旋转，因此，它的水流力度与相互之间的摩擦力较小。洗净度介于波轮式与滚筒式冷水洗衣机之间。搅拌式洗衣机的优点是洗净度高、洗涤均匀、损衣率小且缠绕率低，许多特点看来均介于波轮式与滚筒式之间。

三种洗衣机的优缺点比较如表 9-5 所示。

表 9-5　三种洗衣机的优缺点比较

特点	波轮式	搅拌式	滚筒式
洗净度（水温 30 ℃）	1	2	3
洗净均匀性	3	2	1
缠绕率	3	2	1
损衣率	3	2	1
耗水率	3	2	1
耗电量	1	2	3
洗涤剂用量	2	2	1
洗涤时间	1	2	3

续表

特点	波轮式	搅拌式	滚筒式
自动化程度	2	2	1
脱水率	1	2	2
噪声	1	3-2	2
结构简单程度	1	3-2	3
外形重量	1	2	3

注：1表示好，2表示较差，3表示最差

项目小结

组合音响、彩色电视机、电冰箱、空调器、洗衣机是常见的五大件家电电器，这里概述了它们的种类、性能特点、型号、结构、工作原理、质量要求与检验、选用和维护等知识和技能。

家用电器的特点如下：

（1）家用电器一般在有电能的条件下才能正常运转作用。
（2）家用电器一般都要带电工作和操作，因此安全性是这类商品的首要指标。
（3）家用电器结构比较复杂，要求电器元件可靠性高，要达到质量需要的规定值。
（4）家用电器既是家庭用品，又是美化家庭环境的装饰品，要求造型美观、装饰新颖、色调柔和、外形结构合理。
（5）家用电器要求寿命长、可靠性高。
（6）家用电器要求耗电少、经济费用低。
（7）家用电器的安装、使用和维护都直接影响着家用电器的质量。

复习思考题

一、选择题

1. 光和实物一样，是物质的一种，它同时具有波的性质和（　　）的性质。
   A. 微粒　　　　B. 光线　　　　C. 光合　　　　D. 光光
2. 音箱又称（　　）。
   A. 木箱　　　　B. 扬声器箱　　C. 纸箱　　　　D. 声响
3. 在标准规定的洗净条件下，洗衣机洗净率与参比洗衣机洗净率之比叫（　　）。
   A. 洗衣比　　　B. 洗涤比　　　C. 洗净比　　　D. 物比
4. 全自动波轮洗衣机脱水率应大于（　　）。
   A. 15%　　　　B. 25%　　　　C. 35%　　　　D. 45%

二、简答题

1. 家用电器按工作原理分是如何分类的？
2. 彩色电视机是如何分类的？
3. 波轮式洗衣机的质量检验应从哪几个方面进行？
4. 电冰箱的质量检验应从哪几个方面进行？

三、实训题

1. 技能题

开展一次洗衣机、电视机的检验、调试和咨询服务活动。

2. 案例分析

2019年2月20日,赵某在本市某商场购买由A厂生产的冰箱一台,同年同月24日又购得一部B公司生产的多功能电源保护器,次日,赵某在家中安装好冰箱和电源保护器。半个月后的一天,赵某下班回家发现,因冰箱电路出现故障,导致高温进而引发冰箱起火,烧毁部分家具及用品,因发现及时幸未发生重大火灾。为此,赵某向法院起诉,状告某商场、A冰箱厂和B公司,要求维护消费者权益,赔偿损失,由三个单位负连带责任。

(中国法制网　经作者整理)

问题:

谁该为此承担责任?

项目十

装潢装饰商品

知识目标

认识装潢装饰商品有关品种的结构和组成。

技能目标

掌握装潢装饰商品有关品种的性能特点、质量要求与选用。

能力目标

能够运用所学的知识和技能,进行装潢装饰商品的质量鉴别、挑选使用和咨询服务。

课程导入案例

装潢装饰商品的发展方向应是绿色、环保和健康

在一位经销商的品牌专卖店里,一位业主进来咨询,经销商指着水性木器漆说:"这种漆最环保,对人体无毒无害。"业主弄不明白什么是环保漆,该不该购买。

问题:你认为什么是环保漆?

10.1 石材和瓷砖

装潢装饰商品

10.1.1 石材

用于建筑装饰的天然饰面石材品种很多,主要是花岗岩和大理石两大类。

10.1.1.1 花岗岩

花岗岩主要用做建筑的结构和装饰。我国花岗岩资源丰富,产地很多,主要有山东泰山、崂山,陕西华山,湖南的衡山,安徽黄山,江苏金山,浙江莫干山,北京、广东、福建、四川等省均有出产。我国花岗岩石材品种多,结构好,既有石质均匀细腻的细粒结晶的

优质品，又有中粒结构的大宗产品，颜色应有尽有，还有不少名、优、特品种，如白虎涧、周口红、济南青、莱州红、泰安绿、厦门白、大花等。目前已开采利用的花岗岩品种达四十余种。

花岗岩是由长石、石英、云母极少量深色矿物构成的粗结晶岩石，其中长石含量达40%~60%，石英含量达20%~40%。建筑石材中所指的花岗岩并不限于纯花岗岩，通常指具有装饰功能、能磨平、抛光的各种岩浆岩，包括各种花岗岩、辉长岩、闪石岩、辉绿岩等。

花岗岩是地壳深部形成的岩浆岩的一种，形成时由于冷却速度慢且均匀，同时受到上部地壳极大压力，因而有利于内部结晶以及致密结构的形成。花岗岩质地坚硬、结构致密、硬度大、抗压强度高、耐磨性好、吸水率小、抗冻性高、抗风化能力好。

花岗岩是酸性矿石，因此耐酸性极高，对碱的浸蚀也有较强的抵抗能力。花岗岩作为建筑材料，由于其硬度大，难于加工开采，且质脆，耐火性差，当温度达 800 ℃以上时，花岗岩中二氧化硅的晶体变化会使花岗岩炸裂。花岗中的美丽色彩，主要由所含长石的颜色决定。通常有浅灰、微黄、浅红和桃红等色，若含长石为白色、红色，如含大量黑云母、角闪石等深色矿物，也会出现稀有的白色、红色以及黑色等品种。

花岗岩要求耐久而又无火灾危害的公共建筑物可用它来做结构材料。花岗岩中作为建筑装饰材料用的板材，对其质量要求很高，尤其是装饰建筑的内外墙面、柱面、台面所用板材对外观质量要求更高。

外观质量通常从色调、花纹、镜面光泽度三方面进行评价。其中色调、花纹主要与花岗岩产地有关，镜面光泽度是评价加工质量的重要指标。因表面光泽如镜的板材不仅可以反映出较高的加工水平，更重要的是可以烘托色调、花纹，显示出优异材质及整体建筑美。

花岗岩的整形片石表面经磨光、抛光后是十分贵重的建筑装饰材料。表面经加工的花岗岩露出美丽的晶粒和花纹，呈粉红、灰、黄等多种颜色，又由于它对空气中的酸有抵抗能力，硬度大，所以比大理石用途更为广泛。

10.1.1.2 大理石

大理石因盛产于我国云南大理而得名。大理石用于建筑装饰有很多优越性能。硬度不高，莫氏硬度 2~3，因此易切割磨光，但大理石加工成的镜面很容易被其他硬物划伤，增加了储运的难度，且在使用时不如花岗岩坚固。大理石具有微透明性，适于各种雕刻品和工艺品；大理石抗压强度能达 700~1 500 千克/平方厘米，完全合乎建筑要求。大理石最大的特点是具有不同的色泽和多变的花纹、斑点，其装饰作用就是靠这些色彩和花纹来实现的。

大理石的化学稳定性不好，耐久性差。因其主要成分氧化钙在空气中易被酸分解，空气中的酸性气体的作用，会使大理石失去光泽，甚至斑痕累累，失去它美观的装饰作用。

大理石是石灰岩经变质结晶而成的，它具有致密的隐晶结构，主要成分是氧化钙，并含有石墨、蛇纹石、石英、硅灰石及某些金属氧化物，有的还混有动植物的尸骨。由于这些物质形状色彩的影响，使大理石一经加工就显出各种美丽的图案花纹。

大理石一般做成整形片后，经表面及四边磨光、抛光等加工工序，制成光泽夺目、色彩丰富的成品，用于建筑物的室内装饰。大理石不适于室外装饰。

大理石品种很多，有近百个花色品种，其品种划分是按产地及磨光后镜面所显现的花纹及色彩进行的。大理石色彩主要有白色，如汉白玉等；灰色，如云南灰、杭灰等；绿色，如荷花绿、绿色金玉等；红色，如徐州红、红奶油、东北红等；黑色，如墨壁、苏墨、墨玉等。

大理石产地有湖北、云南、广东、广西、贵州、北京、辽宁、安徽等省。

大理石质量除石材性能指标外，还要看外观色彩、花纹、镜面光泽度等。

10.1.1.3 石材质量检验

1. 石材质量常规检验

石材质量的好坏，直接关系到装饰的效果和使用寿命，对已加工好的成品饰面石材，其质量可从以下四个方面检验。

（1）观。板材经抛光加工后，表面应光泽如镜。可站在板材对面或成 60°角的侧面，如能在石材板面上看到人的虚影，光泽度约在 90% 以上；若板材表面虽然平整，但表面无光泽感，"发乌"，则光泽度不合格。

观察石材的结构构造，内部是否存在细脉、微纹、缺棱少角。均匀的细料结构的石材具有细腻的质感，为石材之佳品；粗粒及不等粒结构的石材其外观效果较差，机械力学性能也不均匀，质量稍差。

另外，天然石材中由于地质作用的影响在其中产生一些细脉、微裂隙，石材最易沿这些部位发生破裂，应注意剔除。至于缺棱少角更是影响美观，选择时尤应注意。

（2）听。听石材的敲击声音。质量好的，内部致密均匀且无显微裂隙的石材的敲击声悦耳；相反，若石材内部存在显微裂隙或细脉因风化导致颗粒间接触变松，则敲击声粗哑。

（3）量。测量尺寸规格是否在标准允许范围内，是否影响拼接效果。石材加工质量检验方法如下。

①一平。要求板材表面平整。将两块板材正面合在一起，观察中间的缝隙，当板材长度小于 400 毫米时，该缝隙小于 0.5 毫米×2（单块板材不平度为 0.5 毫米）；板材长度小于 800 毫米时，缝隙小于 1.0 毫米×2（单块板材不平度为 1 毫米）为合格。

②二方。要求板材的 4 条边应垂直归方。将 4 块板材相拼时，观察相接各边之间缝隙的大小。当板材长度小于 400 毫米时，该缝隙小于 0.6 毫米×2（单块板材角度偏差为 0.6 毫米）；板材长度大于 400 毫米时，该缝隙小于 0.8 毫米×2（单块板材角度偏差为 0.8 毫米）为合格品。

③三够长。要求板材长度、宽度、厚度符合工程设计要求，规格公差应符合国家标准规定。板材长度和宽度允许比标准规格小 2 毫米，厚度允许比标准大 2 毫米或小 3 毫米为合格。

（4）试。用简单的试验方法来检验石材的质量好坏。通常在石材的背面上滴上一小滴墨水，如墨水滴很快四处散出，则表示石材内部颗粒接触较松或存在显微裂隙，石材质量不好；反之，若墨水滴在原处不动，则说明石材致密、质地好。

2. 石材放射性检测

天然石材中的放射性危害主要有两个方面，即体内辐射与体外辐射。体内辐射主要来自放射性辐射在空气中衰变为一种放射性物质氡及其子体。氡是自然界唯一的天然放射性气体，它在作用人体的同时会很快衰变成人体能吸收的核素，进入人体的呼吸系统，造成辐射损伤，诱发肺癌。

统计资料表明，氡已成为除吸烟以外人们患肺癌的主要原因，我国每年约有 5 000 人因氡及其子体致肺癌而死亡。另外，氡还对人体脂肪有很高的亲和力，从而影响人的神经系统，使人精神不振，昏昏欲睡。

石材放射性检测分两项：V 照射量率检测；放射性核比活度检测。根据 JC 518—1993《天然石材产品放射防护分类控制标准》，按放射性核素比高低值，将天然石材分为 A、B、C 三类。A 类石材对人体无危害，使用范围不受任何限制，包括全部大理石类，绝大部分板石类以及暗色、灰色系列及大多数浅色系列花岗岩类产品，合计占全部天然装饰石材的 85% 左右。B 类石材除居室内不宜使用外，其他一切建筑物内外饰面和工业设施都可使用。C 类石材其使用范围受到限制，可用于建筑物的外饰面。超出 C 类石材，可用于海堤、桥墩及碑石等。

体外辐射主要是指天然石材中的辐射体直接照射人体后产生一种生物效应，会对人体内造血器官、神经系统和消化系统造成损伤。

> **小思考**
>
> 天然石材中的放射性危害主要有哪些方面？

10.1.2 瓷砖

陶瓷是一种良好的建筑装饰材料，瓷砖常见的品种有陶瓷锦砖、釉面砖和墙地砖等。

10.1.2.1 陶瓷锦砖

1. 陶瓷锦砖的特点

陶瓷锦砖又称马赛克、铺地瓷砖、纸皮砖，是以优质陶土为主要原料，用半干法压制成型，高温烧成的制品。

陶瓷锦砖有质地坚实、经久耐用、色泽多样、耐酸、耐火、耐磨、不渗水、易清洗、吸水率小等特点。因此，常用于工业、民用建筑、洁净车间、门厅、厕所、浴室等场所的地面装饰，建筑物内、外封闭装饰等。

陶瓷锦砖的形状有正方形、长方形、六角形、对角形、子弹形、斜长条形等，不同形状的陶瓷锦砖组合可以得到许多种拼花图案，再加上不同色彩可制成几百种不同图案。

陶瓷锦砖按一定图案反贴在牛皮纸上，每张大小约 30 厘米×30 厘米，称作一联，每联面积约为 0.093 平方米，每 40 联装一箱。

2. 陶瓷锦砖的检验

陶瓷锦砖的规格有 20 毫米×20 毫米、25 毫米×25 毫米、30 毫米×30 毫米、40 毫米×40 毫米等，厚度为 4~6 毫米。

（1）单块陶瓷锦砖尺寸公差与外观质量。

边长：（20±0.3）毫米。厚度：（4.0±0.3）毫米。

边长：（25±0.3）毫米。厚度：（4.2±0.3）毫米。

以无变形、缺角、缺边、斑点、裂纹、折皱及开口气泡等缺陷为优品品。对合格品要求如下。

缺边：长3.0~4.0毫米，宽1.0~2.0毫米，允许一处。
开口气泡：长度不大于1毫米。
变形：变曲度不大于0.5毫米。
注意：检查时在同一块马赛克上不允许缺边角同时存在。
（2）每联陶瓷锦砖的线路、联长、周长边距的尺寸公差如下。
联：联长（327±2）毫米，（321±2）毫米。
线路：单联中行列间距（2.0±0.3）毫米。
周边距：单联中饰面露出部分与纸边距离为2~7毫米。
（3）陶瓷锦砖与铺贴纸间有一定黏接力，检验时可用两手捏住单联陶瓷锦砖的一边两端，使其直立，然后平放，反复3次，不脱落者为合格。还可以将一联陶瓷锦砖贴纸向内卷曲成筒状，然后摊平，反复3次，不脱落者为合格。
（4）每批色泽应基本一致，检验时取9联陶瓷锦砖，在光线充足的地方铺成正方形，距1.5米处目测。
（5）脱纸时间检验不应大于40分钟。检验时将陶瓷锦砖一联放于18℃~25℃水中，铺贴纸朝上，使水刚浸没试样。5分钟时，捏住联的一边的两端，轻轻提出水面。检查应无单块陶瓷锦砖脱落；40分钟轻轻揭纸，有70%以上的陶瓷锦砖为合格。

3. 陶瓷锦砖成品包装

每联上应有商标、厂名；纸箱内衬防潮纸；包装箱上印有成品名称、制造厂名、商标、出厂日期、颜色、规格、数量，并应标注防潮、易碎、堆码方向标志；箱内应附有质检单。

10.1.2.2 釉面砖

1. 釉面砖的特点

釉面砖有白色釉面砖、彩色釉面砖、印花釉面砖、图案釉面砖等。釉面砖的表面由于施釉，非常光滑，易于清洗，色泽多样，抗污力强，美观耐用，适用于建筑物、浴室、盥洗间、厨房墙面防护及装饰。釉面砖又称瓷砖、釉面瓷砖，是以瓷土为原料，制成泥坯后，表面施釉高温烧制的陶质饰面材料。

2. 釉面砖的检验

检验釉面砖注意厚度要够5毫米，有无裂纹、翘曲，表面有无杂质和气泡等缺陷，敲击声音应清脆。釉面砖四边要平直，可将釉面砖整齐地码成一垛，容易看出砖是否平整。此外还应注意"色号"，色号相差越多，颜色差异越大。

釉面砖的尺寸有152毫米×152毫米×5毫米或108毫米×108毫米×5毫米。直观检验主要是目检釉面砖外观质量，影响使用较直接的缺陷有裂纹（一、二级品不允许，三级品釉下裂纹总长小于20毫米）、缺釉、剥边等。这些缺陷容易使装修后釉面砖遇到潮湿环境，产生开裂、龟裂、脱落等现象，如使用条件较潮湿或使用在直接与水接触的部位，最好选用一级品。

10.1.2.3 墙地砖

1. 墙地砖的特点

用于建筑物外墙及地面装饰的块状陶瓷制品，分有釉、无釉两种。无釉的是将破碎成一定粒度的陶瓷原料经筛分、半干压成形，于窑内高温焙烧制成。无釉砖具有硬度大，抗压强力高，耐磨性好，吸水率较低等特点。带釉制品则在坯上施以釉再经釉烧而成，彩釉砖色彩美观，图案新颖，防水、防潮性良好，有较高强度，较好耐用性。

2. 墙地砖的检验

常用规格有：辅地砖用 300 毫米×300 毫米、400 毫米×400 毫米、600 毫米×600 毫米、330 毫米×330 毫米、200 毫米×200 毫米，厚度 7~9 毫米，以正方形为主。墙用 95 毫米×45 毫米、200 毫米×100 毫米、250 毫米×330 毫米、450 毫米×330 毫米、150 毫米×75 毫米等，以长方形为主。陶瓷墙地砖的检验要点如下。

（1）产品变形程度，如表 10-1 所示。

表 10-1 陶瓷墙地砖变形程度控制表

变形种类	优等品/%	一级品/%	合格品%
中心弯曲度	±0.50	±0.60	+0.80-0.60
翘曲度	±0.50	±0.60	±0.70
边直度	±0.50	±0.60	±0.70
直角度	±0.50	±0.70	±0.70

（2）墙地砖背面凹凸纹。对墙地面黏接强度影响大，标准规定墙地砖的凸背纹高度、凹背纹高度、凹背纹深度均不小于 0.5 毫米，检验时还应注意砖的背面不应有妨碍黏接的明显釉料黏附、裂纹、龟裂、夹层等。

3. 耐磨性

陶瓷地面砖需做耐磨性检验。简易方法是用一块砂轮，用手均匀用力在砖表面划痕，如不易产生损伤，说明该砖耐磨性较好。

4. 吸水率和抗冻性

直观检验可取一块墙地砖，在砖背面滴上几滴水，如水滴能迅速吸收、扩散，表明吸水率在10%左右；如水滴扩散较慢，表明墙地砖吸水率在5%左右；如果水滴几乎不浸润、不扩散，则表明墙地砖吸水率在3%以下。在寒冷地区，陶瓷墙地砖的吸水率在5%以下，才能满足抗冻性要求。

5. 色差检验

铺 1 平方米四方形墙地砖在光亮充足处，相距 1.5 米目测，各块陶瓷墙地砖色泽应无明显差异。

6. 厚度

厚度要够 8 毫米。

7. 检查陶瓷砖是否有夹层

双手各执一块陶瓷砖用一块敲打另一块砖面，例如，敲击声音清脆，则砖无夹层；敲击声音低沉、闷浊，则砖有夹层，有夹层陶瓷砖弯曲强度偏低。

在检验陶瓷砖时还应注意全瓷砖和釉面陶瓷砖的区分。全瓷砖比釉面瓷砖吸水率低，硬度大，表面还有防滑作用，砖面上洒上水也不会有脚滑的感觉。要谨防釉面砖假冒全瓷砖或用石膏等假冒原材料生产的劣质陶瓷砖。

10.2 地毯和地板

10.2.1 地毯

地毯是一种世界各国都十分喜爱的装饰材料之一。它不仅有隔热、保温、吸声、挡风及富有良好的弹性等特点,而且铺设后可以使室内充满高雅、华丽、美观、悦目的气氛。由于地毯具有实用、富于装饰性的特点,所以它延绵千年而经久不衰,在现代建筑和民用住宅中被广泛应用。

地毯是一种高级地面装饰品,有悠久的发展历史,地毯按材质主要分为纯毛地毯和化纤地毯两大类;按编织方法可分为手织地毯、机织地毯、无纺地毯及刺绣地毯等。手织地毯是以纯毛编织成绒状织物,多呈现精巧的提花,如中国绒毯、波斯绒毯等品种;机织地毯是将纯毛或化纤混纺,经机械编织成绒织物,如威尔顿地毯等;刺绣地毯是在基布上用手工刺绣方法插入毛绒,形成竖绒或圈绒的编织物。

上述各类地毯广泛用于各建筑物里的大厅、会议室、办公室、起居室、卧室、楼梯及走廊等处。

10.2.1.1 纯毛地毯(常用羊毛)

羊毛地毯为我国传统的手工工艺品之一,历史悠久、驰名中外、图案优美、色彩鲜艳、质地厚实、经久耐用,用以铺地不但人行其上感到柔软舒适,而且富丽堂皇,装饰效果极佳,被广泛用于宾馆、会堂、舞台及其他公共建筑物的地面上。

羊毛地毯的耐磨性主要决定于绒毛的质与量。用手工编织的羊毛地毯,常以1英尺(1英尺=0.304 8米)宽经纬纱的根数分为90道、100道、110道、150道等。一般道数越多,地毯密度越多,质量也越好。后来发展的一种纯羊毛无纺地毯,是未经纺织直接编织而成的一种新型地毯。它具有质地优良、物美价廉、消音抑尘、典雅豪华等特点,广泛用于宾馆、体育馆、剧院及其他公共建筑等处。

纯毛机织地毯具有毯子面平整光滑、富有弹性、脚感柔软、经磨耐用等特点。与纯毛手工地毯相比,其性能相似,但价格远远低于手工纯毛地毯。与化纤地毯相比,其弹性、抗静电、抗老化、耐燃性优于化纤地毯。因此纯毛机织地毯是一种介于纯毛手工地毯和化纤地毯之间的中档地毯。

10.2.1.2 化纤地毯

化纤地毯是一种新型的地面覆盖材料。它是以尼龙纤维(锦纶)、聚丙烯纤维(丙纶)、聚丙烯腈纤维(腈纶)、聚酯纤维(涤纶)等化学纤维为原料,经过机织法、簇绒法等加工成面层织物,再以背衬进行复合处理而制成的。

根据化纤地毯的不同功能要求,可以用尼龙与丙纶混纺、涤纶与尼龙混纺或腈纶与尼龙混纺等不同形式。织物层可以是卷曲的、起圈的、长绒的,也可以是中空异形的等不同形式,以适应地毯的不同要求。

纤维本身也可被加工成耐污染和抗静电的。由于选用了适当比例的酸性阴离子型的染料,同一缸内可以染成多种色彩,且染色有良好的热稳定性。这种地毯经适当处理可以得到与羊毛地毯接近的耐燃、防污、耐老化性能。加上它的价格远低于羊毛,资源丰富,因此化纤地毯已成为很普遍的地面装饰材料。

1. 化纤地毯的种类

化纤地毯可以分为五种。

（1）机织地毯。机织地毯是传统的品种，把经纱和纬纱相互交织编成地毯，也称纺织地毯。它具有非常美丽而复杂的花纹图案，采用不同的工艺还能生产出不同表面质感的地毯。

（2）手工编结地毯。它完全采用手工编结，特点是地毯面紧密厚实、绒头高；图案绚丽多彩，富有民族特色；表面质感强。由于用人工编结，一般是单张的，没有背衬。

（3）印染地毯。它一般是以簇绒地毯为基础加以印染加工而成的。其产量在国外已占簇绒地毯的35%~50%，表面图案能做到绚丽多彩，但耐久性稍差，其价格比机织和编结地毯低得多。

（4）簇绒地毯。它由毯面纤维、初级背衬、防松涂层和次级背衬四部分组成。毯面纤维是地毯的主体，决定地毯的防污、脚感、耐磨性、质感等主要性能；初级背衬使绒圈固定，提供地毯以一定刚性使其外形稳定；防松涂层的作用是使绒圈与初级背衬黏结，防止绒圈从初级背衬从中抽出；次级背衬的作用是增加地毯的刚性，使其外形稳定性提高，能平铺在地面上。

（5）针扎地毯。它由毯面纤维、底衬和防松涂层三部分组成。底衬一般为聚烯机织布，使针扎地毯具有一定的刚性，外形稳定，同时使毯面纤维与它相互缠结；防松涂层便于纤维间相互黏结，防止纤维使用中勾出，延长使用寿命。

2. 化纤地毯的性能

化纤地毯的性能表现在以下八个方面。

（1）装饰性。化纤地毯被公认为是一种高级装饰材料，能给人以舒服愉快、宁静而柔和以及美观豪华的感觉。它的种类繁多，颜色从淡雅到鲜艳，图案从简单到复杂，质感从平滑的绒面到立体感的浮雕，能满足现代化生活的要求。

（2）耐磨性。化纤地毯的耐磨性比羊毛的好，人的步行、家具移动、轮椅和车辆的滚动挤压都会引起绒头的磨耗。化纤地毯的耐磨性与绒头高度有关。化学纤维中以尼龙耐磨性最佳，而腈纶磨耗容易产生起球现象，影响地毯美观。

（3）耐燃性。化纤地毯的耐燃性较差，一般是可燃的，有的还有阴燃现象，即无火焰燃烧现象，这往往容易造成火势蔓延，酿成大火。有的化纤地毯经阻燃处理后可以是阻燃型的；这种经阻燃处理的地毯或是自熄的，或大大缩短燃烧时间。不同合成纤维的耐燃性也有所不同。

化纤地毯的耐烟头性较聚氯乙烯塑料地板差。在地毯子上踩灭烟头会导致毯面纤维烧焦，无法修复，故使用时必须避免烟头的危害。

（4）抗静电性。未经处理的化纤地毯在使用时表面因摩擦面产生静电，静电积累到一定程度会放电。静电使化纤地毯吸收尘土，静电积累后产生的放电在某种场合可能会造成危害。解决化纤地毯静电的问题，是对其进行防静电处理，如添加抗静电纤维表面镀银、掺加导电纤维（如碳纤维）等。

（5）色牢度。色牢度是指化纤地毯在使用过程中其颜色受光、热、水和摩擦的作用能否经久不褪，因为化纤地毯，具有常用常新的特点。色牢度在很大程度上与染色的方法有关，化纤地毯的染色方法有三种。

①后染法，也称快染，就是在地毯织成后染色，这样只能得到单色地毯，各批料容易产生色差。

②前染法，即纱染色法。该方法是先将绒线（纤维原料）漂染，然后编织成地毯。此法生产的化纤地毯可以是多色的，色牢度较好。

③溶液染法，这是一种较先进的方法，即在抽丝的聚合物溶液或溶体内加入染料使纤维着色。用这种方法制得的各种有色纤维的颜色不只是表面有，而且是表里一致，因此它的色牢度最好，不会因化纤地毯磨耗变色。

（6）对环境的调节作用。化纤地毯脚感舒适柔软、有弹性，使人感到步履轻快；由于它有吸声性，步行时无噪声，可以形成较安静的环境；它又有良好的保温隔热性能，有利于调节舒适的环境温度。

（7）耐污染和藏污性。化纤地毯对于固体污染物有很强的藏污性，即尘土砂粒能隐藏在绒头底部而地毯表面则仍清洁如新。对液体污染物，尤其是有色液体，由于毯子面纤维有吸收性，表面较易玷污和着色。这就对化纤地毯的保养提出了较高的要求，对它的使用环境也提出了限制，在保养较差的公共建筑、住宅中的厨房等地方不宜使用化纤地毯。

（8）耐倒伏性。化纤地毯存在毯面纤维长期受压后向一边倒下而不能回弹的总问题。这样会造成地毯露底、表面色泽不均匀以及藏污性下降的问题。化纤地毯的这种倒伏性主要决定于毯面纤维的高度、密度和纤维的性质。密度高的手工编织地毯一般不会发生倒伏，而密度低、绒头较高的簇绒则较易发生倒伏。

10.2.2 地板

地板按材质分类，有木地板、竹制地板、复合地板、塑料地板、人造木地板、装配式地板等。这里主要介绍以木地板、复合地板、装配式活动地板、竹制地板为主的地面装饰板材。

地板作为地坪或楼板的表面，首先起到保护作用，使地坪和楼板坚固耐久。按不同用途的使用要求，地板应具有耐磨、防水、防潮、防滑、易于清扫等特点；在高级宾馆内，还要有一定的隔声、吸音、弹性、保温、阻燃和舒适、装饰效果。

10.2.2.1 木地板

木地板具有自重轻、弹性好、热导率低、构造简单、施工方便等优点。其缺点是不耐火、不耐腐、耐磨性差等，但较高级的木地板在加工过程中已进行防腐处理，其防腐性、耐磨性有显著的提高，其使用寿命可提高5~10倍。

据科学研究发现，木材带有芬多精挥发性物质，具有抵抗细菌、稳定神经、刺激黏膜等功效，对视觉、嗅觉、听觉和触觉有保健效果，因此，木材是理想的室内装饰材料。

用作地板的木材，应注意选择抗弯强度较高，硬度适当，胀缩性小，抗劈性好，比较耐磨、耐腐、耐湿的木材。杉木、杨木、柳木、七叶树、横木等适于制作轻型地板；铁杉、柏木、红豆杉、桦木、槭木、楸木、榆木等适于制作普通地板；槐木、核桃木、悬铃木、黄檩木和水曲柳等适于制作高级地板。

1. 普通木地板

普通木地板由龙骨、水平撑、地板等部分组成。地板一般用松木或杉木，宽度不大于

12厘米，厚2~3厘米，拼缝做成企口或错口，直接铺钉在木龙骨上，端头拼缝要互相错开。

木地板铺完后，经过一段时间，待木材变形后再进行刨光、清扫、刷地板漆。普通木地板受潮容易腐朽，适当保护可以延长其使用年限。

2. 硬木地板

硬木地板的构造基本上与普通木地板相同，所不同处是地板有两层，下层为毛板，上层为硬木地板。如果要求防潮，则在毛板与硬木地板之间增设一层油纸。硬木地板多数用水曲柳、核桃木、柞木等制作成，拼成各种花色图案，如人字纹、方格形或席纹式等。裁口缝硬木地板应采用粘贴法。这种地板施工复杂、成本高，适用于高级住宅房间、室内运动场等。

3. 硬质纤维板地板

硬质纤维板地板是利用热压制成3~6毫米厚裁剪成一定规格的板材，再按图案铺设而成的地板。这种地板既有树脂加强，又是用热压工艺成型的，因此，质轻、收缩性小，克服了木材易于开裂、翘曲等缺点，同时又保持了木地板的某些特性。

4. 拼木地板

拼木地板分高、中、低三个档次。高档产品适合于高级、四星级以上宾馆及大型会场会议室室内地面装饰；中档产品适合于办公室、疗养院、托儿所、体育馆、舞厅等装饰；低档产品适合于各类民用住宅装饰。

拼木地板的优点如下：

（1）有一定的弹性，软硬适中，并有一定的保温、隔热、隔声功能，夏天阴凉宜人，冬季温暖舒适，所以适用于不同气候条件的地区。

（2）拼木地板的传统施工方法是先做木龙骨，然后在木龙骨上铺一层木条大地板，再在其上铺贴拼木地板。这种做法要耗用大量木材，造价高，而且降低了居室的空间高度。而胶贴拼木地板是利用木材加工过程中产生的短小碎料制成薄而短的板条，镶拼成见方的地板块，粘贴在水泥地面上而成。这样做可降低工程造价，用适当的投资获得高质量的装饰效果。

（3）容易使地面保持清洁，即使在人流密度大的场合（如宾馆会议室、商场、影剧院）也能保持清洁明亮，这是地毯和塑料地板不能相比的。拼木地板使用寿命长，铺在一般居室内，可用20年以上，可视为永久性装修。

（4）款式多样，可铺成多种图案，刨光、油漆、打蜡后木纹清晰美观，漆膜丰满光亮，易与家具色调、质感浑然协调，给人以自然、高雅的享受。

目前市场上出售的拼木地板条一般为硬杂木，如水曲柳、柞木、榷木、柯木、栲木等。前两种特别是水曲柳木纹美观，但售价高，多用于高档建筑装修。江浙、福建产的柯木；西南地区多用当地产的带有红色的栲木；北京地区常用的是柞木，产于东北和秦岭。

由于各地气候差异，湿度不同，制木地板条时的烘干程度不同，其含水率也有差异，与使用过程中是否出现脱胶、隆起、裂缝有很大关系。北方如用南方产含水率高的木地板，则会产生变形、铺贴困难或者安装后出现裂纹，影响装饰效果。

一般来说，西北地区（包头、兰州以西）和西藏地区，选用拼木地板的含水率应控制在10%以内；华北、东北地区选用拼木地板的含水率应控制在15%以内。一般居民无法测定木材含水率，所以购买时要凭经验判断木地板干湿，买回后放置一段时间再铺贴。如经过脱水处理的木地板，则不存在此问题。

拼木地板分带企口和不带企口六面光两种。带企口地板规格较大较厚，具有拼缝严密、有利于邻板之间的传力、整体隆好、拼装方便等优点；不带企口的木板条较薄，而带企口地板的价格是不带企口的 2 倍。

10.2.2.2　复合地板

复合地板是由多层不同材料复合而成的。这种木地板的结构由表层到里层依次是表面高耐磨涂料、着色涂层、高级木材层、合板夹层、缓冲胶层、树脂发泡体层。这种复合地板既改掉了普通木地板的一些缺点，保持了优质木材具有天然花纹的良好装饰效果，又达到了节约优质木材的目的，是目前国内外开发的新产品。

1. 主要优点

（1）复合地板的面层是天然木材，使室内环境得到改善，使人感到舒适、平稳。
（2）由于复合地板的面层都用优质木材，有美丽的花纹，装饰效果极佳。
（3）复合地板表面涂有耐磨地板涂料，耐磨性好。
（4）复合地板与其他木地板一样能按规格加工，施工方便。
（5）复合地板由于底层为弹性吸音材料，所以具有良好的吸音性和耐冲击性。
（6）复合地板的面层是天然木材，直接与人体接触，可以防止引起任何过敏性疾病，有利于人体健康。

2. 规格

复合地板的规格有 900 mm×300 mm×11 mm、900 mm×300 mm×14 mm 两种。

10.2.2.3　装配式活动地板

活动地板是以金属材料或特制刨花板为基材，表面覆以高压三聚氰胺装饰板，经高分子胶合黏剂胶合而成的一种地板。使用时配以特制的钢梁、橡胶垫条和可供调节的金属支架，称为装配式活动地板。

1. 主要特点

（1）具有高强度、防静电，产品质量可靠，性能稳定。
（2）安装、调试、清理、维修简便，可随意开启、检查和拆迁。
（3）产品表面平整、坚实、耐磨、耐烫、耐老化、耐污染、性能优越。
（4）抗静电升降活动地板还具有优良的抗静电能力、下部串通、高低可调、尺寸稳定、装饰美观和阻燃等优点。

2. 安装及维护

装配式活动地板的安装及维护需注意以下五个方面。

（1）安装房间地面要平整，墙体下部 50 厘米的墙面要成直角。安装支架至所需高度，调节支架高度时应以旋转螺栓为宜，以保证螺栓两头丝杆进深均等。桁条放在支架上，用水平尺校正，然后放上地板。支架底座一般用 6101 环氧树脂黏结，也可在基础地坪上预埋螺钉，用螺丝固定。
（2）如房间不是 600×600 模数，用户可预先提供房间尺寸，以便加工所需地板。
（3）为保证地面清洁，可涂擦地板蜡，局部玷污可用汽油、酒精、皂水、去污粉等擦洗。日常清洁使用吸尘器。
（4）地板使用时应避免重物在地板上拖拉，接触面积不应太小，必要时可用木板垫衬。重物引起的集中荷载超过 300 千克力时在受力点应用支架加强。

（5）在地板上作业，不能穿带有金属钉的鞋，更不能用锐器、硬器在地板表面划擦及敲击。

10.2.2.4 竹制地板

竹制地板是采用三年以上的楠（毛）竹，参照木质地板国际标准及木板活动板国家标准，经烘烤、防虫、防霉、胶合热压而成。

竹材是节木、代木的理想材料。毛竹的抗拉强度为202.9 MPa（兆帕，压强单位），是杉木的2.5倍；抗压强度为78.7 MPa，是杉木的2倍；抗剪强度为160.6 MPa，是杉木的2.2倍。此外，毛竹的硬度和抗水性都优于杉木，就物理学性能而言，以竹代木是完全可行的。

竹制地板具有防腐、防霉、不变形、不爆裂之特点，有炭化及本色两种款式，可将之拼成室内地板，亦可做墙板，适用于日本式、韩国式高级餐厅，酒店的地面、墙面装饰，也适用于家庭地面装饰。

竹制地板装饰效果好，表面光洁、色泽柔和、纹理细致，给人以清新、凉爽、舒适、高雅的感觉。竹制地板质量标准如表10-2所示。此外，在外观上要求竹制地板无虫蛀、无霉变、无裂纹、加工光滑、平稳，几何尺寸均符合国际标准ISO要求。

表10-2 竹制地板质量标准

项目	标准	参数	测试结果
含水率	标准值	8%~13%	测试平均值12.6%
胶层剪切强度	标准值	≥2.5 MPa	测试结果2.92 MPa
横面静曲强度	标准值	≥6.5 MPa	测试结果10 MPa

10.3 涂料商品

10.3.1 涂料

10.3.1.1 涂料的主要功能

1. 保护和美化功能

涂料是通过涂刷、滚涂或喷涂等方法，涂饰在建筑物表面形成连续的膜层，一般0.3~2千克/平方米。其厚度适中，有一定的硬度和韧性，具有耐磨、耐气候、耐化学侵蚀及抗污染等功能，可以提高建筑物的使用寿命。建筑涂料所形成的涂层能装饰、美化建筑物。若在涂料中掺加粗细骨料，再采用拉毛、喷点、滚花、复层喷涂等不同新的施工方法，可以获得各种纹理、图案及质感的涂层，使建筑物具有色泽鲜艳多彩、图案丰富多样、壁面光滑平整和质感细腻有序等装饰效果。

2. 满足建筑物的特殊要求

合理利用特殊涂料的性能，可以满足建筑物的特殊要求。如防水涂料可提高被涂物体的耐水功能，改善其耐水性；防火涂料能改善被涂饰部位耐燃、阻燃等性能，提高建筑物防火等级或减少热损失，节约能耗，防止结露等。

3. 改善建筑物的使用功能

利用建筑涂料的各种特点和不同施工方法，可提高室内的自然亮度，起到吸声和隔声的效果，保持其环境清洁，给人们创造出生活和学习的气氛，并给人以美的感受。

10.3.1.2 涂料的组成

一般涂料的组成中包含成膜物质、溶剂、颜填料、助剂等成分。

1. 成膜物质

成膜物质是组成涂料的基础，它对涂料的性质起着决定作用。可作为涂料成膜物质的品种很多，主要可分为转化型和非转化型两大类。转化型涂料成膜物主要有干性油和半干性油、双组分的氨基树脂、聚氨酯树脂、醇酸树脂、热固型丙烯酸树脂、酚醛树脂，等等。非转化型涂料成膜物主要有硝化棉、氯化橡胶、沥青、改性松香树脂、热塑型丙烯酸树脂、乙酸乙烯树脂等。

2. 溶剂

除了无溶剂涂料和粉末涂料外，溶剂是涂料不可缺少的组成部分。一般常用的有机溶剂主要有脂肪烃、芳香烃、醇、酯、酮、卤代烃、萜烯，等等。溶剂在涂料中所占的比重大多在50%以上。溶剂的主要作用是溶解和稀释成膜物，使涂料在施工时易于形成比较完美的漆膜。溶剂在涂料施工结束后，一般都挥发至大气中，很少残留在漆膜里。从这个意义上来说，涂料中的溶剂既是对环境的极大污染，也是对资源的很大浪费。所以，现代涂料行业正在努力减少溶剂的使用量，开发出了高固体粉涂料、水性涂料、乳胶涂料、无溶剂涂料等环保型涂料。

3. 颜填料

颜料可以使涂料呈现出丰富的颜色，使涂料具有一定的遮盖力，并且具有增强涂膜机械性能和耐久性的作用。

颜料的品种很多，在配制涂料时应注意根据所要求的不同性能和用途仔细选用。填料也可称为体质颜料，特点是基本不具有遮盖力，在涂料中主要起填充作用。填料可以降低涂料成本，增加涂膜的厚度，增强涂膜的机械性能和耐久性。常用填料品种有滑石粉、碳酸钙、硫酸钡、二氧化硅等。

4. 助剂

形象地说，助剂在涂料中的作用，就相当于维生素和微量元素对人体的作用：用量很少，作用很大，不可或缺。现代涂料助剂主要有四大类的产品。

（1）对涂料施工过程起作用的助剂，如流平剂、消泡剂、催干剂、防流挂剂等。

（2）对涂膜性能产生作用的助剂，如增塑剂、消光剂、阻燃剂、防霉剂等。

（3）对涂料生产过程发生作用的助剂，如消泡剂、润湿剂、分散剂、乳化剂等。

（4）对涂料储存过程发生作用的助剂，如防沉剂、稳定剂，防结皮剂等。

10.3.1.3 涂料选用的原则

建筑装饰中涂料的选用原则是：好的装饰效果、合理的耐久性和经济性。建筑物的装饰效果主要由质感、线型和色彩三方面决定，其中线型主要由建筑结构及饰面所决定，而质感和色彩则是体现涂料装饰效果的基本因素。耐久性应该包括保护效果和装饰效果两方面，涂膜的变色、玷污、剥落将影响装饰效果，而粉化、龟裂、剥落则影响保护效果。涂料装饰比较经济，但影响到建筑造价标准时又不能不考虑其费用。以上三点仅是原则，具体到某一建筑时可参考下列四点。

1. 按建筑物的装饰部位选用具有不同功能的涂料

外部装饰主要有外墙立面、房檐、窗套等部位。由于这些部位长期受风吹日晒雨淋，所用涂料必须有足够的耐水性、耐污染性、耐久性（包括耐冻性、耐洗刷性和耐老化性等），才能保证有较好的装饰效果。内部装饰主要有内墙立面、顶棚、地面。内墙涂料除对颜色、平整度、丰满度等有一定要求外，还应有较好的机械稳定性，即有一定的硬度、耐干擦和湿擦性。一般内墙涂料原则上均可作顶棚涂装，但在大型公共建筑中，采用添加粗骨料的毛面顶棚涂料，则更有装饰效果。地面涂料除改变水泥地面硬、冷、易起灰等弊病外，还应具有较好的耐磨性和隔声作用。

2. 按建筑物所处的地理位置和施工季节选择涂料

建筑物所处的地理位置不同，其饰面也经受不同的气候条件。炎热多雨的南方所用涂料不仅要有较好的耐水性，而且应有较好的防霉性，否则霉菌繁殖会很快导致涂料失去装饰效果；严寒的北方对涂料的耐冻融性有更高的要求。雨季施工应选择干燥迅速并具有较好初期耐水性的涂料；冬季施工则应特别注意涂料的最低成膜温度，选择成膜温度低的涂料。

3. 按不同建筑结构材料选择及确定涂料装饰体系

一幢建筑物采用多种结构材料，如混凝土、水泥、砂浆、砖、木材、钢铁和塑料等，因此选用涂料应考虑到被涂底材的特性。如混凝土和水泥浆等无机硅酸盐底材用的涂料，必须有较好的耐碱性，并能有效地防止底材的碱析出到涂膜表面，引起"析碱"现象而影响装饰效果。对于钢铁等金属构件，必须注意防止生锈，因此在考虑涂装体系时先涂除锈底漆，然后再涂配套的面漆。

4. 按照建筑标准和造价选择涂料和确定施工工艺

对于高级建筑可选用高档涂料，并采用三道成活的施工工艺，即底层、有较好质感的花纹和凹层次的中间层，以及有较好耐水性、耐污染性的面层，从而达到较好的装饰效果和耐久性。对于一般建筑，可选取用中档产品，采用两道成活的施工工艺。

10.3.1.4 涂料的分类与选用

涂料的分类很多，对于建筑涂料，通常的分类有以下五种。

（1）按涂料的形态可分为：固态涂料，即粉末涂料；液态涂料，即溶剂型涂料；水溶性涂料；水乳型涂料。

（2）按涂膜厚度及形状可分为薄质涂料、厚质涂料、砂粒状和凹花纹状涂料等。

（3）按组成物质可分为有机涂料、无机涂料、复合涂料等。

（4）按涂料的光泽可分为高光型或有光型涂料、丝光型或半定型涂料、无光型或亚光型涂料。

（5）按涂刷部位可分为内墙涂料、外墙涂料、地坪涂料、屋顶涂料、顶棚涂料等。

10.3.1.5 市场常见的建筑涂料的类型

1. 合成树脂乳液砂壁状建筑涂料

这种涂料是以合成树脂乳液为主要黏结料，以彩色砂粒和石粉为骨料，采用喷涂方法施涂于建筑物外墙，形成粗面涂层的厚质涂料。这种涂料质感丰富，色彩鲜艳且不易褪色变色，而且耐水性、耐气候性优良。所用合成树脂乳液主要为苯乙烯丙烯酸酯共聚乳液。这种涂料是一种性能优异的建筑外墙用中高档涂料。

2. 复层涂料

这是以水泥系、硅酸盐系和合成树脂系等黏结料和骨科为主要原料，用刷涂、辊涂或喷涂等方法，在建筑物表面上涂布2~3层，厚度为1~8毫米的凹凸成平状复层建筑涂料。根据所用原料的不同，这种涂料可用于建筑的内外墙面和顶棚的装饰，属中高档建筑装饰材料。复层涂料一般包括三层，封底涂料（主要用以封闭基层毛细孔，提高基层与主层涂料的黏结力）、主层涂料（增强涂层的质感和强度）、罩面涂料（使涂层具有不同色调和光泽，提高涂层的耐久性和耐玷污性）。

3. 合成树脂乳液内墙涂料

这是以合成树脂乳液为黏结料，加入颜料、填料及各种助剂，经研磨而成的薄型内墙涂料。这类涂料是目前主要的内墙涂料。由于所用的合成树脂乳液不同，具体品种的涂料性能、档次也就有差异。常用的合成树脂乳液有：丙烯酸酯乳液、苯乙烯-丙烯酸酯共聚乳液、醋酸乙烯-丙乙烯酸酯乳液、氯乙烯-偏氯乙烯乳液等。

4. 合成树脂乳液外墙涂料

这是以合成树脂乳液为黏结料，加入颜料、填料及各种助剂经研磨而成的水乳型外墙涂料。

5. 溶剂型外墙建筑涂料

这是以合成树脂为基料，加入颜料、填料、有机溶剂等经研磨配制而成的外墙涂料。它的应用没有合成树脂乳液外墙涂料广泛，但这种涂料的涂层硬度、光泽、耐水性、耐玷污性、污蚀性都很好，使用年限多在10年以上，所以也是一种颇为实用的涂料。使用时注意，溶剂型外墙涂料不能在潮湿基层上施涂且有机溶剂易燃，有的还有毒。

6. 无机建筑涂料

这是以碱金属硅酸盐或硅溶胶为主要黏结料，加入颜料、填料及助剂配制而成的，在建筑物上形成薄质涂层的涂料。这种涂料性能优异，生产工艺简单，原料丰富，成本较低，主要用于外墙装饰，主要是喷涂施工，也可用刷涂或辊涂。这种涂料为中档及中低档涂料。

7. 聚乙烯酸水玻璃内墙涂料

这是以聚乙烯醇树脂水溶液和水玻璃为黏结料，混合一定量的填料、颜料和助剂，经过混合研磨、分散而成的水溶性涂料。这种涂料属于较低档的内墙涂料，适用于民用建筑室内墙面装饰。

10.3.2 油漆

10.3.2.1 油漆的分类品种

油漆的分类、应用范围和优、缺点如表10-3和表10-4所示。

表10-3 常见油漆品种的应用范围

品种	主要用途
醇酸漆	一般金属、木器、家庭装修、农机、汽车、建筑等的涂装
丙烯酸乳胶漆	内外墙、皮革、木器家具、地坪等的涂装
溶剂型丙烯酸漆	汽车、家具、电器、塑料、电子、建筑、地坪等的涂装
环氧漆	金属防腐、地坪、汽车底漆、化学防腐

续表

品种	主要用途
聚氨酯漆	汽车、木器家具、装修、金属防腐、化学防腐、绝缘、仪器仪表等的涂装
硝基漆	木器家具、装修、金属装饰
氨基漆	汽车、电器、仪器仪表、木器家具、金属防护
不饱和聚酯漆	木器家具、化学防腐、金属防护、地坪
酚醛漆	绝缘、金属防腐、化学防腐、一般装饰
乙烯基漆	化学防腐、金属防腐、绝缘、金属底漆、外用涂料

表10-4 常见油漆品种优缺点比较

品种	施工性能	装饰性能	耐气候性	耐化学腐蚀性	机械性能	环保性能	价格特点
醇酸漆	简便	良	良	良	良	中	较低
丙烯酸乳胶漆	简便,低温下不好	良	优	中	中~良	优	适中
溶剂型丙烯酸漆	简便	优	优	良	优	中	较高
环氧漆	简便,低温下不好	中	差	优	优	优~良	较高
聚氨酯漆	对环境要求较高	优	优~良	优~良	优	中	适中~较高
硝基漆	简便	良	中~良	差	良	差	较高
氨基漆	须加热固化,复杂	优	优~良	良	优	良	适中
不饱和聚酯漆	须特殊固化,复杂	优	良	优	良	优	适中~较高
酚醛漆	简便	中	良	良	良	中	较低
乙烯基漆	简便	中	优~良	优~良	良	中~良	适中~较高

1. 油漆的用途

油漆现也统称为涂料,对于被施用的对象来说,它的第一个用途是保护表面,第二个用途是修饰。以木制品来说,由于木制品表面属多孔结构,不耐脏污,而且表面多节眼,不够美观。涂料能同时解决这方面的问题。

2. 油漆的分类

按不同的分类标准区分。

(1) 按部位分为墙漆、木器漆和金属漆。墙漆包括外墙漆、内墙漆和顶面漆,主要是乳胶漆等品种;木器漆主要有硝基漆、聚氨酯漆等;金属漆主要是磁漆。

(2) 按状态分为水性漆和油性漆。水性漆主要是乳胶漆,而硝漆、聚氨酯漆等多属于油性漆。

(3) 按功能分为防水漆、防火漆、防霉漆、防蚊漆及具多种功能的多功能漆等。

(4) 按作用形态分为挥发性漆和不挥发性漆。

(5) 按表面效果分为透明漆、半透明漆和不透明漆。

3. 油漆的品种

油漆分为木器漆、内墙漆、外墙漆和防火漆。

（1）木器漆。常见的木器漆有以下四种。

①硝基清漆。硝基清漆是一种由硝化棉、醇酸树脂、增塑剂及有机溶剂调制而成的透明漆，属挥发性油漆，具有干燥快、光泽柔和等特点。硝基清漆分为亮光、半哑光和哑光三种，可根据需要选用。硝基漆也有其缺点：高湿天气易泛白、丰满度低，硬度低。

②聚酯漆。它是用聚酯树脂为主要成膜物制成的一种厚质漆。聚酯漆的漆膜丰满，层厚面硬。聚酯漆同样拥有清漆品种，叫聚酯清漆。聚酯漆施工过程中需要进行固化，这些固化剂的分量占了油漆总分量的1/3。这些固化剂也称为硬化剂，其主要成分是甲苯二异氰酸酯（Toluene Diisocyanate，TDI）。这些处于游离状态的TDI会变黄，不但使家具漆面变黄，也会使邻近的墙面变黄，这是聚酯漆的一大缺点。目前市面上已经出现了耐黄变聚酯漆，但也只能做到耐黄而已，还不能做到完全防止变黄的情况。另外，超出标准的游离TDI还会对人体造成伤害。游离TDI对人体的危害主要是致敏和刺激作用，包括造成疼痛流泪、结膜充血、咳嗽胸闷、气急哮喘、红色丘疹、斑丘疹、接触性过敏性皮炎等症状。国际上对于游离TDI的限制标准是控制在0.5%以下。

③聚氨酯漆。聚氨酯漆即聚氨基甲酸酯漆。它漆膜强韧，光泽丰满，附着力强，耐水耐磨、耐腐蚀，被广泛用于高级木器家具，也可用于金属表面。其缺点主要有遇潮起泡，漆膜粉化等。与聚酯漆一样，它同样存在着变黄的问题。聚氨酯漆的清漆品种称为聚氨酯清漆。

④醇酸漆。醇酸漆主要是由醇酸树脂组成，是目前国内生产量较大的一类。其具有价格便宜、施工简单、对施工环境要求不高、涂膜丰满坚硬、耐久性和耐候性较好、装饰性和保护性都比较好等优点，缺点是干燥较慢、涂膜不易达到较高的要求，不适于高装饰性的场合。

（2）内墙漆。内墙漆主要可分为水溶性漆和乳胶漆。一般装修采用的是乳胶漆。乳胶漆即是乳液性涂料，按照基材的不同，分为聚醋酸乙烯乳液和丙烯酸乳液两大类。乳胶漆以水为稀释剂，是一种施工方便、安全、耐水洗、透气性好的漆种，它可根据不同的配色方案调配出不同的色泽。乳胶漆基本上由水、颜料、乳液、填充剂和各种助剂组成，这些原材料是不含什么毒性的。作为乳胶漆而言，可能含毒的主要是成膜剂中的乙二醇和防霉剂中的有机汞。

（3）外墙漆。外墙乳胶漆基本性能与内墙乳胶漆差不多。但漆膜较硬，抗水能力更强。外墙乳胶漆一般使用于外墙，也可以使用于洗手间等高潮湿的地方。当然，外墙乳胶漆可以内用，但不要尝试将内墙乳胶漆外用。

（4）防火漆。防火漆是由成膜剂、阻燃剂、发泡剂等多种材料制造而成的一种阻燃涂料。由于目前家居中大量使用木材、布料等易燃材料，所以防火已经是一个值得提起的议题了。

10.3.2.2 溶剂型和水性地板漆的区别

地板手刷漆目前有两大类：溶剂型漆和水性漆。溶剂型漆多以二甲苯为溶剂，当二甲苯挥发后，地板漆即形成。这种漆含有二甲苯及甲醛。刷过漆的地板需较长时间通风才可把残余二甲苯挥发完，对人体非常有害。水性漆是用水作溶剂，水挥发后，漆膜形成，无二甲苯、甲醛等物质，是非常环保的地板漆，刷完漆后第二天即可入住。

溶剂型聚酯漆的缺点是含有游离有机异氰酸酯，可导致哮喘病，有害健康；不耐划伤、不能用于软木地板，很难在原有的漆面上再刷漆；多数情况下一天只能刷一遍漆；用溶剂来清理刷漆工具；漆面容易变黄。

水性地板漆的优点是无毒、无溶剂的气味；容易在原漆面上再涂刷，不变黄；一天可以刷3遍漆，快干；比溶剂型更耐磨，更环保；更好地保持木地板的本色与质感；施工方便，不必搬家施工；涂刷工具可以水洗；产品分亮光、亚光和半亚光，可供多种选择。

10.3.2.3 乳胶漆的选用

市场上的乳胶漆有多种光泽，如无光、亚光、半光，色彩更是五光十色，除了成品色，市面上多数品牌的乳胶漆也能通过电脑现场调色，消费者可以根据自己的喜好随意选择。

在选购时，乳胶漆的功能十分重要，要根据涂刷的不同部位来选用乳胶漆，如卧室和客厅的墙面采用的乳胶漆要求附着力强，质感细腻，耐分化性和透气性好；厨房、浴室的乳胶漆应具有防水、防霉、易洗刷的性能。购买时要详细检查产品的包装、外观及内在质量。

真正环保的乳胶漆应该是水性无毒无味的，打开盖时如果有刺激性气味或工业香精味，则不是理想选择。一段时间后，正品乳胶漆的表面会形成很厚的有弹性的氧化膜，不易裂，而次品只会形成一层很薄的膜，易碎，具有辛辣气味。用木棍将乳胶漆拌匀，再用木棍挑起来，优质乳胶漆往下流时会成扇面形。用手指摸，正品乳胶漆应该手感光滑、细腻。乳胶漆涂刷到墙面上，用湿布擦拭，正品的颜色光亮如新，而次品轻轻一抹，就会褪色。

另外，还要注意看产品的保质期。测定乳胶漆的性能指标主要有耐洗刷性、遮盖力、细度和附着力。"脏了可以用水洗"，是吸引消费者购买乳胶漆的最重要原因。很多乳胶漆在促销时也以湿布轻松擦去儿童在墙上的涂鸦为例。

遮盖力与细度决定乳胶漆的涂刷效果，遮盖力越强，细度越小，涂刷后墙面的细腻程度越高。一些优质乳胶漆遮盖力强，可简化工序，只需一道底漆、一道面漆就能完工。附着力反映漆膜附着在墙体上的牢固程度，墙体涂刷后出现干裂、脱皮的情况，不仅与底材处理所用的腻子有关，与漆膜附着力的强弱也有直接关系。

涂刷乳胶漆的墙面应平整、结实，应先除去墙面所有的起皮、裂缝，并作填补。如果是新房，只需刮掉原来建筑施工时做好的墙皮就可以了；如果是旧房或是以前做过装修，就要把原来的墙面涂料和腻子全部刮掉，直至露出墙体的水泥基层。将胶水调匀，均匀地抹在已处理平整的基底上，然后用调好的821腻子满抹在墙上，刮平，等腻子干透后，再刷乳胶漆。先用刷子涂刷滚筒涂不到的墙面，等2~3小时后再大面积地用滚筒滚涂。应尽量选用优质滚筒。施工时先涂底漆，待6小时后底漆完全干透再涂面漆。

乳胶漆保养消费者也应该留意。通常乳胶漆会有开裂现象，出现这种情况，不要惊慌，要仔细分析开裂的原因。因季节原因引发的开裂称为正常开裂，多见于天花板、门框的接缝等处。所以装修后半年或一年的保修期，就是为了用来修补因季节变化而造成的质量损耗。这些因自然开裂出现的缝隙，经过装修公司的再次修补后平整如新，日后也不易再开裂。

乳胶漆的使用要讲究方法。目前，乳胶漆的施工方法包括手刷、滚涂和喷涂三种。为了保证涂刷效率和涂刷质量，最好采用手刷与滚涂相结合的办法，大面积墙体采用滚涂，边角部分使用手刷。

案例　　　　　　　　**装饰材料的标准**

星期天一大早，刘先生带着愉快的心情出了门，想看看刚刚装修完毕的新居，可是，刚走进新居大门，刘先生的眉头就皱了起来。因为，整个屋子弥漫着一股刺鼻的怪味。这种味道会不会有毒？要多久才能消除？满心疑惑的刘先生拨通了室内空气检测中心的电话。

检测中心的工作人员告诉刘先生，他们可以根据他家的装修情况和房屋面积帮他对整个房子的空气质量进行详细检测。

"空气也有质量标准？"刘先生觉得很新鲜。耐心的工作人员向他详细介绍了2003年3月正式实施的《室内空气质量标准》。这项标准是在借鉴国外相关标准的基础上制定的，并首次引入室内空气质量的概念。标准中室内环境污染的控制指标更多了，规定的控制项目不仅有化学性污染，还有物理性、生物性和放射性污染。此外，标准中还加入了"室内空气应无毒、无害、无异常臭味"的要求，使其适用性更强。

在详细的询问中，刘先生还得知，家具质量也会影响到室内空气质量。不过不用担心，《家具使用说明强制性标准》已于2004年10月1日正式实施，内容包括编制家具使用说明的基本要求；附录部分包括家具名称、主要用途及适用范围、品种、规格、型号及其组成含义、使用环境条件等内容。按照新国标要求，2004年10月1日以后制造的所有家具均须按新国标规定，提供有关生产日期、材料、性能、型号、结构、规格、安装、使用、保养，主要技术参数和故障出现及排除等项目的标签标牌和使用说明书。

问题：根据以上案例试论述标准在日常生活中的作用，并查阅以上案例中提到的相关标准。

提示：

2003年3月1日，我国首部《室内空气质量》标准正式实施，首次引入室内空气质量概念，为消费者解决自己的污染难题提供了有力武器。

2004年10月1日，我国首部《家具使用说明强制性标准》正式实施，家具产品出售时必须附上详细的说明书，且须标明甲醛等有害物质的确切含量，否则厂家将受处罚。一旦发生消费纠纷，说明书内容将成为解决纠纷和诉讼的证据。

项目小结

瓷砖主要用于地面和墙面的装饰，检验时可从规格、感观质量和有关指标等方面着手；用于建筑装饰的天然饰面石材主要是花岗岩和大理石，是比较高档的建筑装饰材料，检验时要从常规检验和放射性检验两个方面来考虑。

地板和地毯作为地面装饰品，有着悠久的历史，地板按材质分，常见的有木地板、竹制地板、复合地板；地毯按材质主要分为纯毛地毯和化纤地毯两大类。在地板和地毯的检验选购中，要根据它们的性能特点和使用环境综合考虑。

涂料涂覆在物体表面，对物体有保护、装饰的作用，涂料的组成中包含成膜物质、颜填料、溶剂、助剂四类成分，检验选用时既要根据它们的性能特点和使用环境，又要考虑到绿色、环保和健康。

复习思考题

一、选择题

1. 用于建筑装饰的天然饰面石材品种很多，主要是花岗岩和（　　）两大类。
   A. 大理石　　　　B. 建材　　　　C. 木材　　　　D. 水泥

2. 大理石因盛产于我国（　　）而得名。
   A. 河北大理　　　B. 云南大理　　　C. 云南昆明　　　D. 西藏大理
3. 建筑装饰中涂料的选用原则是：（　　）、合理的耐久性和经济性。
   A. 多优势互补　　B. 经久耐用　　　C. 好的装饰效果　　D. 经济性
4. 自古以来陶瓷就是一种良好的建筑装饰材料，瓷砖常见的品种有陶瓷锦砖、釉面砖和（　　）等。
   A. 地板砖　　　　B. 瓷砖　　　　　C. 防滑砖　　　　D. 墙地砖

二、简答题

1. 地毯是如何分类的？
2. 复合地板的优点主要有哪些？
3. 水性地板漆的优点有哪些？
4. 涂料的主要功能有哪些？

三、实训题

1. 技能题

了解装饰市场，说明装饰材料中存在的质量问题。

2. 案例分析

企业的经营之道

某公司生产了一种新的涂料，作为绿色涂料投放市场，一度成为市场上的抢手货，这种涂料的成本为每桶60元，但公司精通经营之道，利用消费者的心理，通过各种环保宣传，为这种涂料披上了重重神秘的外衣，然后以每桶高达220元的价格出售；等到产品普及后，价格便急剧下降，这时，公司已获得了巨额利润。

问题：

什么是绿色涂料？企业是如何利用消费者的心理获得高额初期利润的？

参 考 文 献

[1] 曹汝英.商品学基础[M].北京：高等教育出版社，2003.
[2] 张智清.商品知识[M].北京：中国物资出版社，1999.
[3] 诸鸿,等.日用工业品商品学[M].北京：中国人民大学出版社，1995.
[4] 晏维龙.现代商业技术[M].北京：中国人民大学出版社，2005.
[5] 吴广清.商品学概论[M].北京：中国商业出版社，1996.
[6] 冀连贵.商品学概论[M].北京：中国财政经济出版社，1999.
[7] 梁燕君.现代商品学[M].北京：科学出版社，1997.
[8] 赵仁德.商品学分论[M].北京：中国商业出版社，1998.
[9] 汪永太.商品学概论[M].北京：中国商业出版社，1997.
[10] 汪永太.商品检验与养护[M].大连：东北财经大学出版社，2004.
[11] 汪永太.商品学概论[M].大连：东北财经大学出版社，2005.
[12] 宋杨.电子电器商品学[M].北京：中国物资出版社，2006.
[13] 谈留芳.商品学[M].北京：科学出版社，2004.
[14] 温继勇.食品营养与卫生[M].大连：东北财经大学出版社，2000.
[15] 黄罗兰,申志恒.服装和纺织品商品学[M].上海：立信会计出版社，1996.
[16] 李晓慧,等.服装商品学[M].北京：中国纺织出版社，2000.
[17] 诸鸿.商品销售包装的功能分析[J].包装世界，1995（4）：22-23.